Walter Friedl

Bunte Körbe aus Gräsern und Kräutern selbst hergestellt

Die Technik des Korbwickelns neu entdeckt

ökobuch

Die Deutsche Bibliothek – CIP-Einheitsaufnahme
Ein Titelsatz für diese Publikation ist bei
Der Deutschen Bibliothek erhältlich.
ISBN 978-3-936896-74-9

Dank

Ich möchte mich bei allen bedanken, die mich bei meiner Arbeit unterstützt und die mitgeholfen haben, dass dieses Buch zustande gekommen ist, besonders bei meiner Frau Irene, die meine Texte ins Leserliche übersetzt hat. Wie Sie vielleicht gemerkt haben, liegt meine Stärke im Herstellen von Körben und weniger im Bilden von Sätzen.
Auch bei meinen Kindern Florentina und Benedikt möchte ich mich bedanken, die nach vielen „Ich mog net in Wold gehen“ sich doch dazu bewegen ließen, mich zu begleiten, und die auf diese Weise zur Bereicherung meiner Arbeit beigetragen haben.
Und nicht zuletzt sage ich auch allen anderen, die zum Gelingen des Projektes beigetragen haben, ein herzliches Dankeschön.

1. Auflage 2013
4. Auflage 2024

ISBN 978-3-936896-74-9

Königstr. 43, 26180 Rastede
E-Mail: verlag@oekobuch.de
http://www.oekobuch.de

Druck: Grafisches Centrum Cuno GmbH Co. KG, Calbe

Inhalt

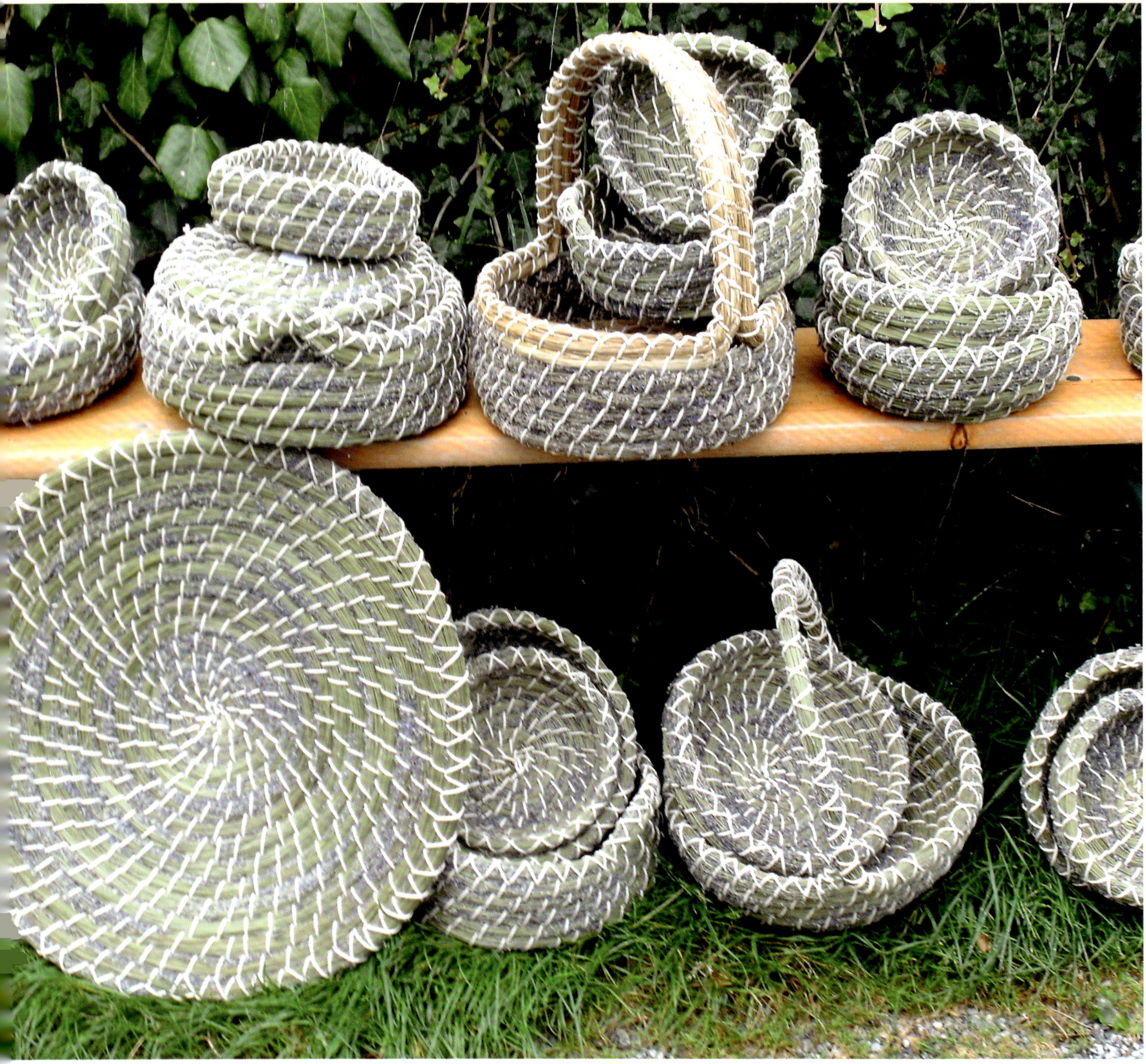

1 Einleitung

Jeder von uns kennt es: Man bringt eine Handvoll Gräser und Blüten, vielleicht noch einen Ast, einige Federn oder Schneckenhäuser von einer Wanderung mit nach Hause. Der Blumenstrauß landet nach einigen Tagen auf dem Kompost, die anderen Mitbringsel werden noch einige Zeit aufbewahrt, um dann auch den Weg alles Irdischen zu gehen und ebenso auf dem Kompost zu landen. Ganz ähnlich verhält es sich mit manchen Urlaubsfundstücken. Ich denke dabei an die vielen Muscheln, die wir jedes Jahr vom Urlaub am Meer mitbringen. Irgendwann wissen wir nichts mehr damit anzufangen.

Vielleicht gehören Sie aber auch zu den glücklichen Menschen, in deren Garten in jedem Sommer und Herbst größere Mengen an Blättern und Blüten anfallen, für die Sie keine Verwendung finden und die letztlich als Kompost enden. Ich möchte Ihnen in den folgenden Kapiteln zeigen, wie sich daraus schöne Körbe herstellen lassen! Blätter von Narzissen, Taglilien oder Chinaschilf, Lavendelstängel, Oreganostiele – aus all diesen Materialien lassen sich Körbe herstellen. Und wenn die dann mal ausgedient haben, können sie immer noch auf dem Komposthaufen landen.

Die Menschen haben seit alters her Behältnisse zum Tragen benötigt, aber auch, um Dinge aufzubewahren oder sie zu lagern. Die Möglichkeiten, aus getrockneten Pflanzen(-fasern) Körbe und Behälter herzustellen, sind unendlich groß, ebenso die Formen und Farben, die uns zur Verfügung stehen, ob es nun das Grün von Seggen ist, das Braun von Narzissen und Flatterbinsen oder das Blau des Lavendels. Mit dem Verarbeiten getrockneter Pflanzen zu Körben begeben wir uns auf eine ähnliche Stufe wie die Sammler und Jäger vor Tausenden von Jahren, die durch die Wälder zogen und die Natur sicherlich ganz anders erlebten, als wir es heute tun.

Es gibt verschiedene Techniken, um aus Naturmaterialien Körbe und Behältnisse herzustellen:

- das Flechten mit vielfältigen Ausführungsformen, wie wir es von Einkaufskörben etc. kennen. Für diese bis heute sehr gebräuchliche Herstellungsweise werden üblicherweise Weidenruten, teilweise Peddigrohr, aber auch andere steife Pflanzenstängel verwendet.
- das Webflechten kommt auch zur Herstellung von Taschen, Hüten und ähnlichen Gegenständen zum Einsatz. Dabei werden eher flache Pflanzenfasern kreuzweise miteinander verwoben, so dass ein festes Geflecht entsteht.
- die Wickeltechnik: dabei werden Pflanzenbüschel oder einzelne dickere Stängel mittels Faden zu runden, ovalen oder auch eckigen Strukturen aneinander genäht.

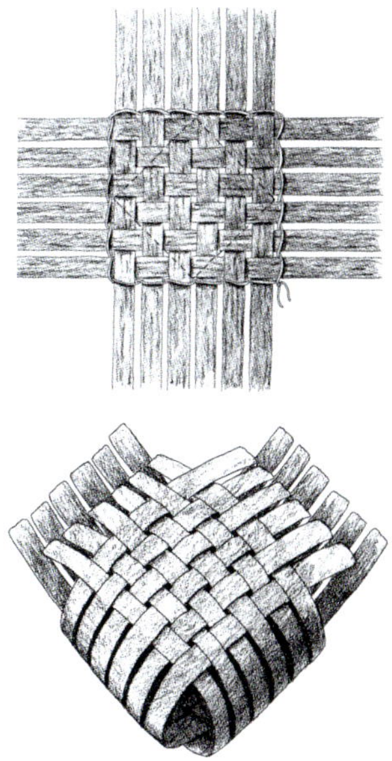

1.01
Webflechten mit flachen Fasern, oben der Anfang, darunter der Übergang zur räumlichen Struktur.

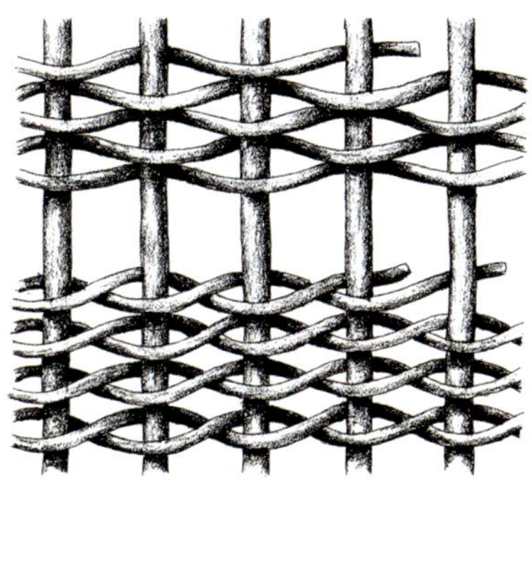

1.02
Einfaches Flechten um Staken (oben im Bild) und Fitzen mit einem Doppelstrang um die Staken (unten).
Beide Bilder aus: Jensen, E.: Korbflechten, Bern 1994

1.03
Nähtechnik zur Herstellung von Wickelkörben, oben wird der Wickelfaden unter dem Faden der vorhergehenden Reihe durchgezogen, unten führt der Faden durch einen Spleiss im Wickelfaden.

1.04
Das Umwickeln des inneren Stranges kann sehr eng, aber auch im Abstand von 1- 2,5 cm erfolgen. Ist der Boden groß genug, wird der Wickel nach oben gezogen und vernäht.
Beide Bilder aus:
Jensen, E.: Korbflechten. Bern 1994

Auf die Techniken des Flechtens und Webflechtens wird in diesem Buch nicht näher eingegangen. Zwar gibt es je nach Kulturkreis außerordentlich vielfältige Varianten des Flechtens, diese Techniken und ihre Varianten werden aber auch in etlichen Büchern hinreichend beschrieben. Die Technik des Wickelns von Körben und Gebrauchsgegenständen ist dagegen sehr viel weniger bekannt und verbreitet, obwohl sie sicherlich zu einer der Urformen der Korbmacherei zählt.
Egal, welche Kultur Sie zu welcher Zeit auch betrachten, in allen gibt oder es gab Wickelkörbe! Einige Volksgruppen sind besonders bekannt für ihre Wickelkörbe, so z.B. die Tutsi in Ruanda, die überwiegend Gras verarbeiten, oder die Massai, die mit Leder nähen. In Amerika stellten die Siedler ihre Lagerkörbe aus Beifuß her (das Kraut schützt vor Schädlingen) und englische Bienenkörbe wurden traditionell mit einer Hanfschnur gewickelt. Eine Volksgruppe in Amerika, die auch die „Korbmacher“ genannt wurde, fertigte mit der Wickeltechnik sogar Körbe zum Transport von Wasser! Sie bestrichen ihre Körbe mit Harz und machten sie damit wasserdicht. Es lohnt sich also, über die Grenzen hinauszuschauen und Anregungen aus anderen Kulturkreisen aufzugreifen.

Mit den folgenden Ausführungen möchte ich versuchen, das Wissen um die alte Technik des Wickelns und Nähens, die auch hierzulande verbreitet war, zu erhalten und wiederzubeleben. Gleichzeitig kann das Sammeln, Trocknen und Verarbeiten der Pflanzen auch zu einem tieferen Verständnis der Natur beitragen und auf den vielfältigen Schatz an Pflanzen aufmerksam machen, der uns umgibt.

Leider ist im Laufe der Zeit die Vielfalt der Materialien, die für die Herstellung von Körben zum Einsatz kamen, erheblich zurückgegangen. Körbe wurden zum rein bäuerlichen Gebrauchsgegenstand und überwiegend geflochten. Die wenigen Menschen, die heute noch die Technik des Korbwickelns (d.h. das Nähen von Strängen) beherrschen, halten meist an den bekannten und vertrauten Materialien fest und erproben selten neue Werkstoffe (oder auch sehr alte). Durch diese Einschränkung hat das Interesse an der Technik des Korbwickelns stark nachgelassen. Was mir an den Körben in Wickeltechnik besonders gefällt, ist die Tatsache, dass zur Herstellung grundsätzlich nichts hinzugekauft werden muss. Alle Materialien sind in der freien Natur zu finden! So gibt es die Möglichkeit, die Schnüre zum Binden aus verschiedenen Pflanzen selbst zu gewinnen. Beispielsweise kann man, wie es früher üblich war, Zweige und Stiele mancher Pflanzen zu biegsamen Streifen spalten und damit wickeln. Trotzdem nutze auch ich für die meisten Körbe heute zugekaufte Schnur und

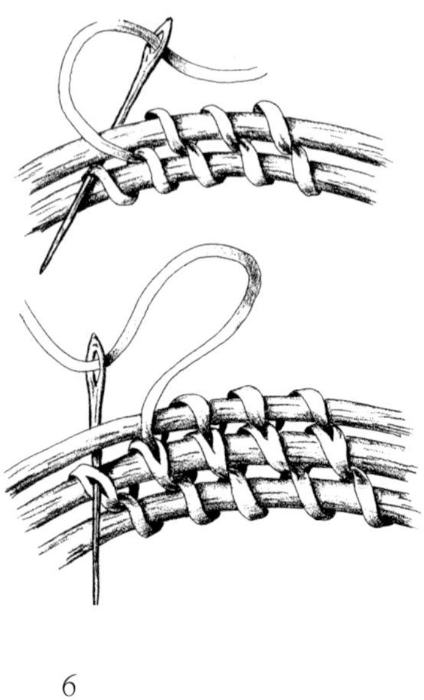

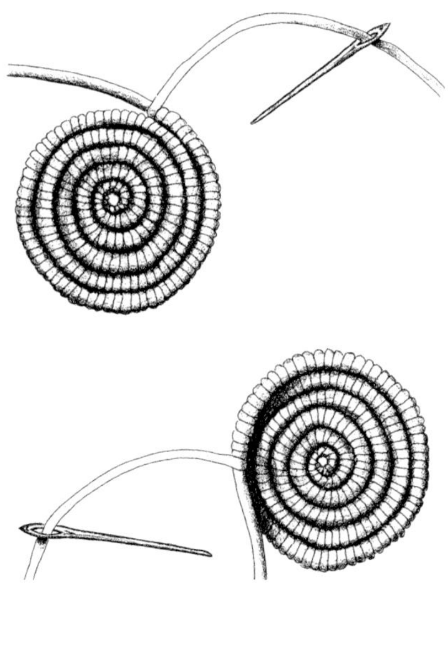

habe mit einer Schnur aus Baumwolle im Moment ein optimales Werkmaterial zum Binden gefunden. Die Schnur passt sowohl optisch als auch qualitativ zu den Körben, die ich herstelle. Sie hält auch das häufige Durchziehen aus, das bei dieser Technik unvermeidlich ist. Hin und wieder verwende ich auch eine synthetische Schnur, die es in mehreren interessanten Farben gibt. Ich habe auch schon mit Hanfschnüren gearbeitet und experimentiert, bin aber weniger begeistert davon. Hanfschnur hat, abgesehen vom starken Eigengeruch des Materials, immer wieder dünne Stellen, an denen sie dann leicht reißt oder bricht. Natürlich kann man auch Versuche mit Garnen aus Leinen oder ähnlichen Materialen anstellen. Erfahrungen damit kann ich hierzu leider nicht beitragen.
An dieser Stelle möchte ich Sie vor einem gewissen Suchtpotenzial dieses Hobbys warnen: Hat man erst einmal Gefallen am Korbwickeln gefunden, wird sich bei jeder Pflanze, ob im Gartencenter, im Blumengeschäft oder in der Natur, immer gleich die Frage stellen: *„Kann ich daraus einen Korb herstellen...?"*

Doch nun soll es richtig losgehen! Jedes Korbprojekt beginnt mit dem Sammeln des Materials. Dabei gilt es einige Dinge zu beachten. Natürlich können Sie einfach „nur" mitgebrachte Blumensträuße verarbeiten; aber damit kommen Sie von der Menge her meist nicht weit. Wenn Sie gezielt auf Sammeltour gehen wollen, brauchen Sie Antworten auf die folgenden Fragen.

Wo sammeln?

Sammeln Sie keine Pflanzen in Schutzgebieten! Das könnte man Ihnen übel nehmen. Zertrampeln Sie auch keine Wiesen, die landwirtschaftlich genutzt werden. Denn es werden sich keine idealen Pflanzen darin finden. Gras, das regelmäßig gemäht wird, ist zu kurz und zu weich, als dass es als Kernmaterial geeignet wäre.
Wenn Sie am Wegesrand oder auf Brachland suchen, werden Sie mehr Glück haben. Dort sind die Gräser länger und fester. Körbe aus Glatthafer z.B. haben eine besonders schöne Oberfläche. Ergiebig sind auch feuchte Stellen: An Wassergräben, Teichen und Tümpeln werden Sie beim Sammeln besonders erfolgreich sein. Simsen, Binsen und vor allem Seggen ergeben schöne Körbe. Mein persönliches Lieblingsrevier zum Sammeln ist ein großes Waldgebiet, in dem ich mit dem Auto relativ nahe zum Standort der Korbpflanzen fahren kann. Denn glauben Sie mir, es ist ziemlich mühsam, frisch geschnittenes Gras in der benötigten Menge über eine weite Strecke zu tragen.

Wann sammeln?

Es gibt fast keine zeitlichen Grenzen zum Sammeln! Gleich im Frühjahr beginnt die Sammelzeit mit den Blättern der immergrünen Gräser sowie mit Frühlingsblühern wie Narzissen und Ruchgras. Im Mai und Juni ist die beste Sammelzeit für die verschiedenen Seggen. Die Sommermonate bieten sich an, um Kräuter wie Dost, Lavendel und Rainfarn zu sammeln.
Im Herbst ist die Zeit, um Gartenabfälle zu trocknen. Taglilien können ohne weiteres zurückgeschnitten werden, genauso wie Perovskia (Blauraute) und verschiedene Gräser. Sogar im Winter gibt es Möglichkeiten, Material zu sammeln, z.B. die langen Triebe des wilden Weines oder die Zweige von Birken und Clematis. An feuchten Stellen ist Winterschachtelhalm zu finden.

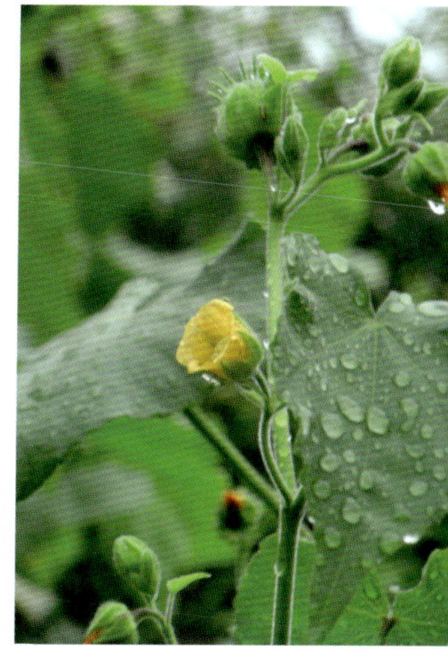

1,05
Samtpappel
(*Abutilon theophrasti*)

1.06
Rohrkolben

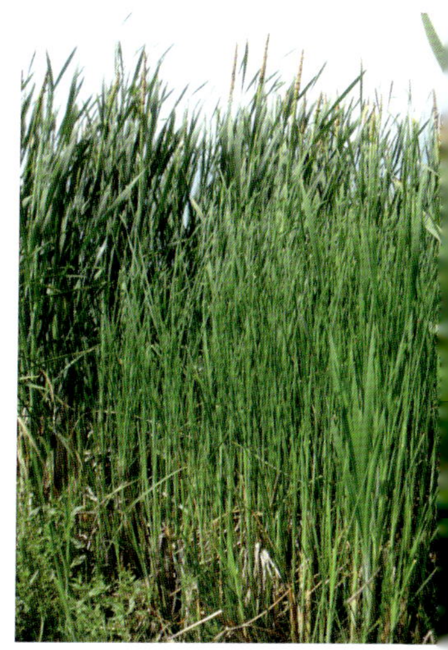

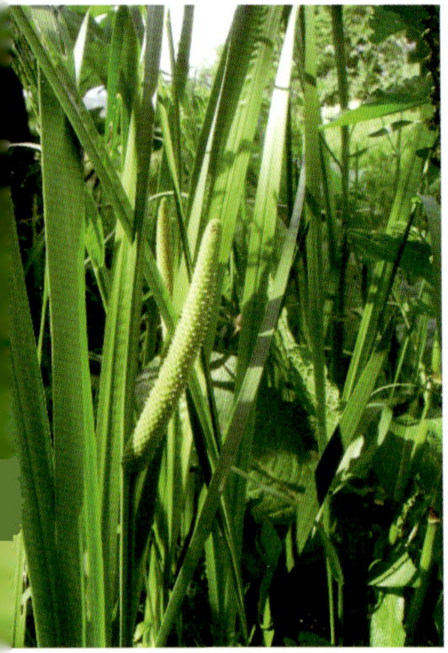

1.07
Kalmus mit Blüte

1.08
Japanische Faserbanane

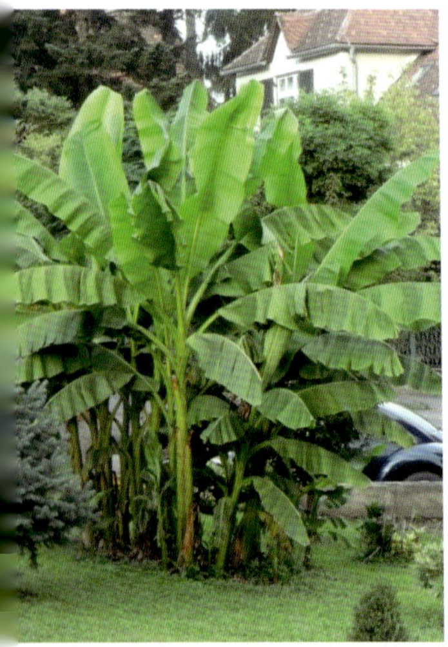

Was sammeln?

Sie können so gut wie alles Pflanzenmaterial zu Körben verarbeiten!
Gräser eignen sich ebenso wie Kräuter, die sich biegen lassen. Für Griffe können auch kleinere Äste eingebunden werden, ebenso lässt sich Rinde gut einbauen. Auch Wurzeln und Blätter sind zum Korbwickeln geeignet, ebenso Früchte und Samen zur Dekoration. Wenn Sie regelmäßig in Ihrer näheren Umgebung Korbmaterial sammeln, werden Sie bald erkennen, wo Ihre „Lieblingspflanzen" wachsen, und können diese dann gezielt aufsuchen.

Lagern

Zuhause binden Sie die Kräuter und Gräser zu Sträußen zusammen und hängen sie in einem dunklen, aber trockenen Raum zum Trocknen auf. In hellen Räumen verlieren die Pflanzen ihre grüne Farbe und werden braun. Natürlich kann eine dunkle Farbe auch sehr schön sein, z.B. bekommt an der Sonne getrockneter Dost einen schönen dunkelbraunen Farbton. Aber die grüne Farbe wirkt an den Körben doch am reizvollsten. Sie können das Material auch über Jahre hinweg lagern, bis Sie genug für einen Korb beisammen haben. Um das so gelagerte Material dann verarbeiten zu können, müssen Sie es nur etwas anfeuchten.

Andere Materialquellen

Neben dem Sammeln in der Natur lassen sich besonders geeignete Pflanzen auch kultivieren. Die Pflanzen können Sie z.B. in Baumschulen und Staudengärtnereien erwerben, um sie im Garten anzupflanzen.

Für die Körbe, die ich seit Jahren herstelle, habe ich schon Unmengen an Material verarbeitet. Schon um eine verhältnismäßig kleine Menge zu sammeln, bin ich recht lange im Wald unterwegs. Und manche Pflanzen sind dann, wenn ich hinkomme, unter Umständen schon abgeblüht oder wurden bereits abgeschnitten. Andersherum kann auch der Fall eintreten, dass ich an manchen Stellen mehr Material vorfinde als ich tragen oder ernten kann.
Darum fing ich irgendwann an, meine Korbpflanzen im Garten anzupflanzen, um zum richtigen Zeitpunkt am richtigen Ort zu sein, an dem ich in relativ kurzer Zeit eine ausreichende Menge passender Pflanzen ernten kann.
Dann gibt es noch die Pflanzen, die sich uns „aufdrängen". Vielleicht haben Sie irgendwann einmal eine paar Zweige einer besonderen Art gesammelt, die Sie fasziniert haben, oder Sie sind auf andere Weise an sie gelangt. Jedenfalls ist das mitgebrachte Material verarbeitet; aus den abgefallenen Samen wächst die Pflanze jetzt vor der Haustür und wartet darauf, verarbeitet zu werden. In meinen Fall sind es Eisenkraut, Beifuß und Katzenminze, die bei uns rund ums Haus wuchern. Obwohl ich lange gezögert habe, sie zu verwenden, hat sich letztlich doch gezeigt, dass sie ihren ganz besonderen Reiz haben.
Es gibt aber auch das Gegenteil: Pflanzen, die ich für besonders gut geeignet oder besonders wertvoll hielt und die „sich geweigert haben", zu einem Korb zu werden.

2 Die Technik

Die hier beschriebene Technik, Wickelkörbe herzustellen, ist sehr alt und auf der ganzen Welt verbreitet, wobei je nach den lokalen Möglichkeiten und Traditionen eine Reihe von abgewandelten Formen erhalten geblieben sind. Beispielsweise war und ist es in unserer Region (Steiermark) üblich, Getreidestroh (meist Roggen) mit Weidenruten zu nähen. In Afrika ist das Umwickeln von Grasbüscheln bekannt, und in der Obersteiermark und in Sibirien wurde mit Fichtenwurzeln genäht bzw. gebunden.
Ich habe die Technik schon in meiner Kindheit erlernt und früh versucht, auch andere Materialien auszuprobieren. Sehr gerne arbeite ich mit verschiedenen Kräutern und auch mit Lavendel. Im Laufe der Jahre habe ich wohl über 100 verschiedene Pflanzenarten zu Körben verarbeitet. Für Anfänger besonders geeignet sind Flatterbinsen (*Juncus effusus*) oder Segge (*Carex ssp.*). Zum Nähen verwende ich eine Baumwollschnur mit 2 mm Stärke. Geeignet ist natürlich auch jede andere Schnur. Meine „Lieblingsnadel" ist eine sehr steife Sack- oder Webnadel. Ein weiteres nützliches Werkzeug ist eine feine Zange, um

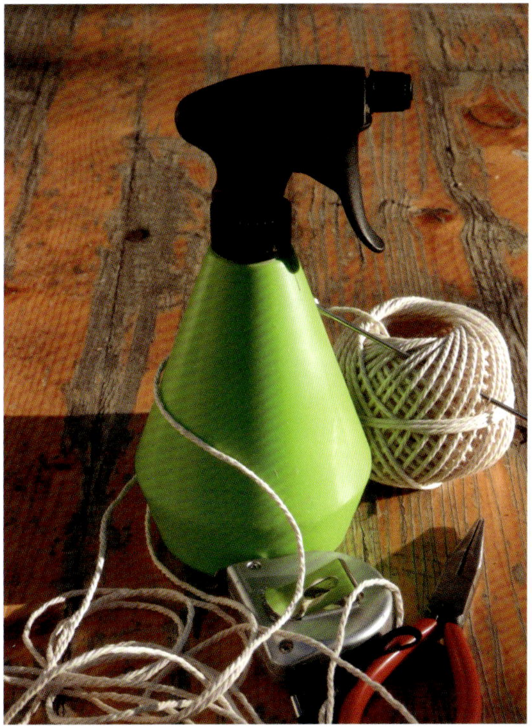

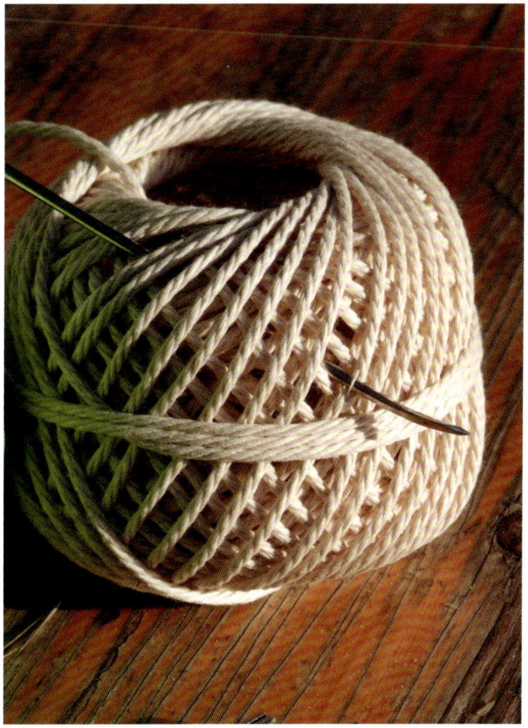

2.01
Die wichtigsten Werkzeuge die benötigt werden: Maßband, Blumen-Sprüher, und Zange.

2.02
Schnur (erhältlich im Büro- und Schulbedarf) und kräftige, leicht gebogene Stahlnadel (Sacknadel, erhältlich in Handarbeitsläden).

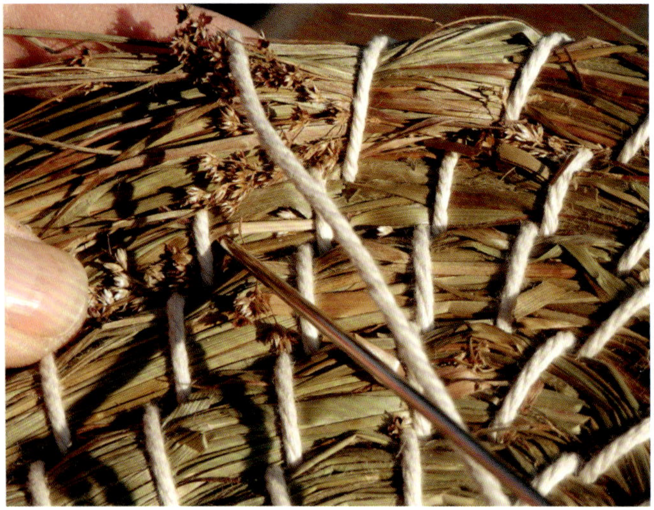

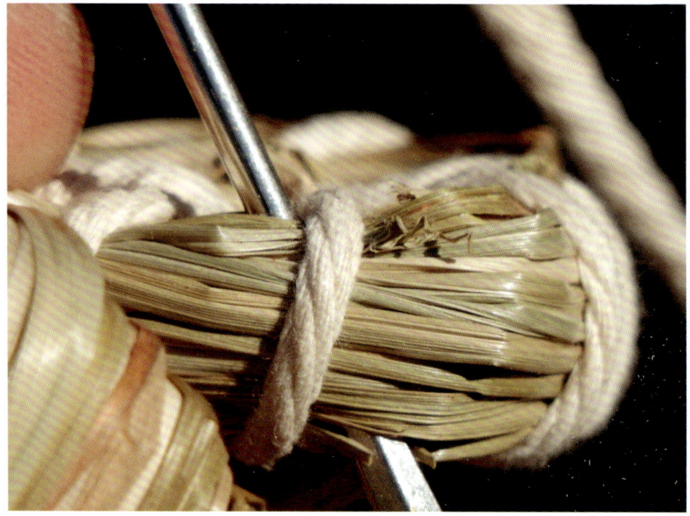

2.03
Ich steche von vorne …

2.04
… unter der Schnur der letzten Reihe hindurch.

die Schnur besser zu greifen und festziehen zu können.
Außerdem benötigen Sie eine einfache Blumenspritze, wie sie zum Besprühen von Pflanzen verwendet wird. Sie hilft, das Pflanzen-Stroh anzufeuchten, wenn es ganz trocken ist, damit es biegsam wird und bei der Arbeit nicht so leicht bricht. Gerade am Anfang, beim Knoten und bei den engen Rundungen, kommt es darauf an, dass das Material besonders biegsam ist. Hin und wieder benötige ich noch eine Baumschere, um dicke Grasbüschel glatt abschneiden zu können, oder auch einen kleinen Hammer, um Holzstäbchen einzuschlagen. Die wichtigsten Arbeitsgeräte aber sind Nadel und Zange.

Die Arbeitsweise

Das Herstellen gewickelter Flächen ist relativ einfach und besteht eigentlich aus nichts anderem, als von einem Knoten ausgehend das Material, also getrocknete Pfl anzen, zu einem gleichmäßig dicken Büschel zu formen und dieses an das darunterliegende Büschel mit Hilfe von Nadel und Schnur anzunähen.
Dazu halte ich das Büschel mit Daumen und Mittelfi nger der linken Hand (als Rechtshänder) zusammen und drücke mit dem Zeigfi nger darauf. Der Stich erfolgt in der darunterliegenden Reihe unter der Schnur der letzten Reihe hindurch.
Das hört sich erst einmal ganz einfach an und ist es eigentlich auch.
Beim Weiterarbeiten ist stets darauf zu ach-ten, dass das Büschel gleichmäßig dick ist. Spürt man, dass es dünner wird, gibt man einige Halme hinzu, indem man diese in die Mitte des Büschels einsteckt. Dadurch wird das Büschel quasi ins Unendliche verlängert und endet erst, wenn

der Korb fertiggestellt ist. Die Hauptschwierigkeit liegt darin, ein Fingerspitzengefühl für das jeweilige Material zu bekommen. Denn jede Art, jede Pflanzensorte zeigt Unterschiede bei der Verarbeitung. Besonders am Anfang des Korbes ist es wichtig, das Material hin und wieder anzufeuchten oder es mit der Zange vorzubereiten, z.B. zu quetschen. Durch die praktische Arbeit werden Sie im Laufe der Zeit die Eigenheiten der verschiedenen Pflanzen kennenlernen und Erfahrungen bei ihrer Verarbeitung sammeln.

Ich habe im Folgenden die Herstellung von fünf unterschiedlichen Körben mit fünf verschiedenen Kräutern beschrieben, um zu zeigen, was im Einzelnen zu beachten ist.

Um eine schöne Rundung zu erreichen, ist es wichtig, das aufgenähte Büschel möglichst oft zu biegen. Dazu drücke ich das Büschel mit beiden Daumen nach außen und halte mit den restlichen Fingern auf der Außenseite dagegen (immer in Arbeitsrichtung). Dies in kurzen Abständen wiederholt, gibt dem Korb bzw. der gewickelten Fläche eine schöne runde Form.

Die Stiche erfolgen, ausgehend vom Anfang in der Mitte, möglichst im gleichen Abstand bzw. in einer sich fortsetzenden Linie. Damit bei runden Korbböden der Abstand zwischen den Stichen nicht immer größer wird, füge ich dort „Zwischenstiche“ ein.

Wählen Sie den Abstand zwischen den Stichen nicht zu klein. Ich empfehle etwa 2 - 2,5 cm Abstand. Den einmal gewählten Abstand sollten Sie bis zum Ende des Korbes beibehalten. Grundsätzlich gilt: Jeder kleiner der Abstand, desto länger ist die Arbeitszeit und der Bedarf an Schnur.

Das soll nun nicht heißen, dass ein Korb aus einem dünnen Büschel mit vielleicht 1 cm Schnurabstand falsch oder nicht schön ist – im Gegenteil! Je feiner und filigraner gearbeitet wird, umso außergewöhnlicher wird das Werkstück. Es ist nur zu bedenken, dass dann ein Körbchen wie das kleine Lavendelkörbchen (vgl. Abb. 4.28) nicht in 3 Stunden fertig ist, sondern vielleicht 6 - 8 Stunden Arbeit erfordert.

Für den Anfänger ist es natürlich erstrebenswert, recht bald ein ansehnliches Ergebnis in der Hand zu halten. Wer schon einige Körbe gefertigt und eine gewisse Übung im Formen und Vernähen der Büschel hat, kann den Abstand verringern. Schließlich weiß der erfahrene Korbnäher, worauf er sich einlässt, und kann einschätzen, wie viel Zeit er in seinen Korb investieren will.

Wird der Abstand der Stiche zu groß gewählt, kann der Korb instabil werden. Im Grunde muss jeder anhand des Materials und der Größe des Werkstückes entscheiden, welcher Stichabstand der richtige ist.

Egal, für welchen Stichabstand ich mich entscheide, die Länge des Bindfadens muss nicht von vornherein bemessen werden. Wenn der Nähfaden zu Ende ist, kann jederzeit ein neuer angeknüpft werden. Ich arbeite gerne mit einer langen Schnur, auch wenn ich immer wieder den Spruch höre „Langes Fädchen, faules Mädchen“. Schließlich benötige ich pro Stich doch fast 8 cm Bindfaden. Den Knoten lege ich auf die Außenseite, ziehe ihn mit der Zange nach oben und lege in der nächsten Reihe das Büschel darüber.

3 Ein ovaler Schneckenkorb

3.01
Zum Befestigen meiner Schneckenhäuser verwende ich Schaschlik-Stäbchen.

3.02
Beim ovalen Korb muss im Vorfeld festgelegt werden, wie lang und wie breit er werden soll. Soll er beispielsweise 25 cm lang und 15 cm breit werden, wie mein Musterkorb, muss ich mit einem 10 cm langen, geraden Mittelstück beginnen (d.h. Länge des Mittelstücks = Differenz aus Länge und Breite). Soll der Korb z.B. 30 cm lang und 10 cm breit werden, muss ich mit einem 20 cm langen Mittelstück beginnen.

3.03
Ich nehme ein fingerdickes Büschel und knote es mit der Schnur genau 10 cm vom Ende zusammen.

3.04
An dieser Stelle wird das Büschel abgeknickt, so dass der längere Teil nach oben zeigt und der Faden auf der Rückseite weiterläuft.

Mit der Herstellung dieses Korbes möchte ich zum einen ovalen Boden beschreiben und zum anderen zeigen, wie sich Gegenstände zur Dekoration einarbeiten lassen. Geeignet sind nicht nur Schneckenhäuser, wie hier gezeigt, ebenso gut können auch Holzteile, Zapfen oder auch Gefilztes und andere Dinge eingearbeitet werden. Der Fantasie sind dabei keine Grenzen gesetzt.

Benötigt werden für den im Folgenden beschriebenen Korb ca. 1 kg trockenes Material und etwa 45 m Schnur. Ich habe die leicht zu verarbeitende weißliche Hainsimse (*Luzula luzuloides*) verwendet.

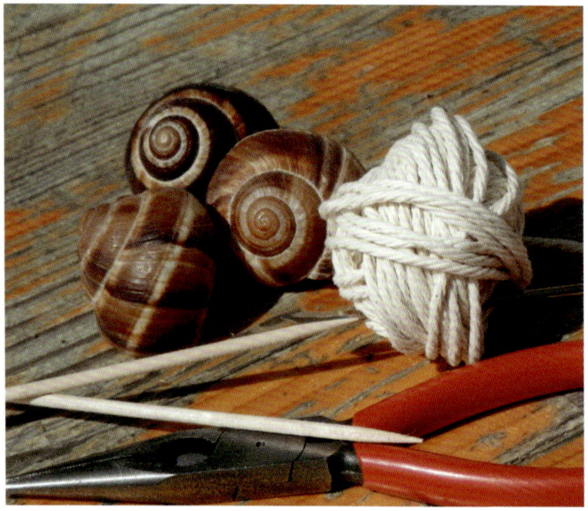

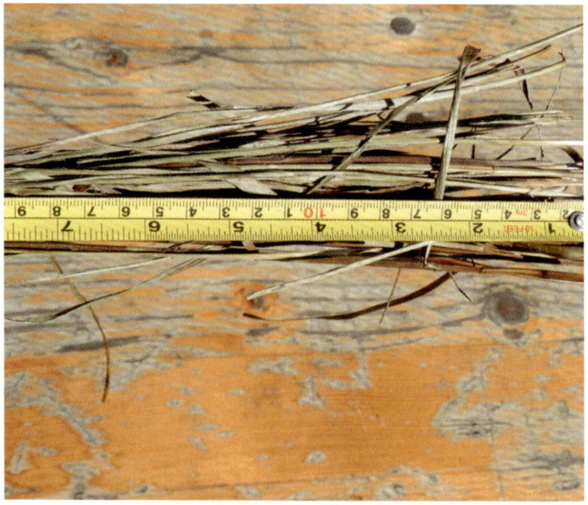

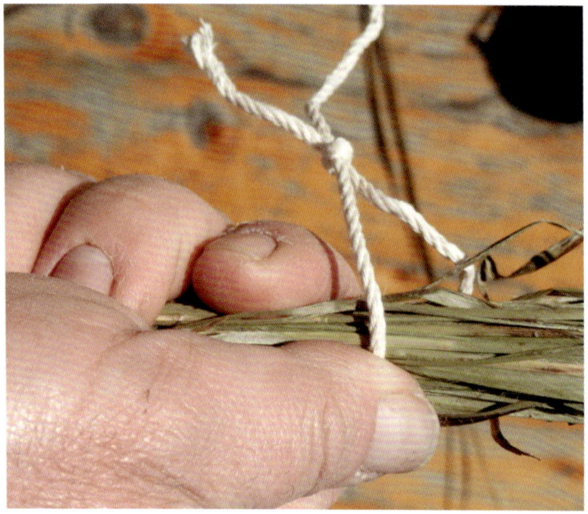

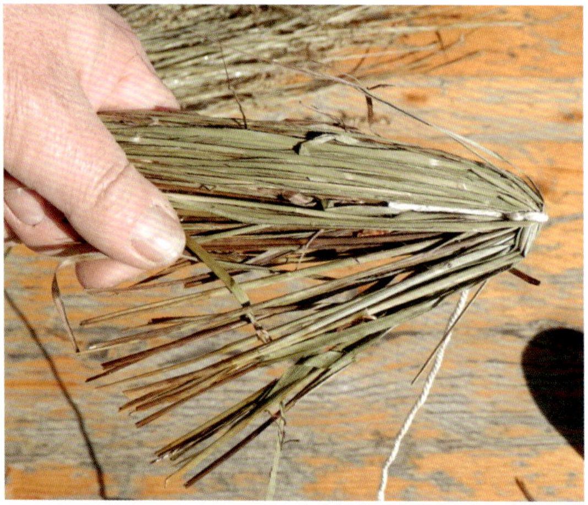

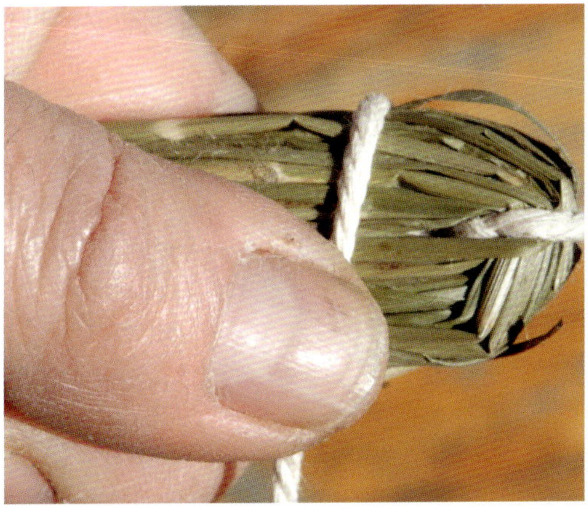

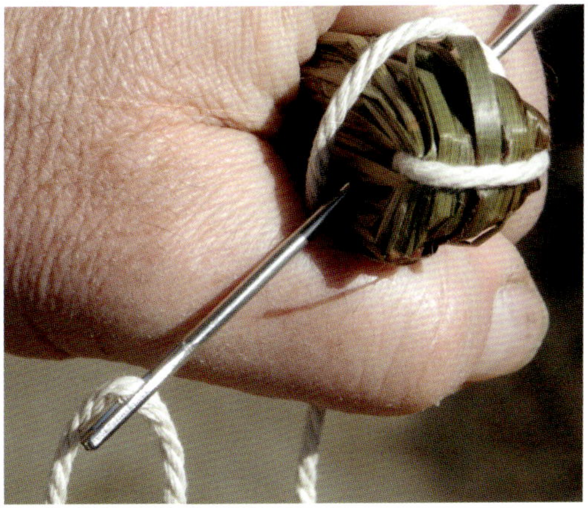

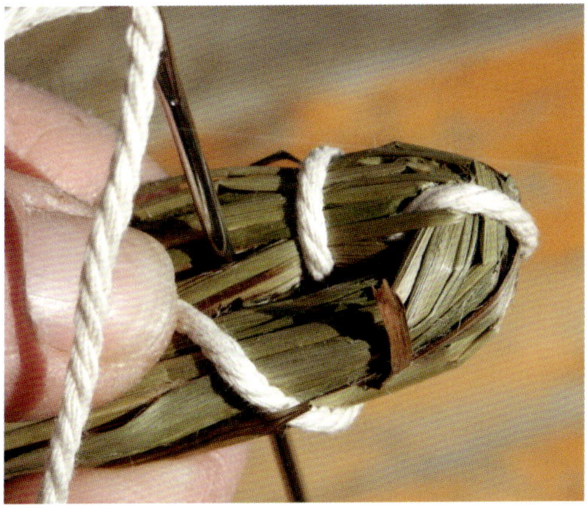

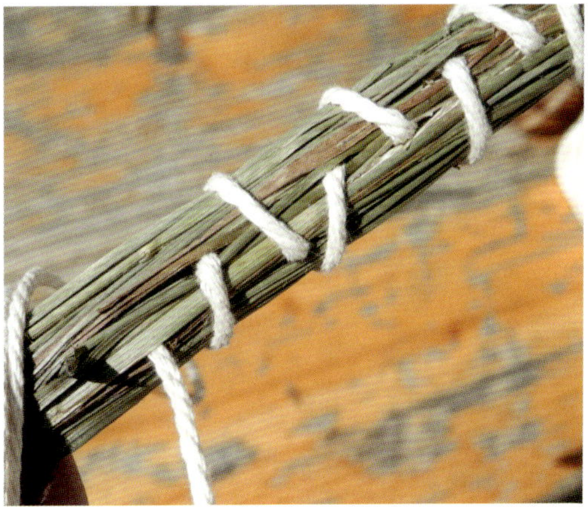

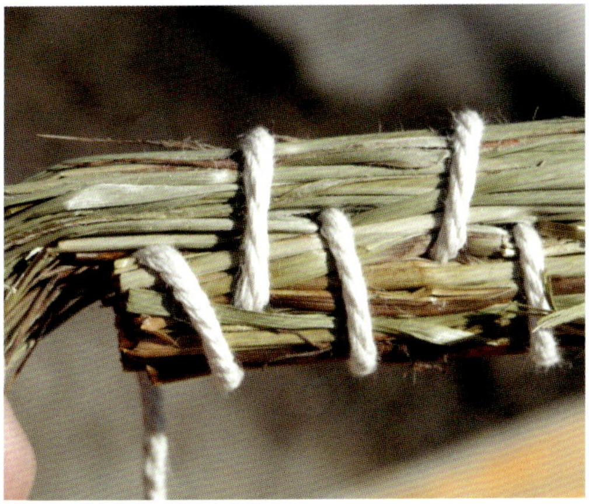

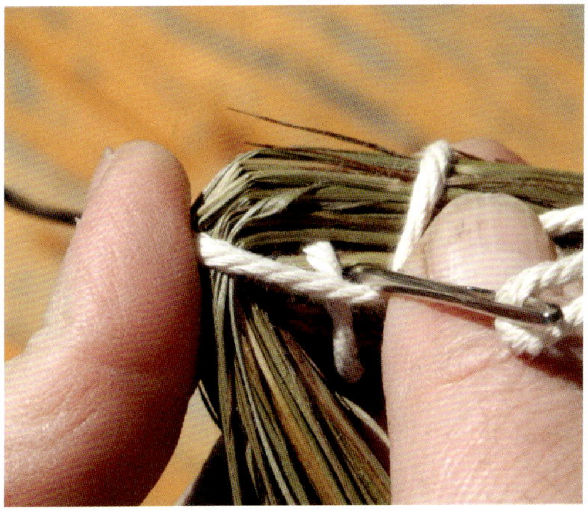

3.05
Dann führe ich die Schnur von hinten über das Büschel...

3.06
... und steche mit der Nadel durch das Büschel, und zwar vom unteren ins obere Drittel.

3.07
Im nächsten Schritt lege ich die Schnur von unten um das Büschel herum und steche mit der Nadel vom oberen ins untere Drittel. Wichtig ist, dass der Einstich so weit oben erfolgt, dass die in der Mitte liegenden Halme von der Schnur bei jedem Stich umfasst werden.

3.08
Für die Rückseite gilt dasselbe, es müssen alle Halme fest umschlossen sein.

3.09
Dieses Vorgehen wird in den ersten beiden Reihen fortgeführt, bis der Anfang des Büschels erreicht ist: Abwechselnd einstechen, erst oben, dann unten, dann wieder oben, usw... Ich achte darauf, dass der letzte Stich von unten nach oben erfolgt und die Schnur anschließend unten herum läuft.

3.10
Am Anfang des Büschels angelangt, biege ich die Halme um den Anfang herum nach unten, führe die Schnur vorne herum und steche vor dem letzten Stich ein.

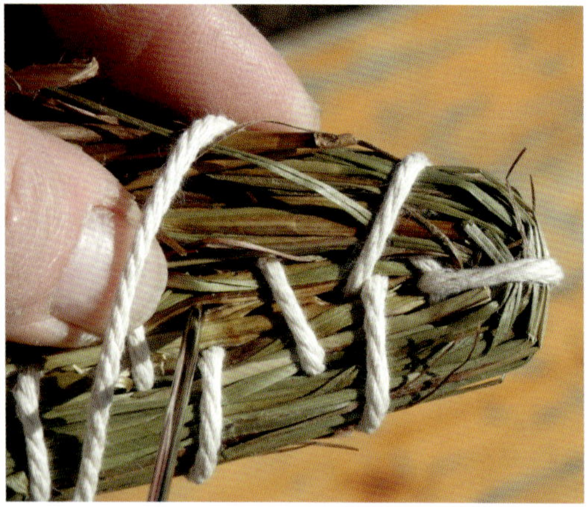
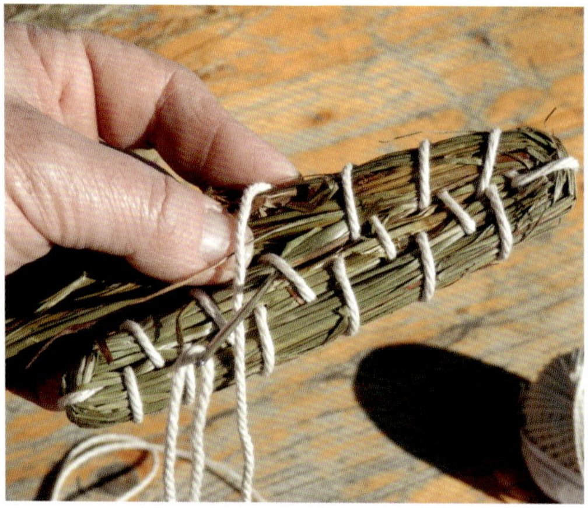
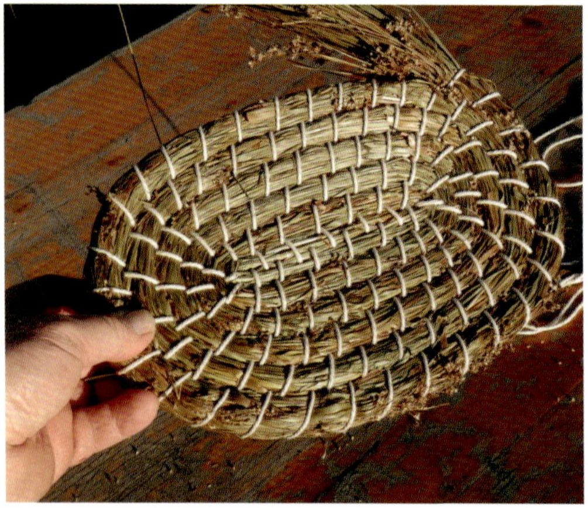
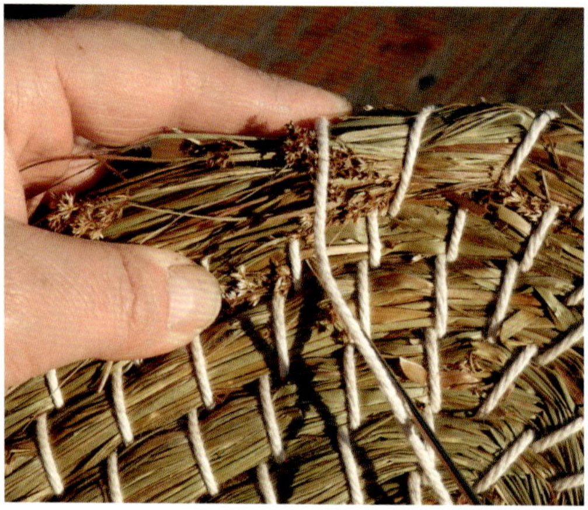
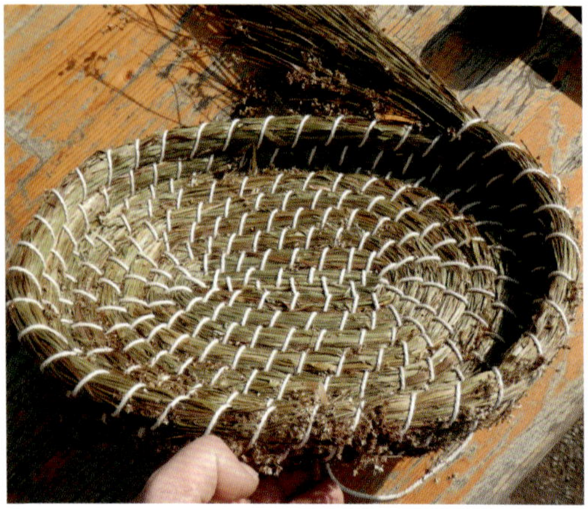
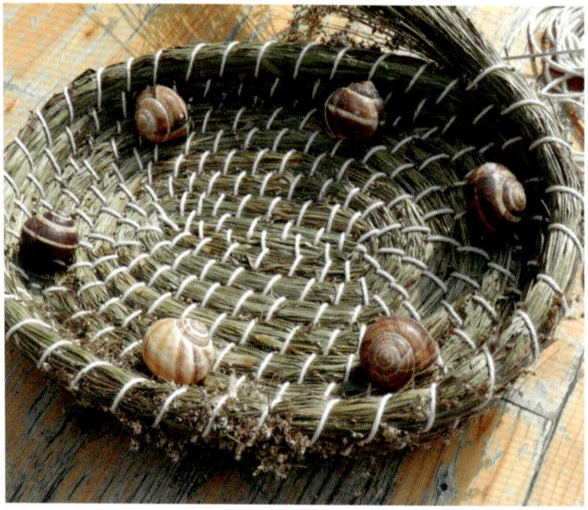

3.11
Jetzt habe ich einen stabilen Anfang, an dem ich gleichmäßig weiterarbeite. Die weiteren Stiche liegen nicht immer an den gleichen Stellen wie in der ersten Doppelreihe.

3.12
Der Anfang ist geschafft.

3.13
Bei ovalen Körben ist besonders darauf zu achten, dass auch an den Rundungen gleichmäßig Material nachgesteckt wird, damit der Korbboden am Ende nicht spitz wird und der Anfang später möglichst gerade und mittig am Boden zu sehen ist.

3.14
Hat der Korbboden die gewünschte Größe erreicht (15 x 25 cm), beginne ich aus der Rundung heraus mit den Wänden. Dazu nähe ich die Stränge oben und nicht mehr seitlich fest.

3.15
Hier sind nun zwei komplette Reihen Wand fertig gestellt,…

3.16
… so dass ich mit dem Aufteilen der als Schmuck vorgesehenen Schneckenhäuser beginnen kann. 6 eingeknüpfte Häuser sollten genügen.

3.17
Um die Schneckenhäuser sicher zu befestigen, schlage ich mit Hammer und Nagel vorsichtig ein Loch in das Gehäuse. Bei Meeresschnecken verwende ich die Bohrmaschine mit einem Keramikbohrer.

3.18
Ich lege dazu das Schneckenhaus vor mir auf den Tisch mit der Öffnung nach oben und schlage mit Nagel und Hammer so tief wie möglich von innen ein Loch in die Schale.

3.19
Nach dem Herausziehen des Nagels drehe ich das Schneckenhaus um und kann durch das entstandene Loch hindurch ein weiteres auf der gegenüberliegenden Seite einschlagen.

3.20
Durch diese beiden Löcher wird nun ein Schaschlik-Stäbchen geführt und mitsamt dem Schneckenhaus auf den Rand des Korbes gesteckt.

3.21
Nun kann ich am Korb weiterarbeiten. Ich hebe den Strang vor dem Schneckenhaus hoch und umwickle ihn nur locker. Reicht die Länge meines Stranges aus, befestige ich ihn hinter dem Schneckenhaus mit drei bis vier Stichen und ziehe dann die Schnur mit der Zange fest.

3.22
Ich befestige in der ersten Runde nur jedes zweite Schneckenhaus auf dem Rand.

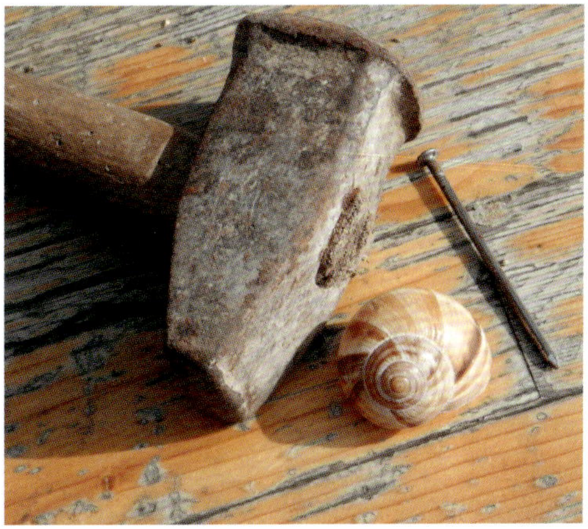

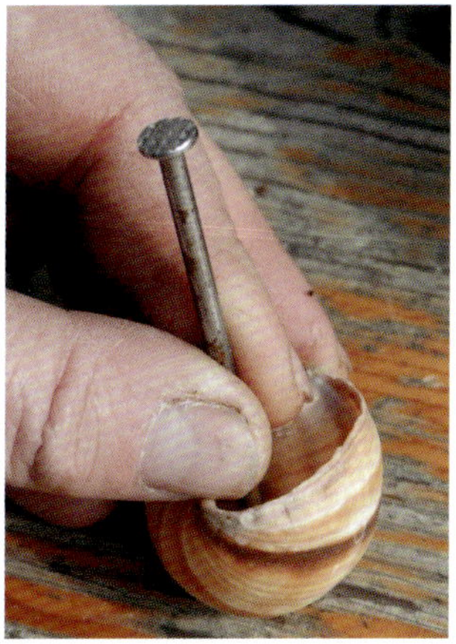

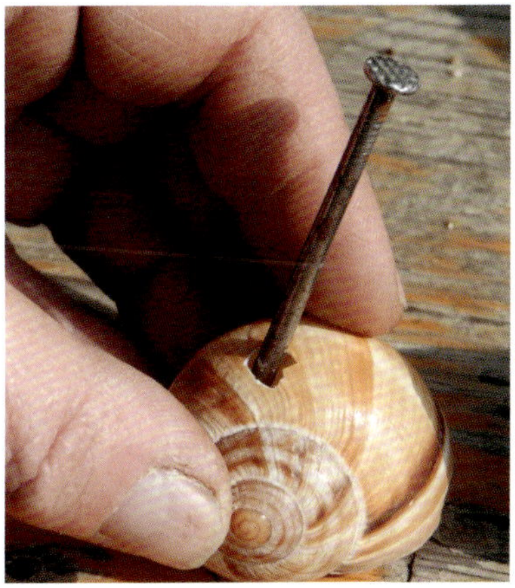

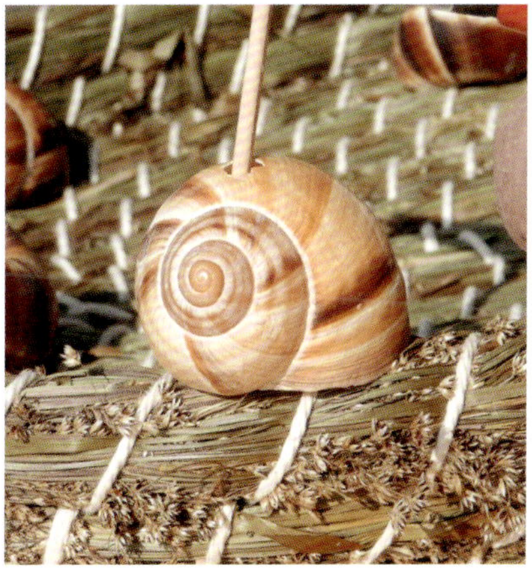

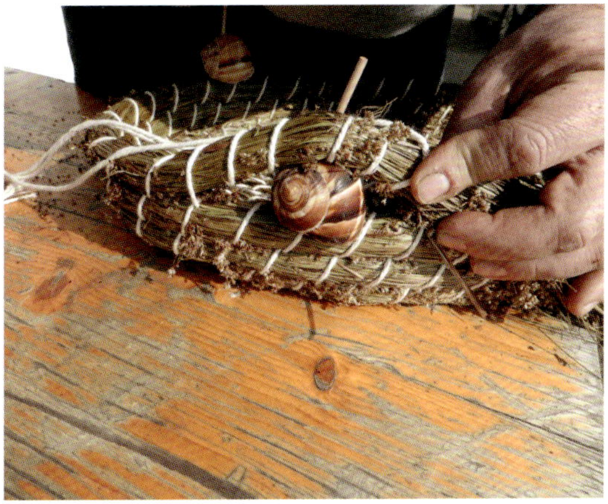

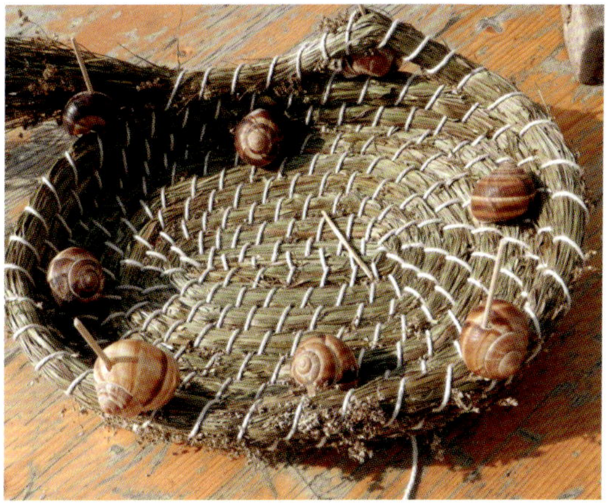

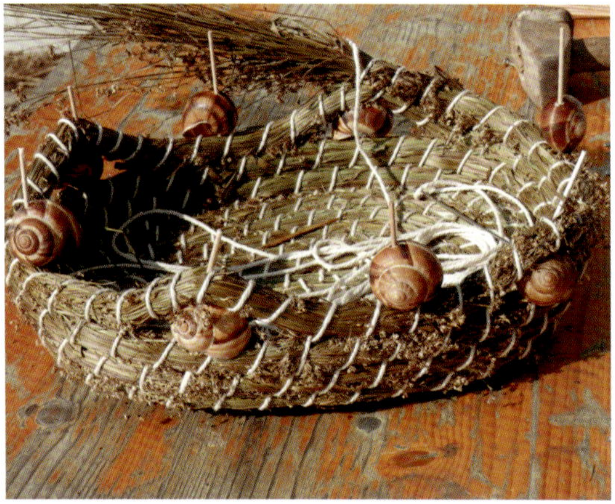

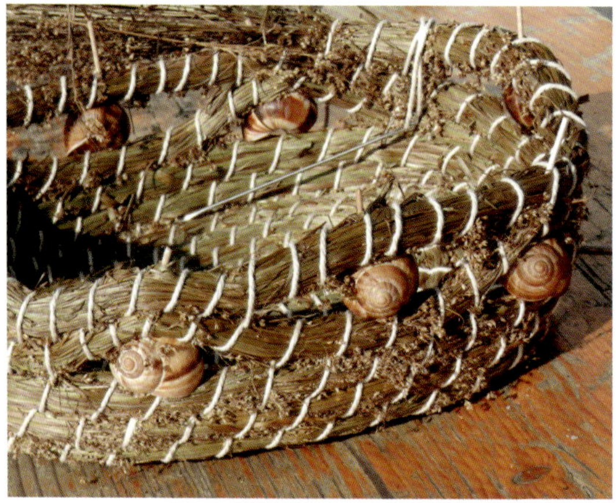

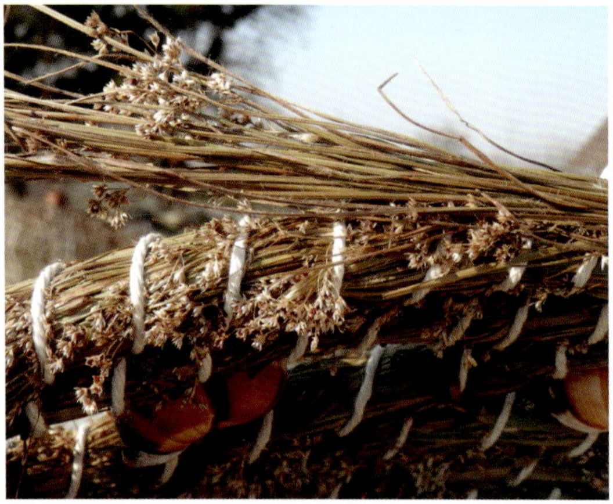

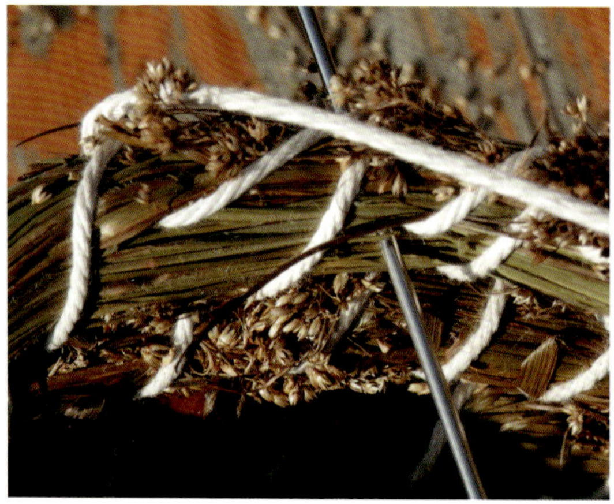

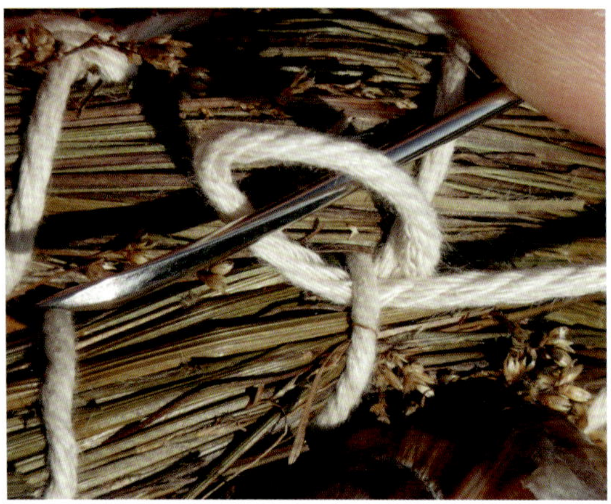

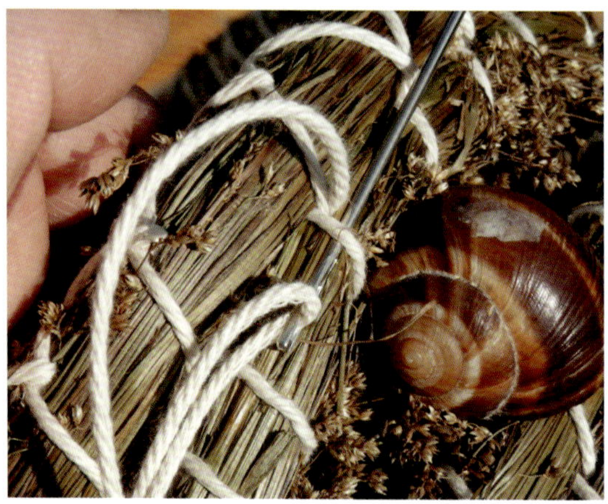

3.23
Dadurch entsteht ein wellenförmiger Rand, der auch sehr reizvoll sein kann.

3.24
Um wieder einen glatteren Rand zu erhalten, befestige ich 4 weitere Schneckenhäuser in den „Tälern" und gleiche mit einem Strang aus. Dabei ziehe ich nach jedem Schneckenhaus den frei gewickelten Strang mit der Zange fest.

3.25
Bevor ich den Korb abschließe, lege ich noch eine weitere Büschel-Reihe darüber.

3.26
Für den oberen Abschluss nähe bzw. wickle ich zurück und steche dabei in die gleichen Löcher wie zuvor. Dadurch erhalte ich ein Zick-Zack-Muster. Es bildet einen schönen Abschluss und festigt den Rand.

3.27
Ist die Rückrunde geschafft, ziehe ich die Schnur durch den darunterliegenden Stich und mache eine Schlaufe, …

3.28
… führe die Nadel durch die Schlaufe…

3.29
… und erhalte auf diese Weise einen Knoten. Damit dieser wirklich fest am Korb anliegt, ziehe ich ihn mit der Zange fest.

3.30
Das lose Ende führe ich durch das feste Material und schneide es auf der Innenseite bündig ab.

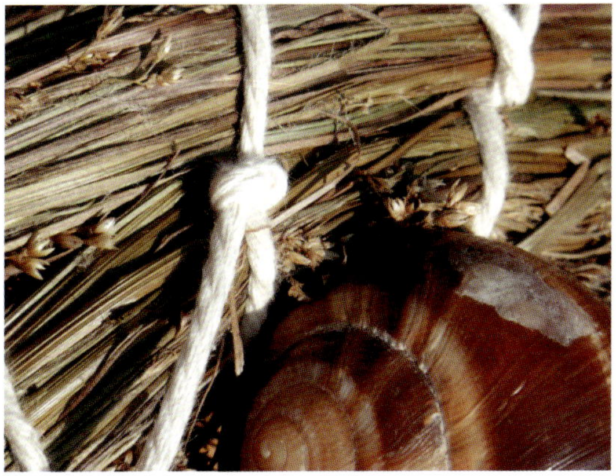

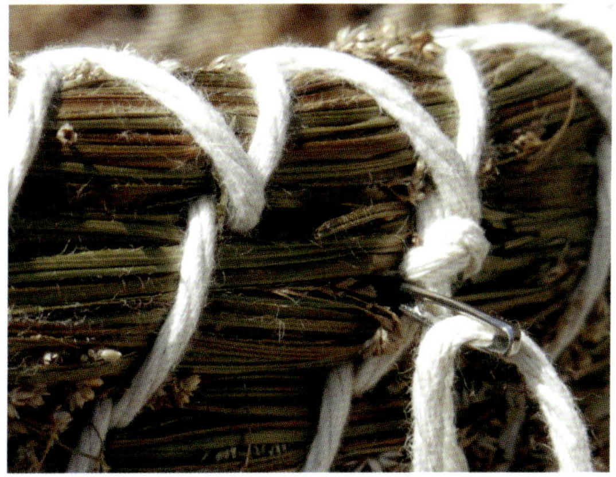

3.31
Der Korb ist fertig.

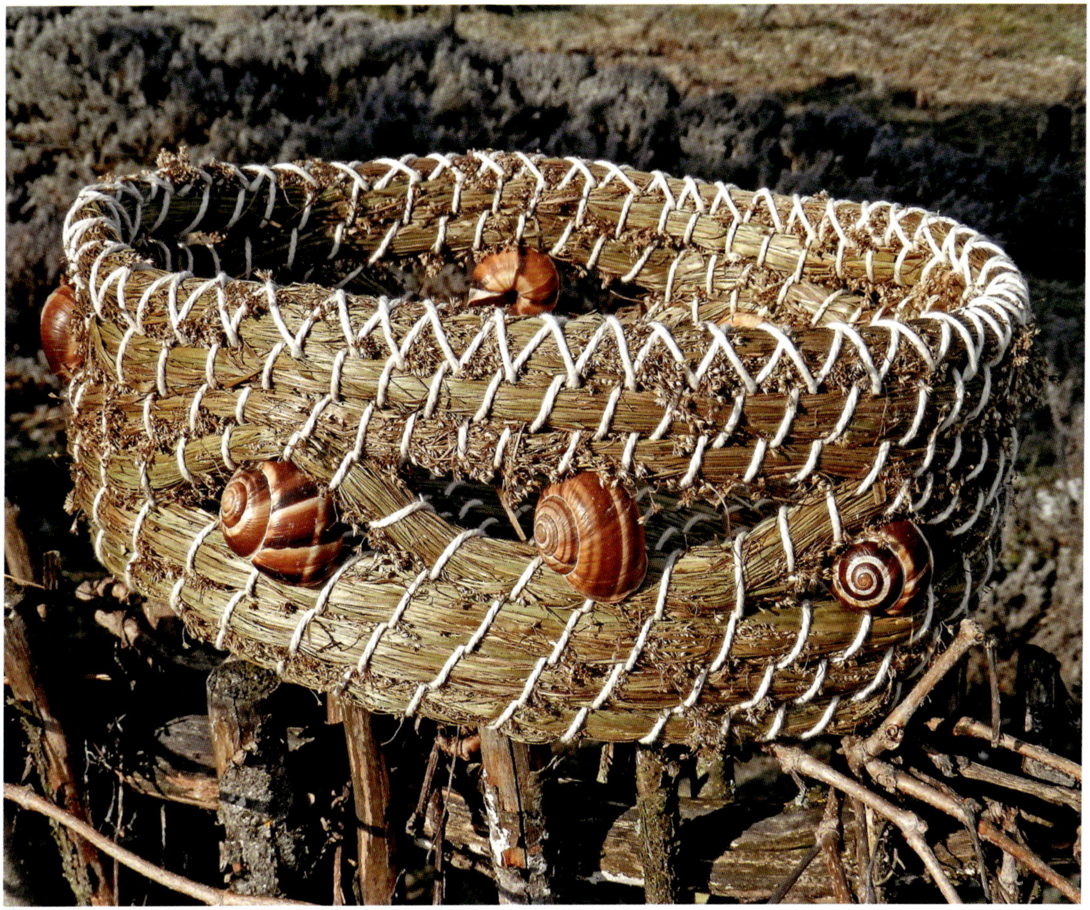

4 Der Lavendelkorb

Die Herstellung eines Lavendelkorbes unterscheidet sich grundsätzlich nicht sehr von der Herstellung anderer Körbe. Da es sich hier um einen Korb mit rundem Boden handelt, werde ich die dazu nötigen Arbeitsschritte im Folgenden ausführlich beschreiben. Doch empfehle ich Ihnen, für Ihre ersten Rundkörbe nicht unbedingt Lavendel zu wählen, da dieses Material schwieriger in der Handhabung ist. Versuchen Sie sich zuerst an Binsen oder anderen Gräsern und erst, wenn Sie ein Gefühl für diese Tätigkeit erlangt haben, versuchen Sie einen Korb aus Lavendel.

Wenn Sie einen einzelnen Lavendelstängel in die Hand nehmen, werden Sie merken, dass er relativ leicht bricht. Bevor ich mit der Arbeit am Lavendel beginne, besprühe ich ihn deshalb reichlich mit Wasser und lasse die Feuchtigkeit einwirken. Wie im Teil „Kräuter“ beschrieben, mache ich hin und wieder eine „Knickprobe“ und höre, ob der Halm bricht.

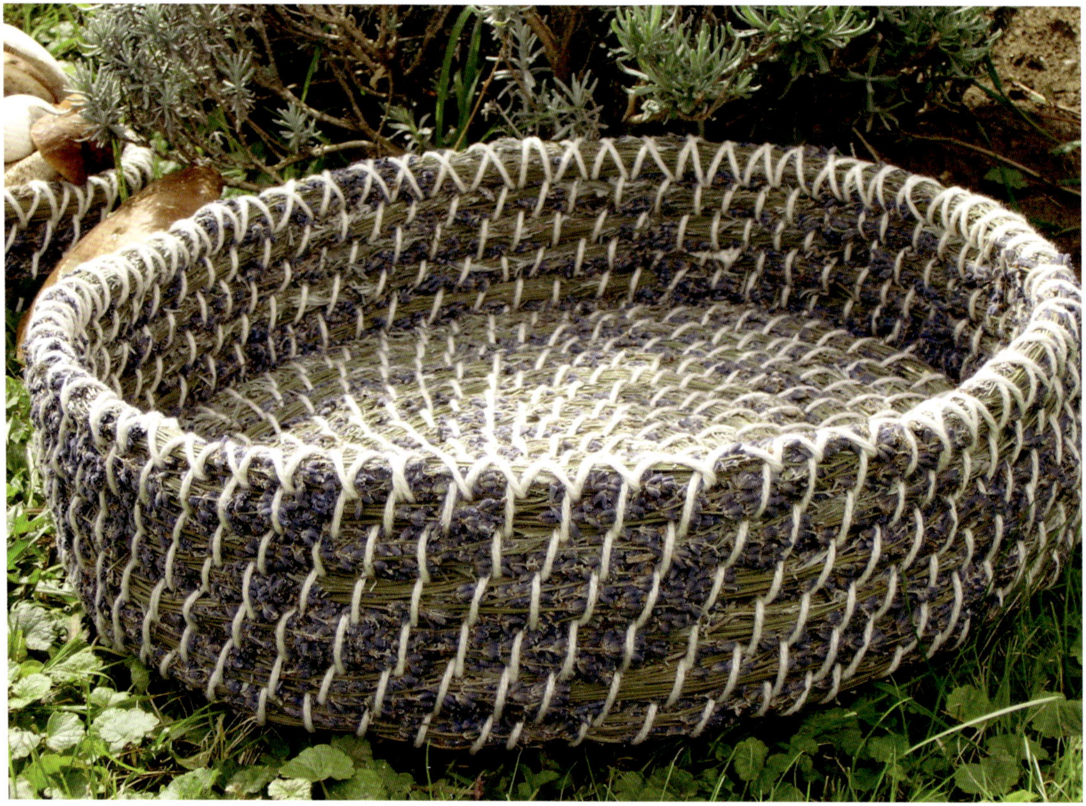

4.01
Für den beschriebenen Korb werden ca. 400 g Lavendel (getrocknet) und 20 m Schnur benötigt.

4.02
Ich nehme einige ganz dünne Stängel (das sind immer auch die kürzesten).

4.03
Um die Stängel biegsam und geschmeidig zu machen, knicke ich sie mit der Zange, am äußeren Ende beginnend…

4.04
… und nach innen fortschreitend etwa alle 4 mm um.

4.05
Sehr schnell beginnt das Material auseinanderzufächern.

4.06
Das so vorbehandelte Material wickle ich um die Finger.

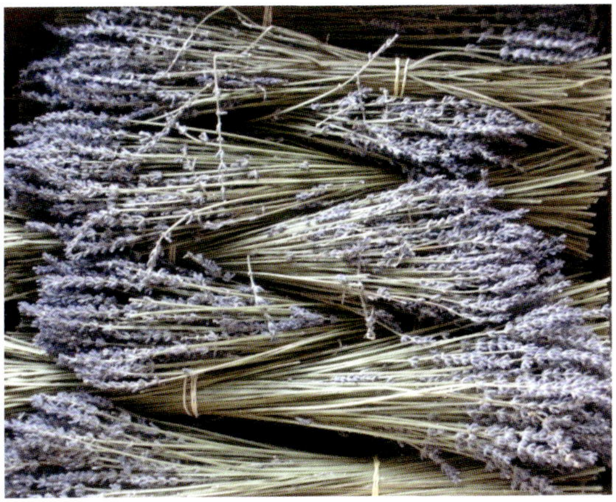

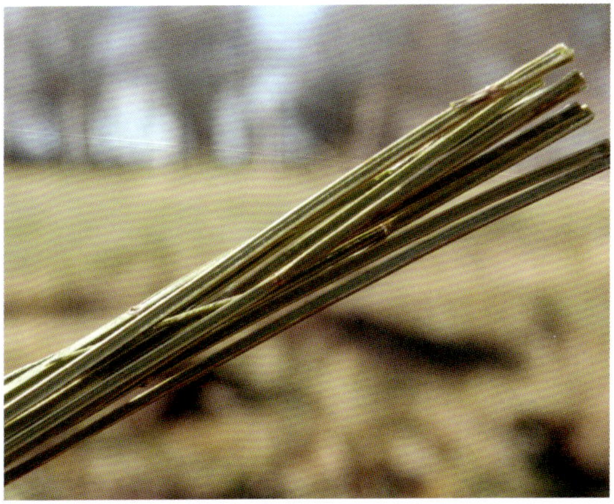

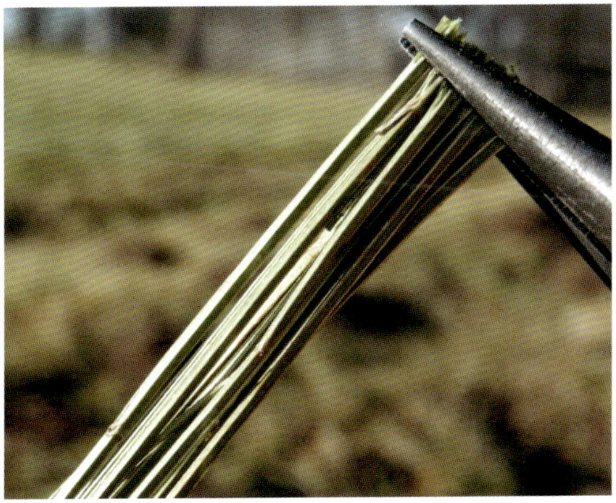

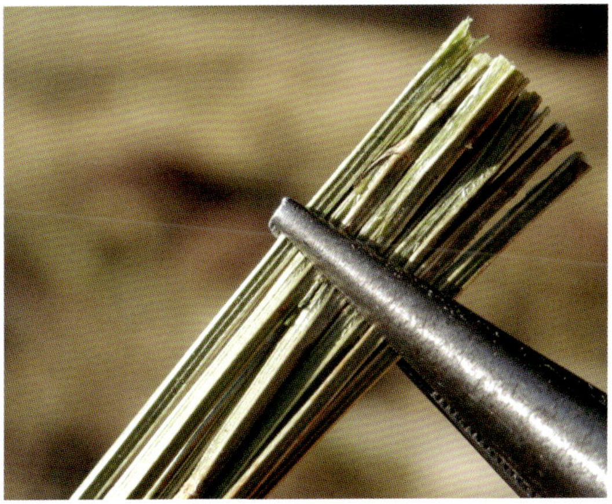

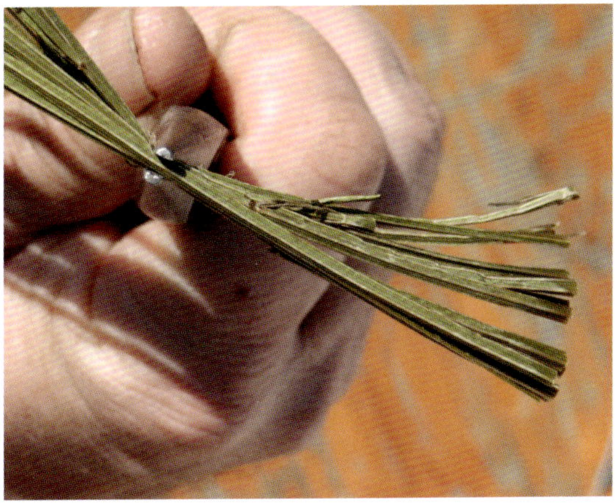

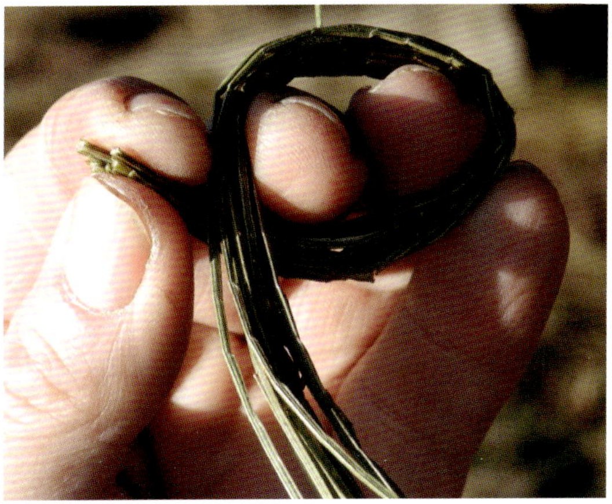

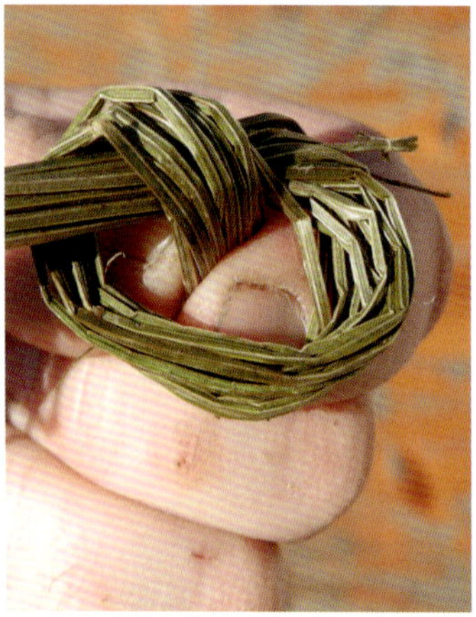
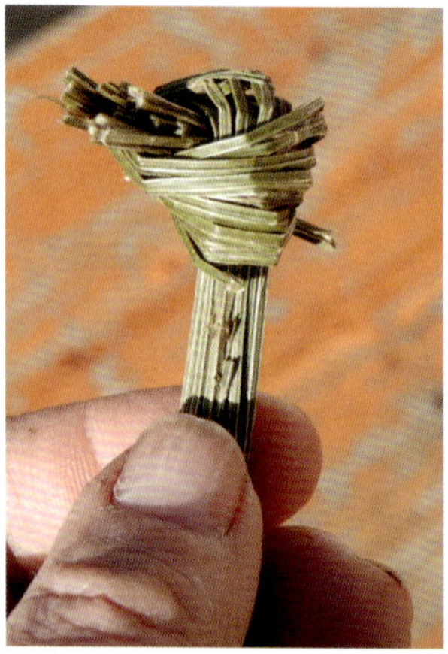
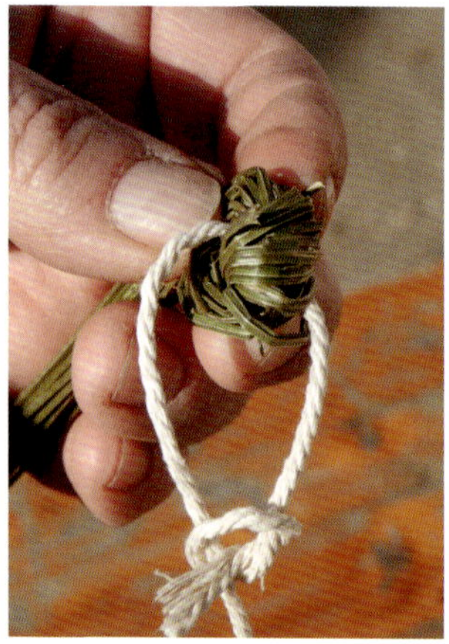
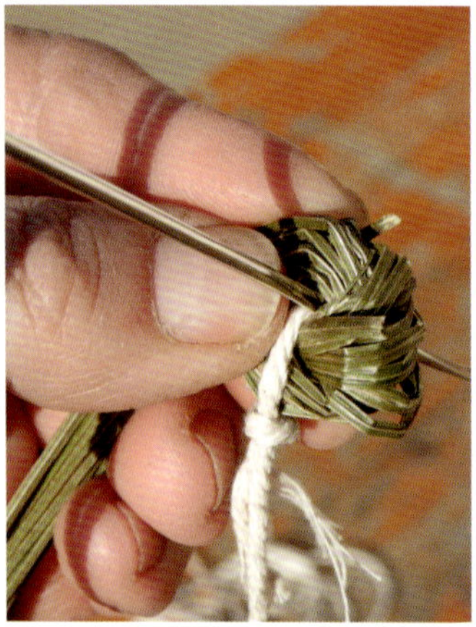
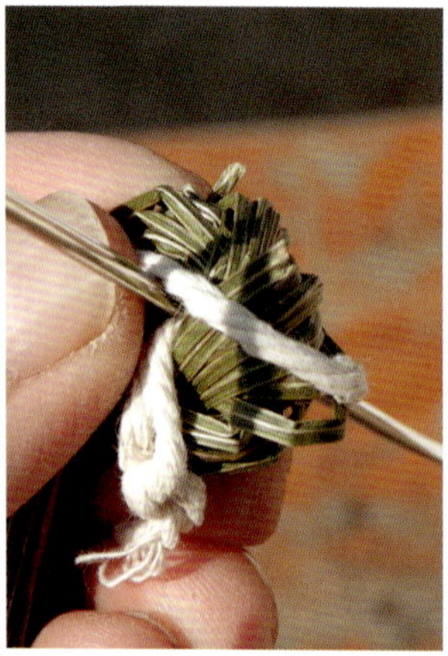
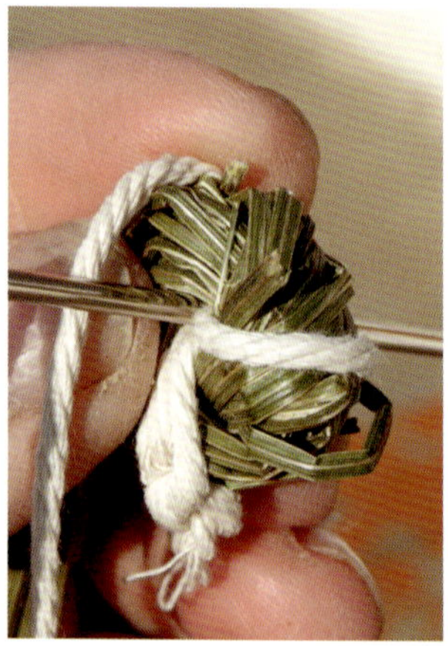
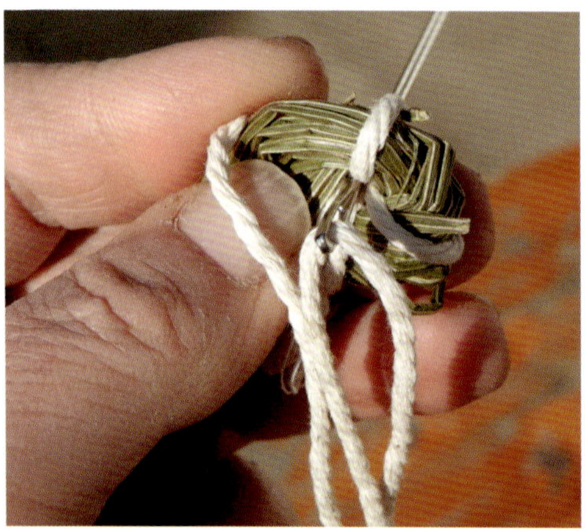
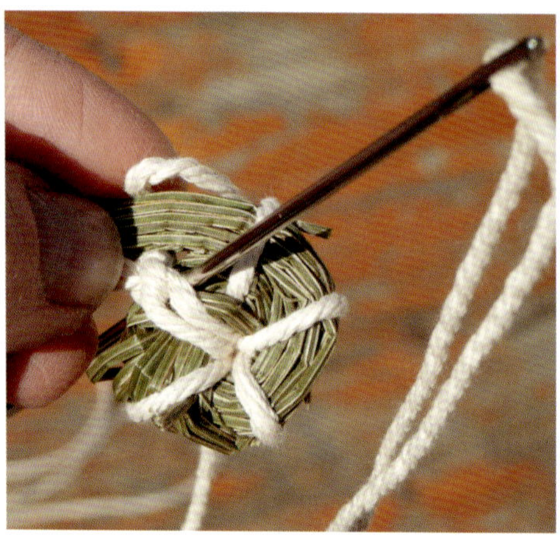

4.07
… und ziehe den Anfang durch die Schlaufe.

4.08
Der entstehende Knoten wird fest zusammengezogen. Abstehende Teile kann ich ohne weiteres abschneiden.

4.09
Mit der Nadel führe ich die Schnur durch die Mitte des Knotens und knote das Ende der Schnur an der Schnur so fest, dass eine Schlinge entsteht.

4.10
Dadurch habe ich die Möglichkeit, den ersten Stich sehr fest zusammenzuziehen. Ich achte darauf, dass der Knoten oben liegt; denn nur so kann ich ihn durch die nächste Reihe verstecken.

4.11
Die Schnur lege ich im rechten Winkel über den aufgerollten Strang, steche wieder durch die Mitte und ziehe die Schnur ganz hindurch.

4.12
Das Gleiche wiederhole ich noch einmal. Insgesamt sollen die ersten vier Stiche durch die Mitte zielen und die Schnur sternförmig abgelegt werden!

4.13
Erst der fünfte Stich erfolgt etwas oberhalb der Mitte. Durch Drehen und Aufwickeln des Stranges nach jedem Stich erhalten wir ein gleichmäßiges Muster.

4.14
Jeder weitere Stich erfolgt wie gewohnt unter dem Stich der letzten Runde hindurch.

4.15
Vor jedem Stich quetsche ich den Lavendel mit der Zange und mache ihn auf diese Art biegsamer.

4.16
Je nach Stärke der Stiele und Sorte lässt sich bei einem Durchmesser des Korbbodens von 10 - 15 cm der Lavendel biegen, auch ohne ihn vorher zu quetschen.

4.17
Bei genauem Hinsehen fällt auf, dass der Durchmesser des Bodens mit jeder Runde um die Strangdicke größer wird. Dort, wo der Strang gerade angenäht wird, ist der Boden nicht kreisrund, sondern macht einen „Sprung“ wie bei jeder Spirale. Diese Sprungstelle ist mit einem Maßband leicht zu ermitteln.

4.18
Deutlicher wird der Sprung, wenn ein kreisrunder Holzboden umwickelt wird. Nach der ersten Runde beginnt die Spirale.

4.19
An der Stelle, an der die Abweichung von der kreisrunden Form am größten ist, beginne ich mit dem Übergang zur Wand. Der Strang wird nicht länger seitlich, sondern nach oben versetzt angenäht.

4.20
Dazu biege ich den Strang nach oben und nähe ab jetzt oben an.

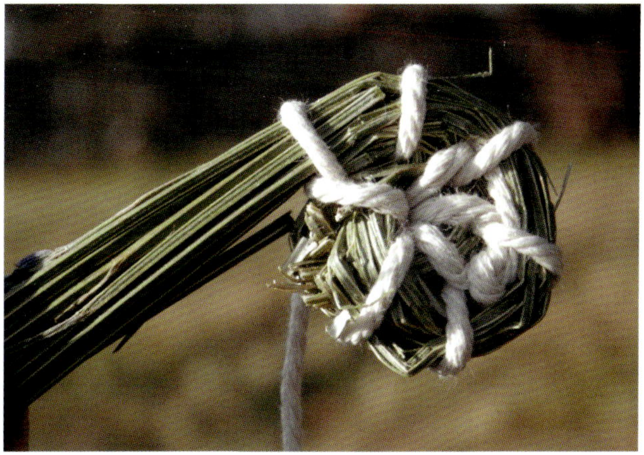

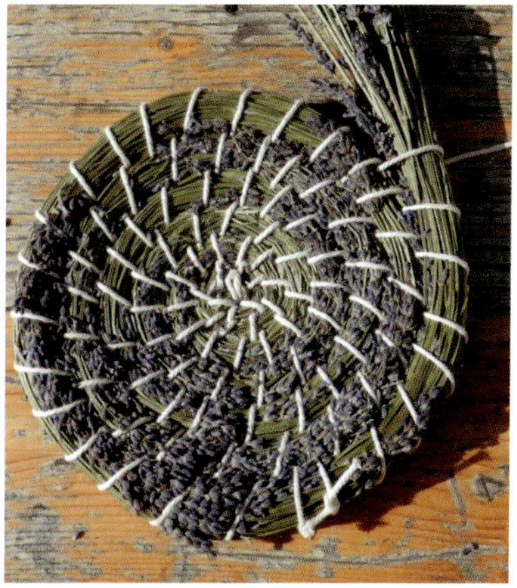

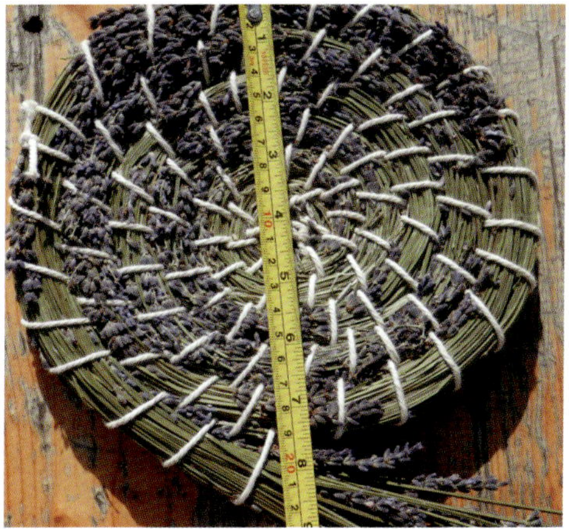

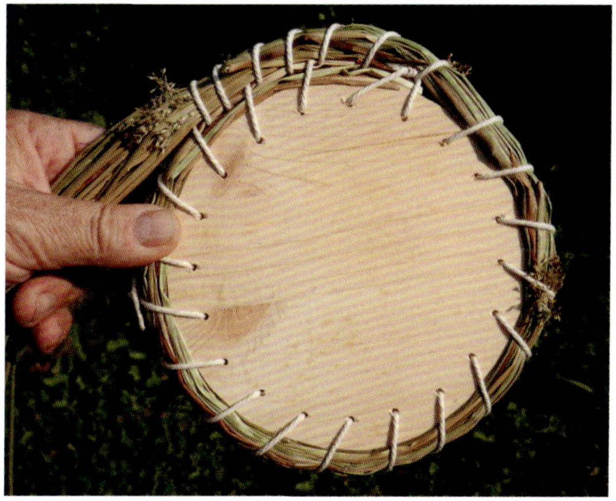

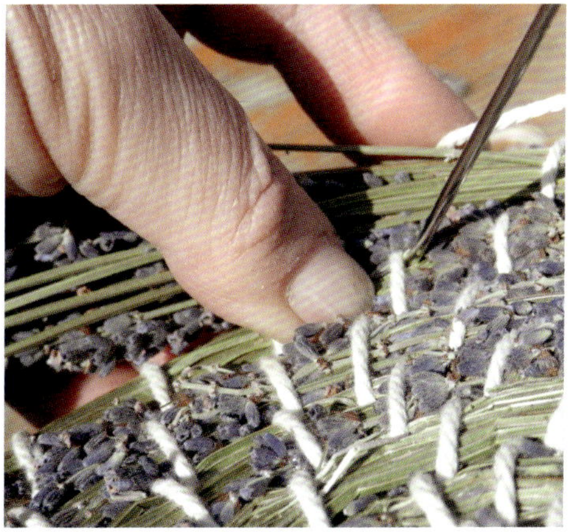

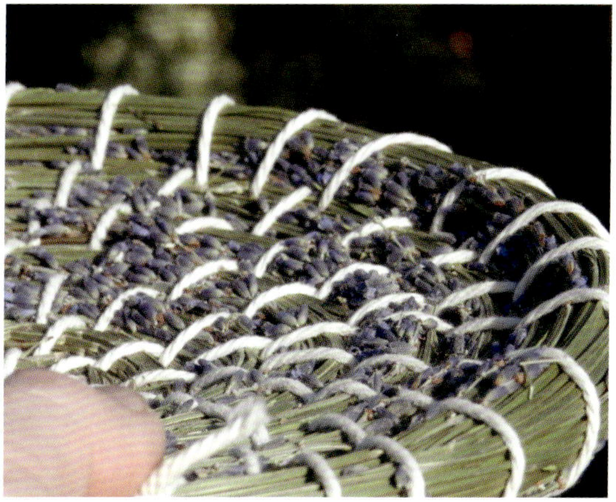

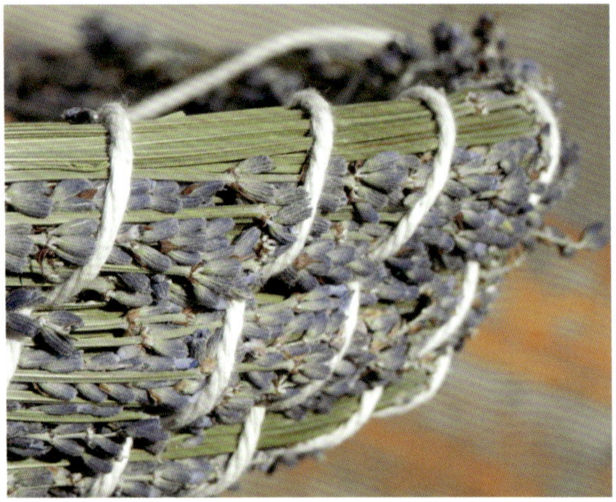

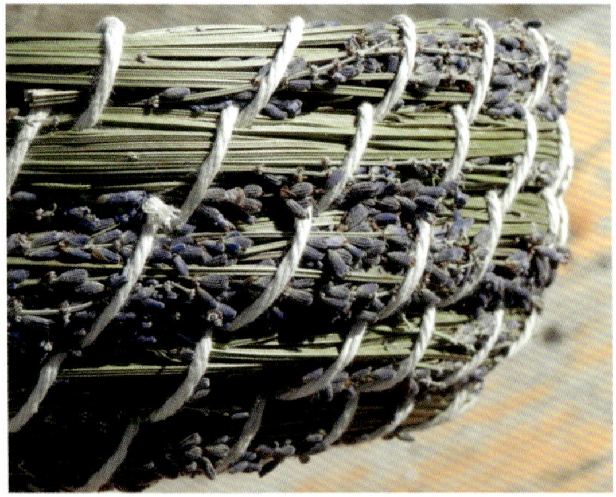

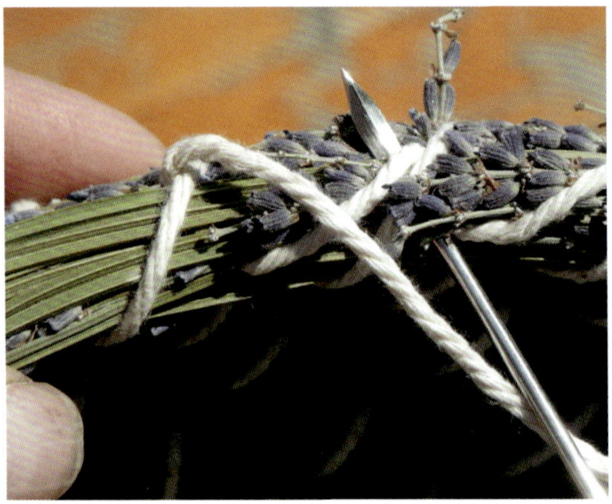

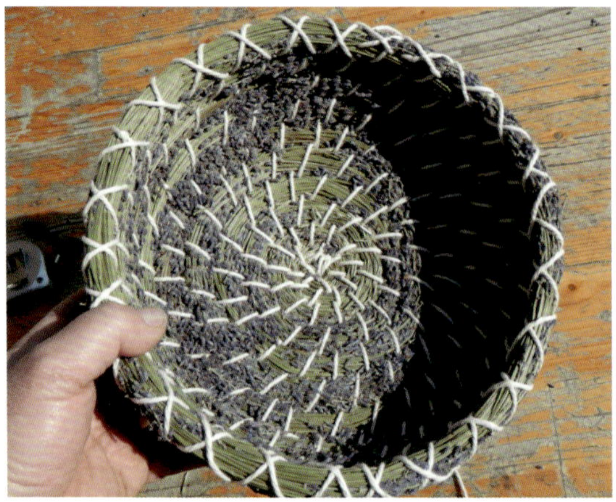

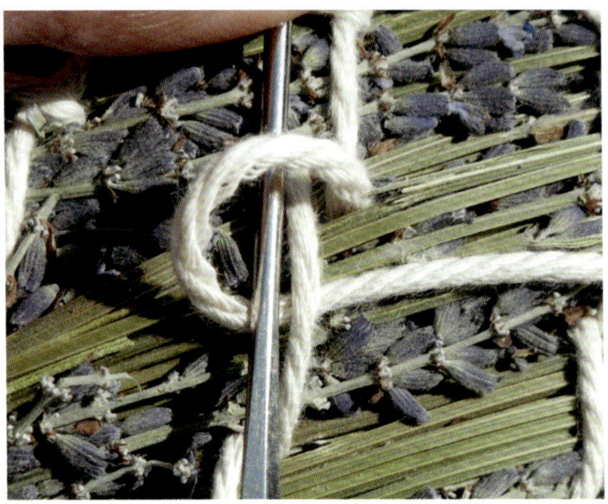

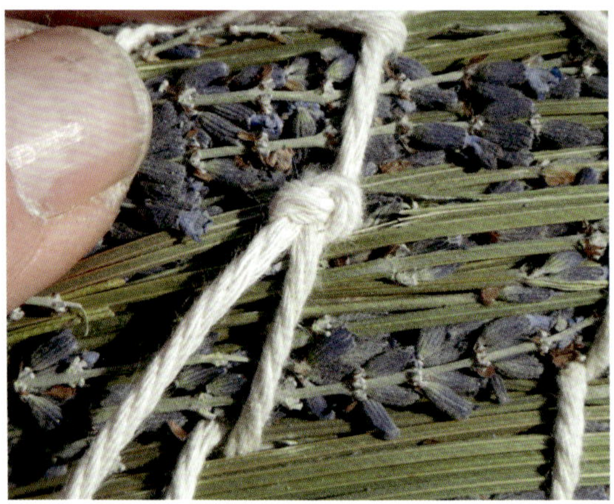

4.21
Um eine schöne Form zu erreichen, sollten die drei folgenden Reihen so angenäht werden, dass die aufsteigende Wand einen Winkel von ca. 40° zum Boden bildet.

4.22
Sind auch die zwei darauffolgenden senkrechten Reihen fertig, vernähe ich den Rest des Stranges.

4.23
Danach nähe ich an der obersten Reihe zurück, um den Rand wieder durch einen Kreuzstich zu festigen.

4.24
Ist das geschafft, …

4.25
… ziehe ich die Schnur durch den Stich in der Reihe darunter und mache eine Schlaufe. Durch die Schlaufe ziehe ich mit der Nadel den Faden hindurch, …

4.26
… so dass ein Knoten entsteht, und ziehe die Schnur mit der Zange fest.

4.27
Das lose Ende führe ich durch das feste Material und schneide es bündig zur Innenwand ab.

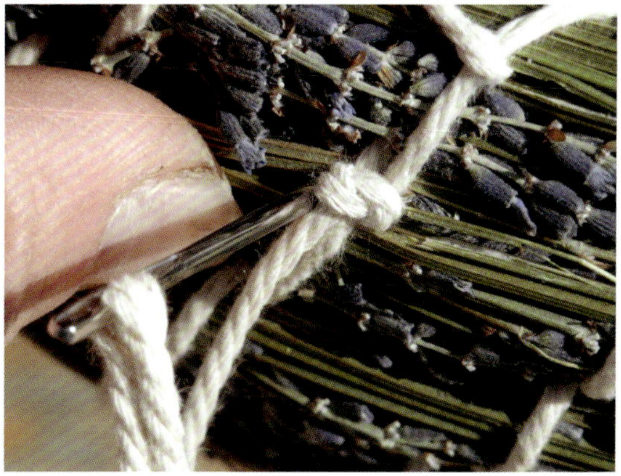

4.28
Fertig!

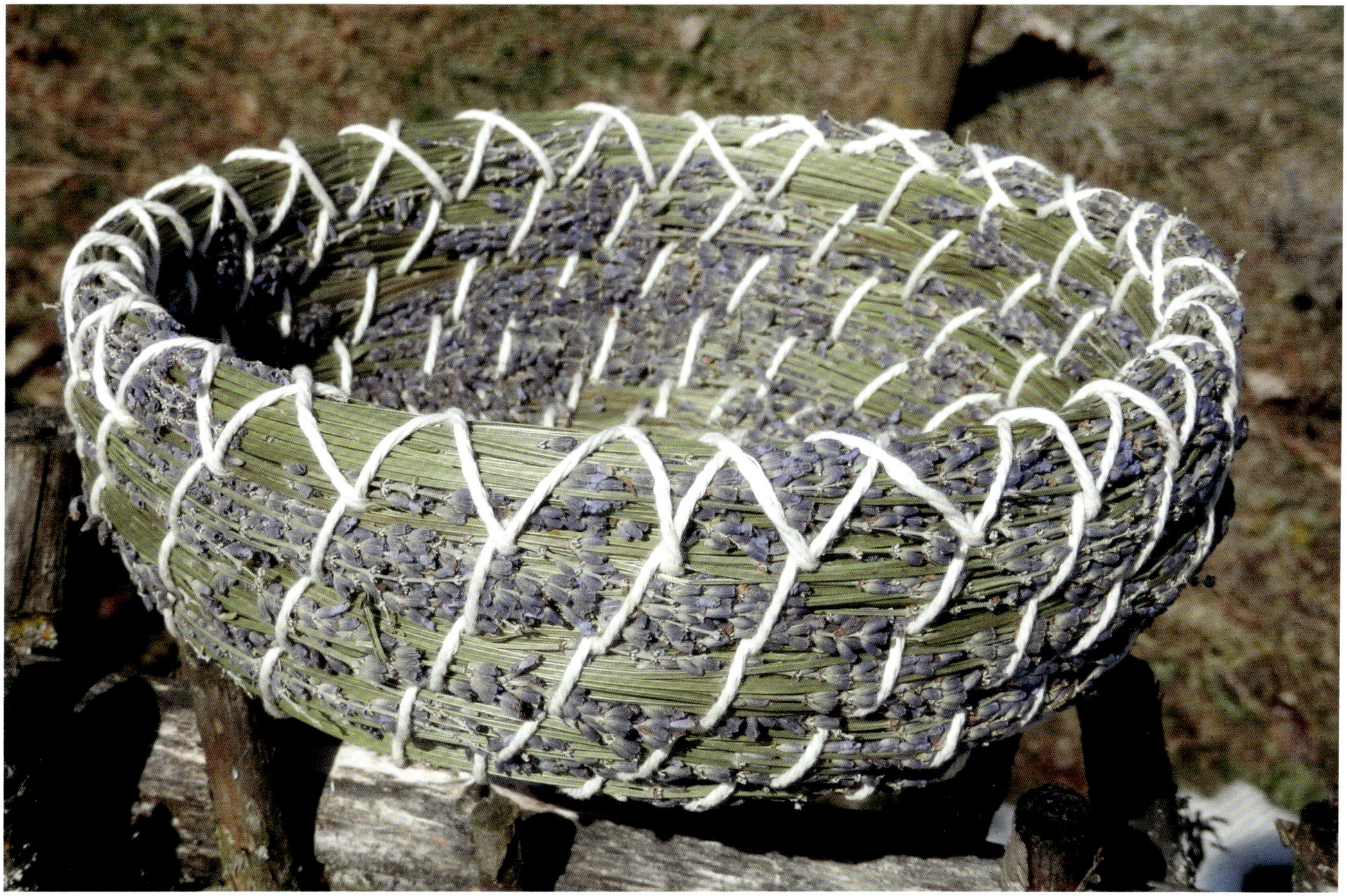

5 Ein Einkaufskorb

Für größere Körbe verwende ich sehr gerne Seggen oder Binsen, da deren Halme lang und sehr strapazierfähig sind. Benötigt werden für diesen Korb ca. 1 kg Segge und ca. 50 m Schnur.

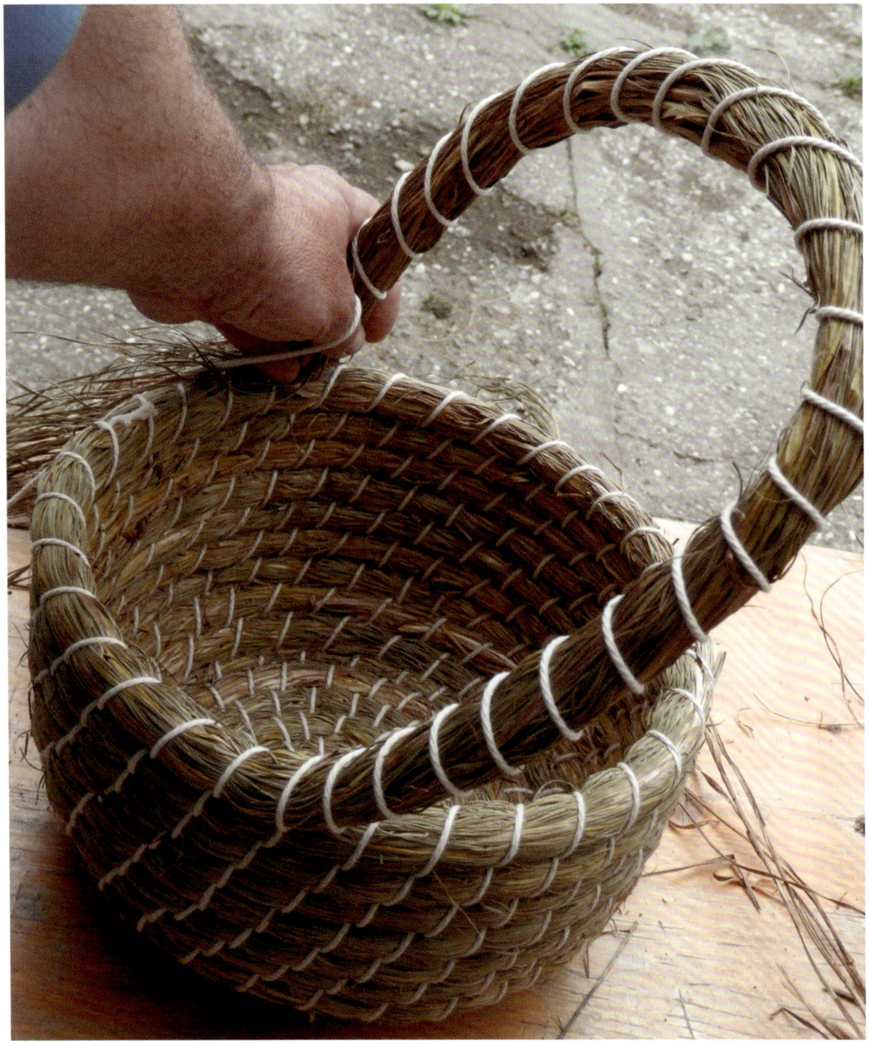

An Werkzeug brauchen wir diesmal nichts anderes als Zange und Nadel, es sei denn, die Segge ist extrem trocken. Dann müssen wir das Material mit Wasser aus der Sprühflasche anfeuchten.
Auch wenn der Henkel dieses Korbes sehr filigran aussieht, ist er doch sehr strapazierfähig. Neu ist hier, dass wir beim Henkel frei wickeln, ohne einen Halt zu haben. Dabei wird der Strang zunächst locker umwickelt, um dem Ganzen Halt zu geben. Im zweiten Schritt erst wird die Schnur festgezogen (je fester zusammengezogen wird, umso stabiler und strapazierfähiger wird der Henkel). Ich verwende nie nur einen einzigen Strang für den Henkel, sondern nähe entweder zwei untereinanderliegende Reihen (liegt besser in der Hand und ist leichter zu Tragen), oder vier Reihen nebeneinander. Mehrere parallelliegende Reihen geben insgesamt mehr Halt.

5.01
Die Segge sollte zäh sein.

5.02
Ich nehmen ein kleines Büschel…

5.03
… wickele es um zwei Finger …

5.04
… und ziehe den Anfang durch die Schlinge.

5.05
Jetzt habe ich den gewünschten Knoten. Die Segge lässt sich auch im fast trockenen Zustand leicht biegen.

5.06
Ich drehe den Anfang mit dem Knoten nach innen, so dass der Beginn einer Schnecke entsteht. Dann steche mit der Nadel durch die Mitte des Knotens, ….

5.07
…ziehe die Schnur hindurch und verknote das lose Ende an der Schnur. Der Knoten muss sich bewegen lassen. Dadurch kann ich die Schnur straff ziehen und der Knoten verrutscht nicht.

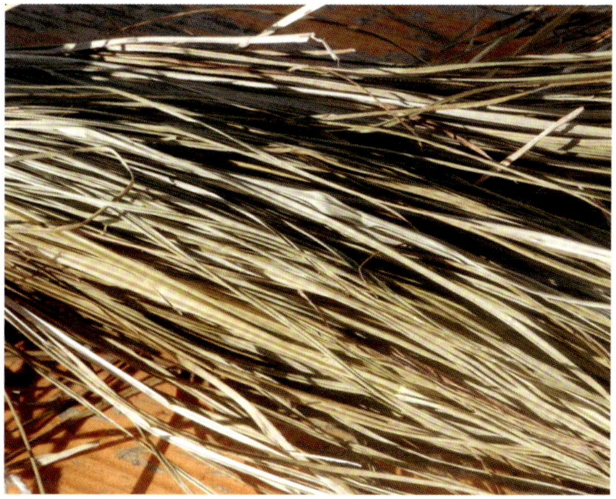

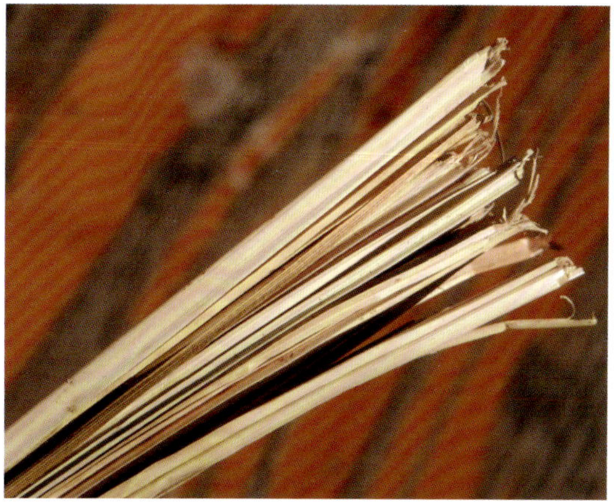

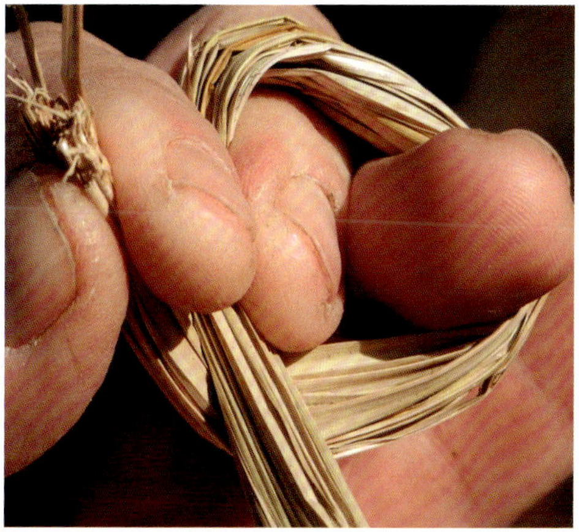

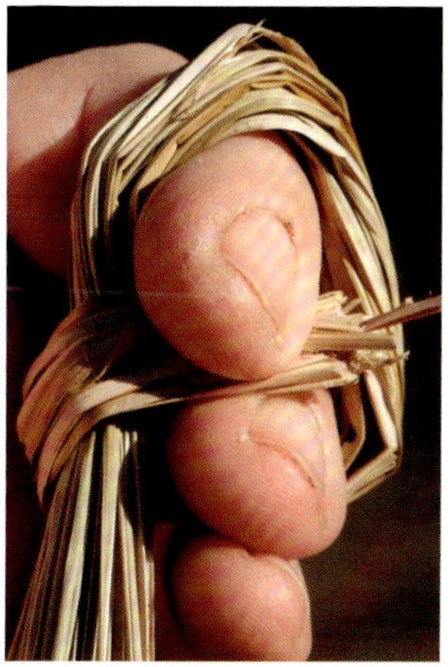

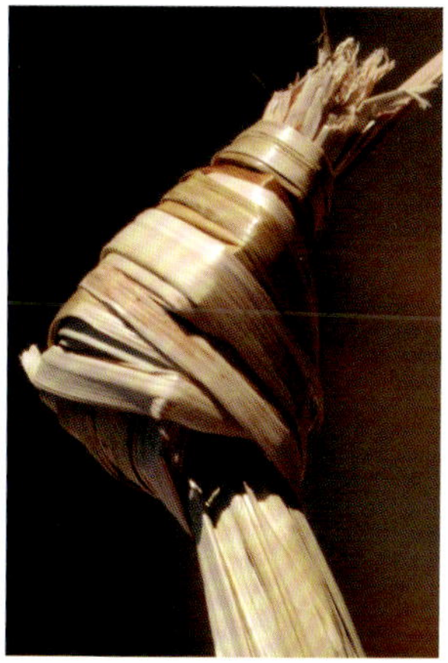

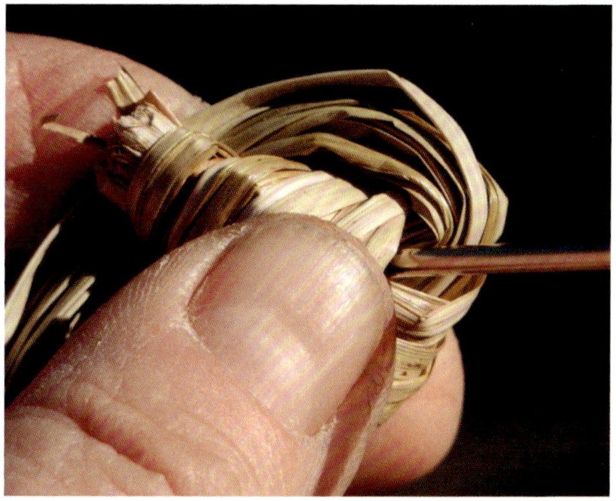

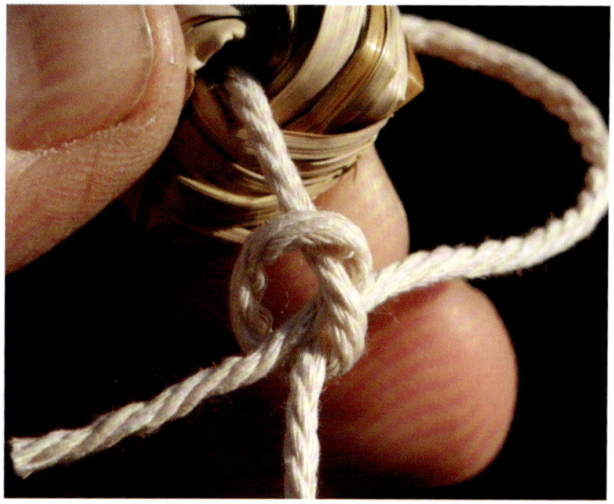

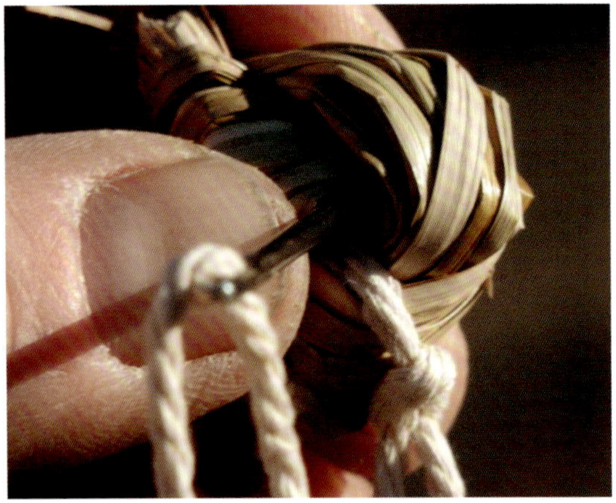

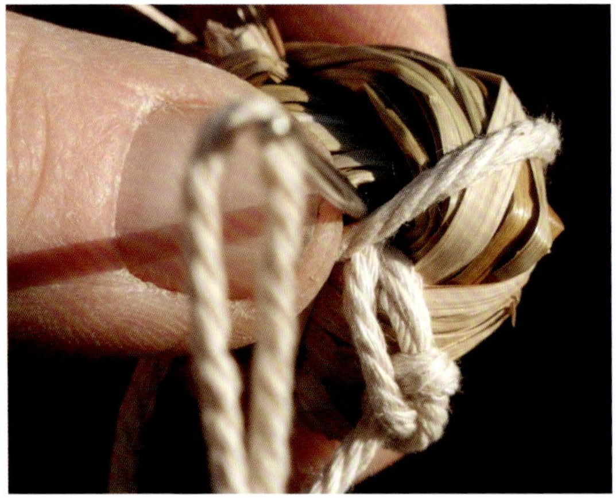

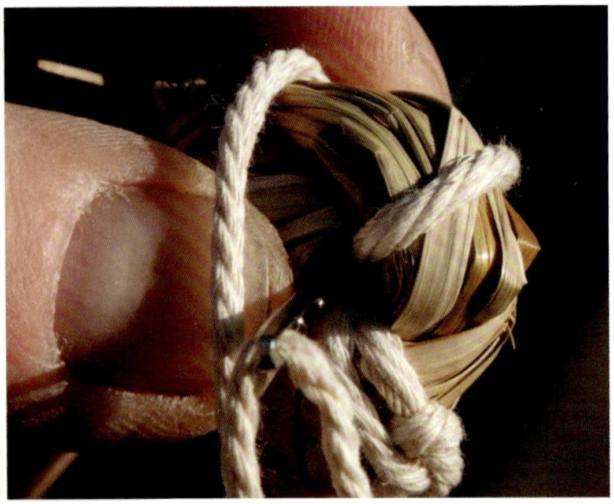

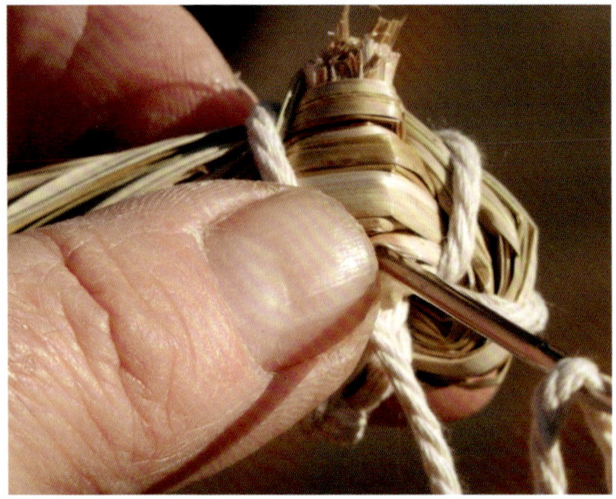

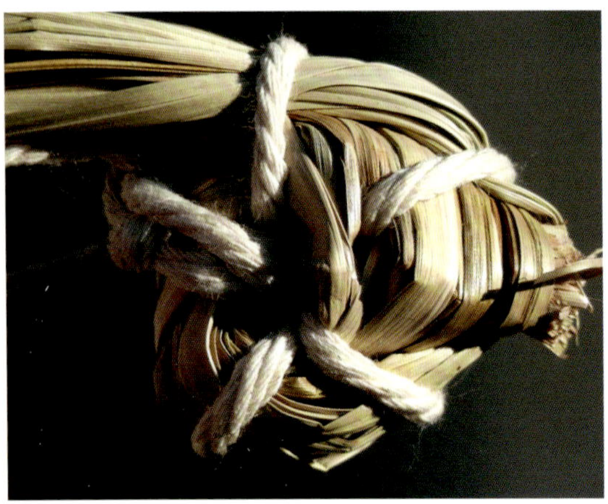

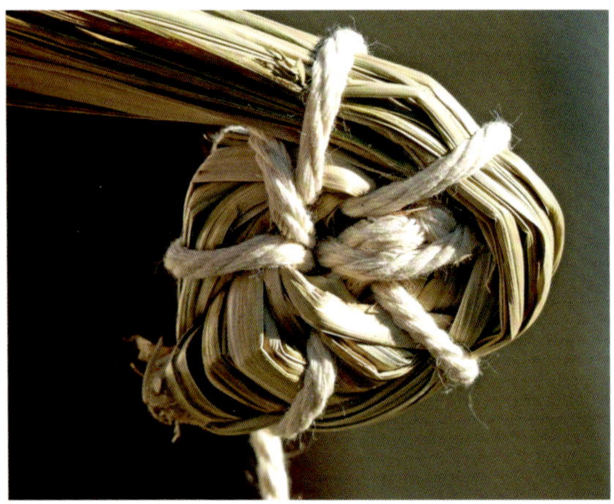

5.08
Wenn der Knoten auf der Außenseite sitzt, kann ich ihn bei der nächsten Runde verdecken. Auch der zweite Stich erfolgt wieder durch die Mitte.

5.09
Die Schnur lege ich im rechten Winkel über den aufgerollten Strang, steche wieder in die Mitte und ziehe die Schnur ganz hindurch.

5.10
Und das Gleiche noch einmal.

5.11
Erst der vierte Stich erfolgt etwas oberhalb der Mitte. Durch das Drehen und Aufrollen nach jedem Stich erhalten wir ein gleichmäßiges Stichmuster.

5.12
Ich habe jetzt die erste Runde geschafft und „verstecke" nun den Anfangsknoten.

5.13
Das Schwierigste ist getan, der Anfang. Unter Drehen und Hinzufügen von Material wächst die Scheibe jetzt mit jedem Stich.

5.14
Jeder Stich erfolgt an der gleichen Stelle wie der Stich in der vorherigen Runde.

5,15
Mit wachsendem Durchmesser wird der Abstand zwischen den Stichen immer größer. Wenn die Stiche in einer Reihe liegen sollen, muss man gelegentlich einen zusätzlichen Stich dazwischen einfügen.

5.16
Bei genauem Hinsehen erkennt man auch hier, dass nach Vollendung jeder Reihe bzw. jedes Umlaufes der Durchmesser einen „Sprung“ macht, der etwa der Dicke des Stranges entspricht. Dieser Übergang von einer zur nächsten Reihe fällt später nur dem geschulten Auge auf. Wenn Sie darauf Rücksicht nehmen und an dieser Stelle mit den Wänden beginnen, erhält der fertige Korb eine ausgeglichen runde Form (weißes Maßband 23 cm, beim gelben sind es schon 24 cm, d.h. „Größensprung“ = 1 cm.

5.17
Das ist die Stelle an der ich mit den Wänden beginne. Dazu biege ich den Strang nach oben und vernähe ihn von jetzt an übereinander.

5.18
Von der Seite betrachtet ist der Boden immer die erste Reihe.

5.19
Um eine schöne Form zu erhalten, nähe ich die drei darauffolgenden Reihen in einem Winkel von ca. 40° auf (1. Reihe Boden).

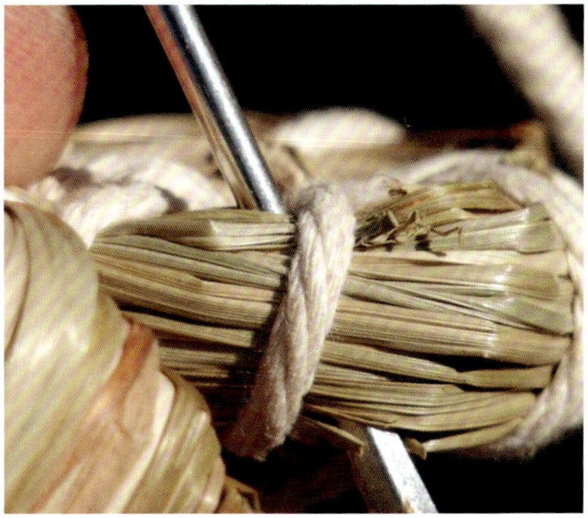

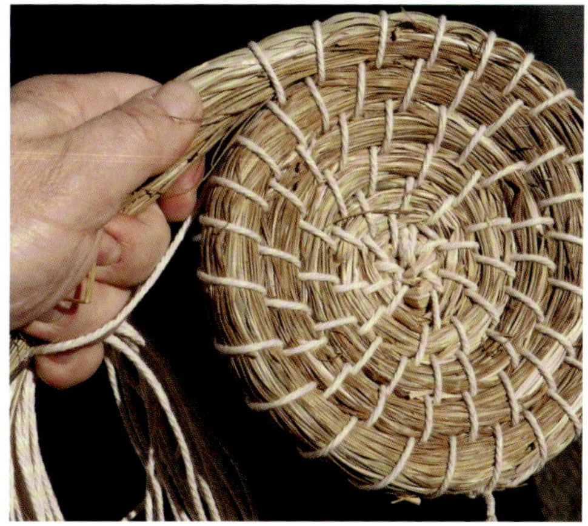

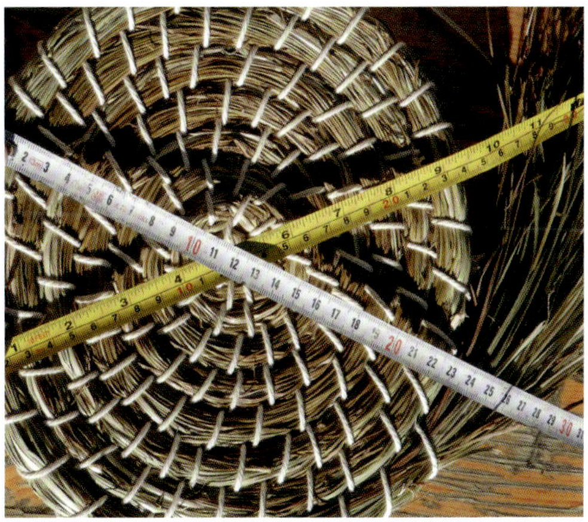

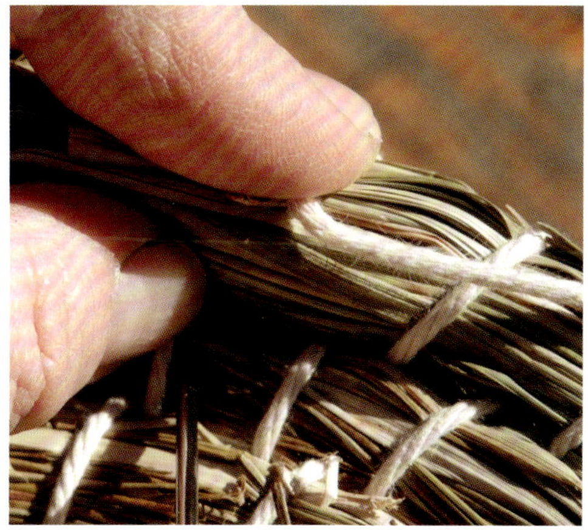

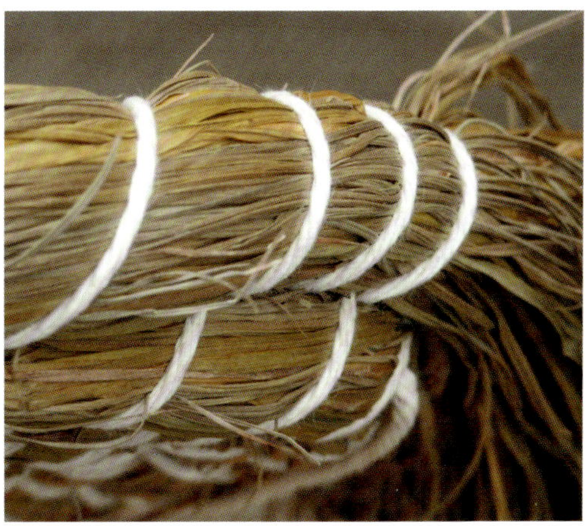

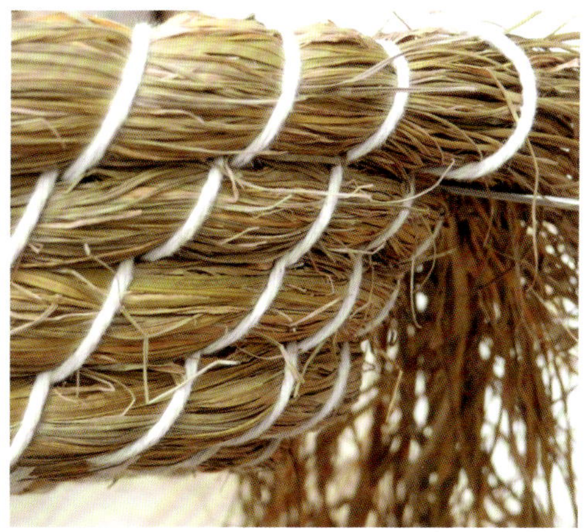

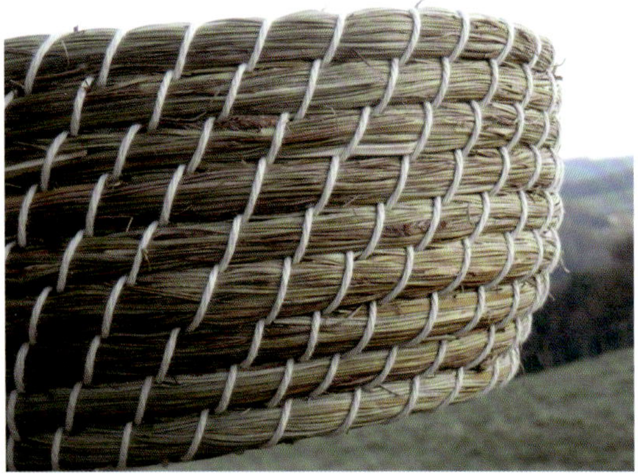

5.20
Erst ab der vierten Reihe (ohne Boden) wird im rechten Winkel weitergearbeitet. Die Wandung des Korbes kann auch leicht nach außen geneigt werden.

5.21
Mit Erreichen der 8. Reihe (inkl. Boden) beginnen wir, den Henkel zu formen. Dazu umwickle ich das Material locker mit der Schnur, ohne sie festzunähen.

5.22
Den Strang kann ich durch Beilegen von Material, wie schon beim gesamten Korb, beliebig verlängern.

5.23
Wenn die gewünschte Länge für den Henkel erreicht ist, biege ich ihn in die gewünschte Form…

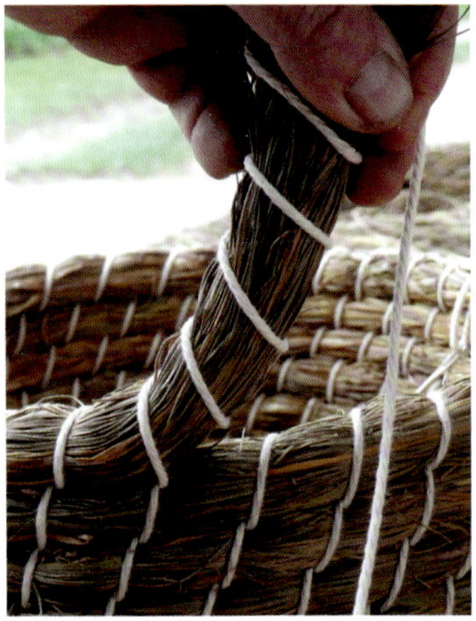

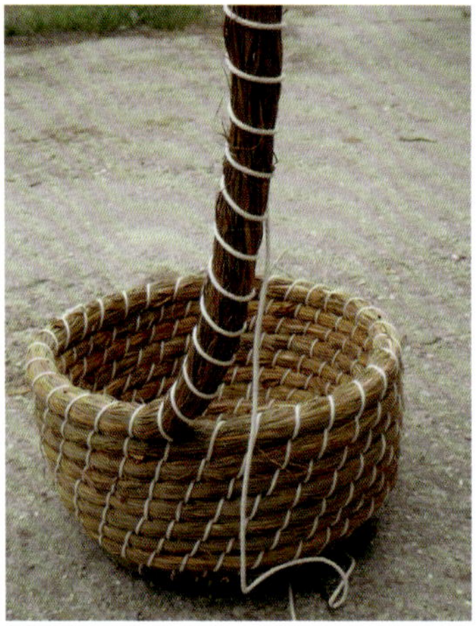

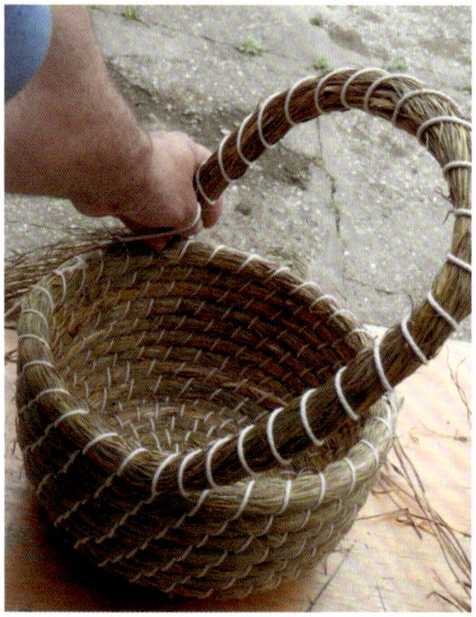

5.24
… und befestige ihn an der gegenüberliegenden Seite, aber in gegengesetzter Arbeitsrichtung wie zuvor.
Achten Sie jetzt darauf, dass Sie nun nicht von innen nach außen, sondern von außen nach innen stechen, sonst liegt die Schnur in Gegenrichtung.

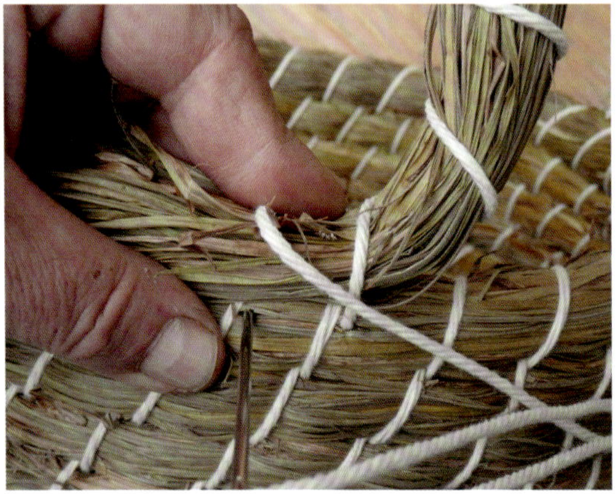

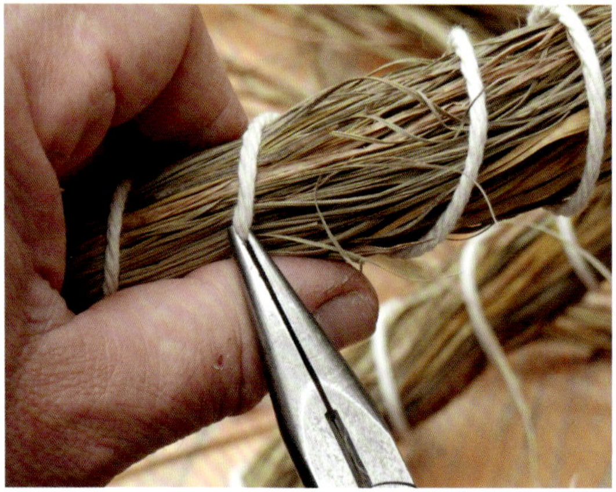

5.25
Ist der Henkel mit fünf bis sechs Stichen befestigt, ziehe ich die Schnur mit der Zange nach. Erst jetzt erhalte ich den endgültigen Schnurabstand. Je fester der Henkel umwickelt ist, desto mehr Gewicht hält der fertige Korb aus. Wenn nötig, ziehe ich die Schnur noch ein zweites Mal nach.

5.26
Nach dem Festziehen der Schnur arbeite ich die Runde bis zum Henkel-Ansatz weiter und befestige eine zweite Henkel-Reihe unter der ersten.

5.27
Diese zweite Reihe gibt dem Henkel den richtigen Halt.

5.28
Habe ich den Rand erreicht, arbeite ich wieder in der gewählten Arbeitsrichtung, nur bis zum Ansatz des Henkelansatzes. Hier lege ich kein Material mehr nach, sondern lasse es auslaufen.

5.29
Um den Rand zu verstärken, wickle ich die Schnur noch einmal zurück, auch über den Henkel (Kreuzstich).

5.30
Um die Schnur verwahren zu können, fädle ich sie unter der Schnur der letzten Reihe hindurch, …

5.31
… mache einen Knoten, steche durch den Strang und schneide die Schnur ab.

5.32
Fertig ist der Einkaufskorb!

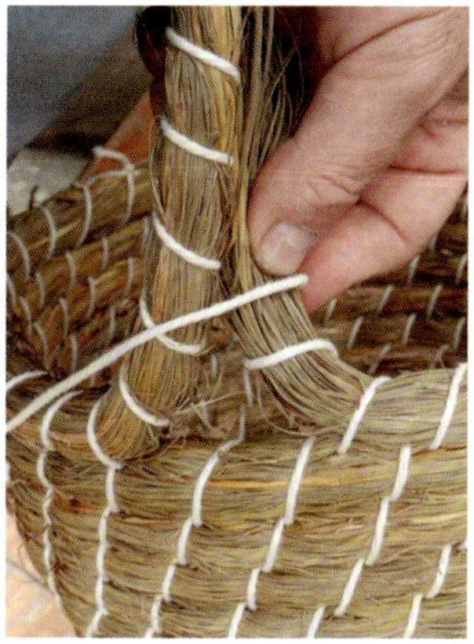

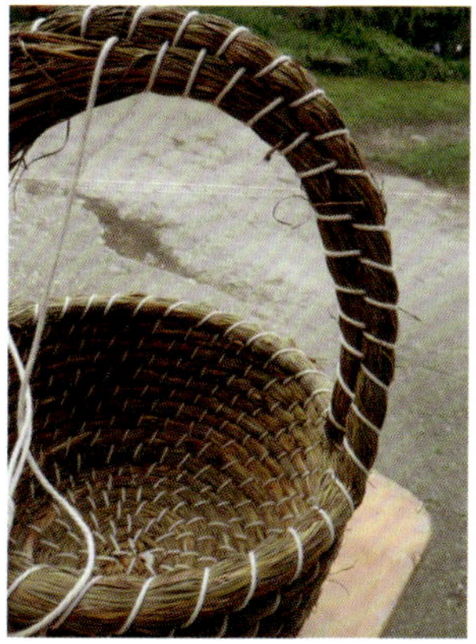

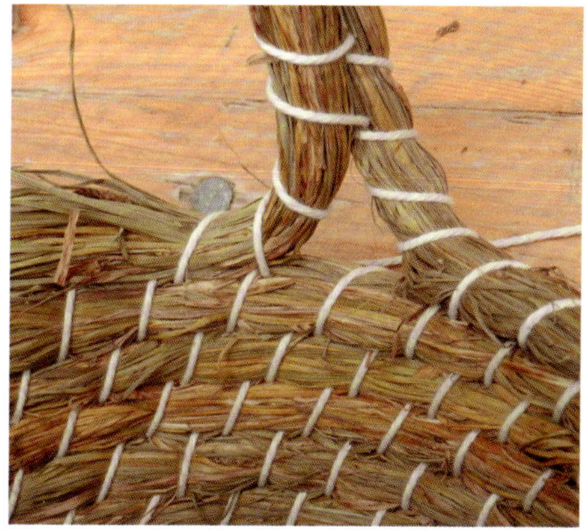

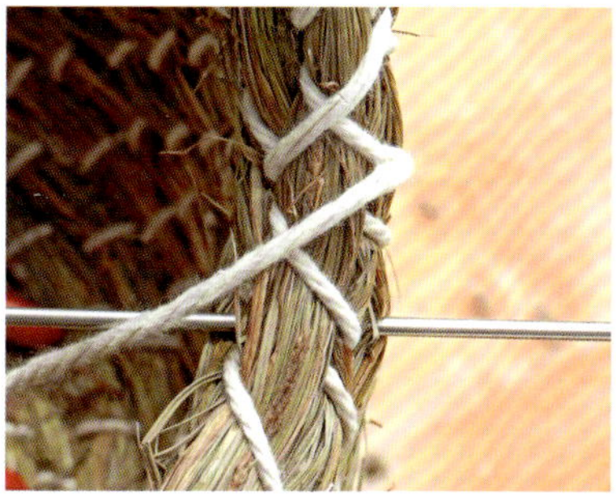

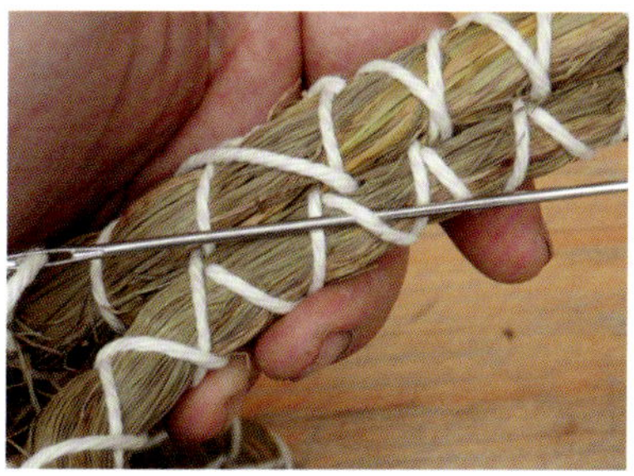

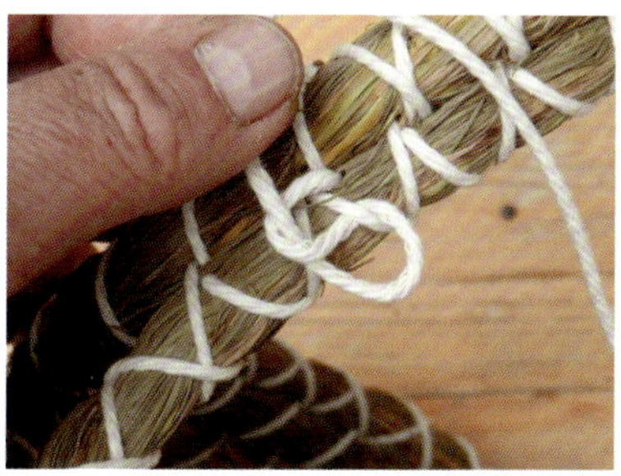

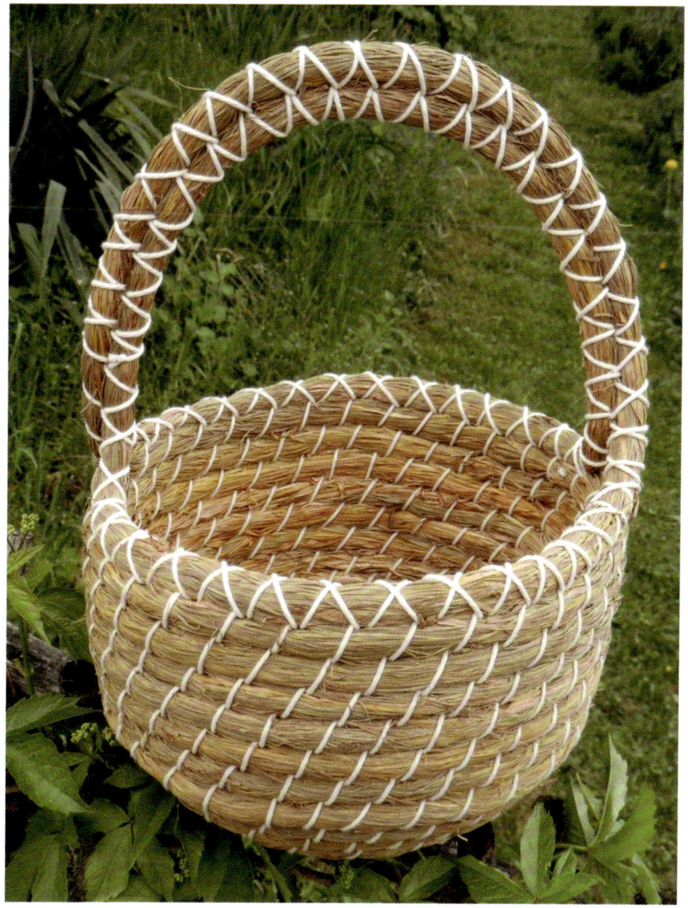

6 Der Bienenkorb

Der Bienenkorb ist ein spezieller Korb, den sehr viele Leser nicht benötigen werden, es sei denn, Sie sind Imker oder mit einem befreundet. Ich möchte die Herstellung dennoch beschreiben, um das Arbeiten mit einem recht festen Material zu zeigen. Benötigt werden dazu ca. 1,5 kg getrocknetes Pfeifengras und ca. 100 m Schnur. Für die Kordel zum Aufhängen brauche ich weitere ca. 40 m Schnur.

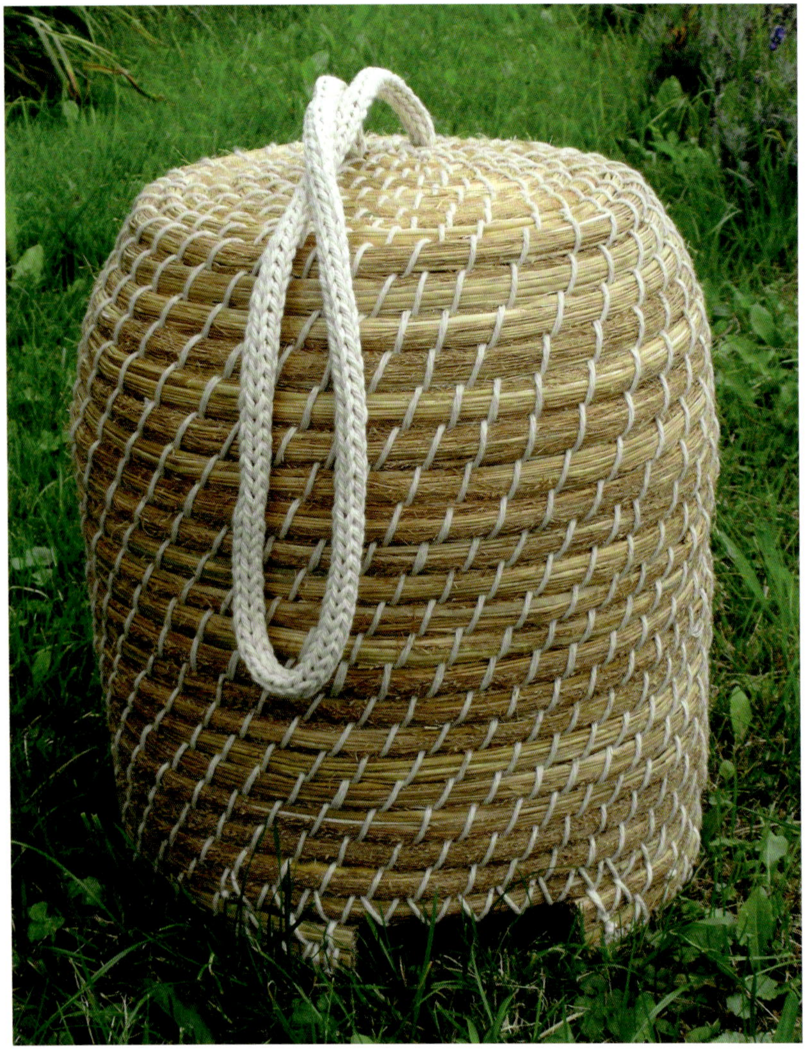

Wenn ich Pfeifengras ernte, lasse ich mir Zeit und schneide es möglichst spät im Herbst. Es schadet dem Material nicht, wenn es häufiger nass wird. Vielmehr werden die Halme dadurch im Ansatz biegsamer und etwas weicher. Wichtig ist nur die anschließende trockene Lagerung.

An der Pflanze im Freien trocknen die Halme sehr schnell ab, während bei einer Lagerung in schlecht belüfteten, geschlossenen Räumen die Halme durch Feuchtigkeit und mangelnde Luftbewegung schnell zu faulen beginnen.
Vor der Verarbeitung muss das Material jedoch auf jeden Fall ausreichend mit dem Blumensprüher befeuchtet werden. Lassen Sie die Feuchtigkeit ca. 30 Minuten einwirken.

6.01
Neben den ständigen Werkzeugen benötige ich bei diesem Korb noch eine Gartenschere, eine „Strickliesl“ und…

6.02
…einen Fingerhut, dessen Kuppe durchbohrt bzw. abgeschnitten ist.

6.03
Ich suche besonders lange und dünne Halme heraus, ca. 15 Stück, …

6.04
…und knicke das Material mit einer Zange im Abstand von ca. 5 mm, jeweils außen beginnend und nach innen fortschreitend.

6.05
Das so vorbehandelte Material wickle ich um die Finger…

6.06
… und führe den Anfang durch die Mitte.

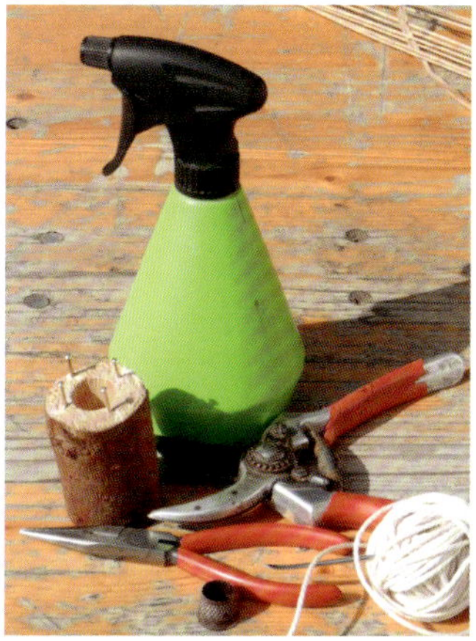

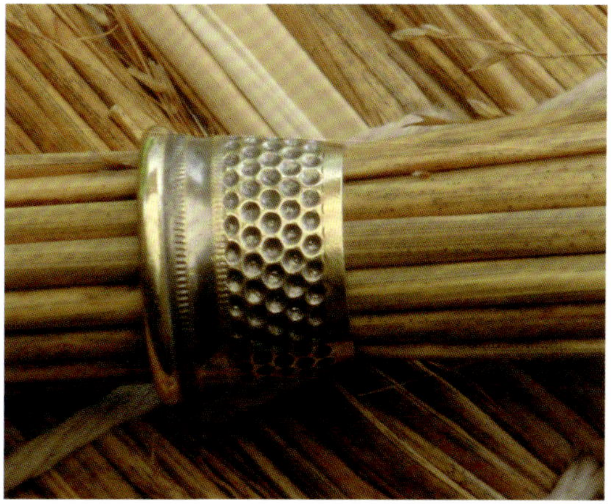

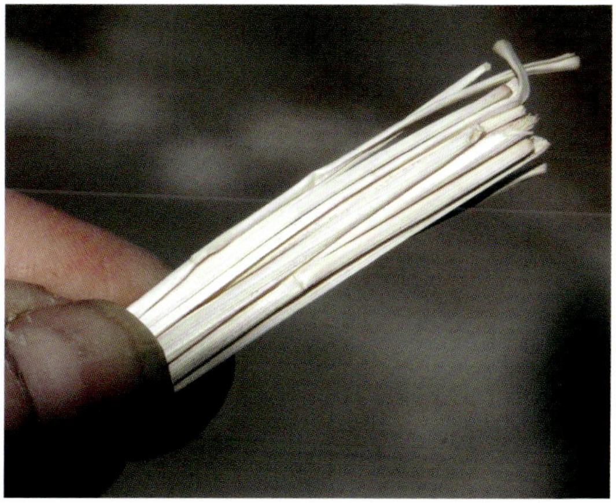

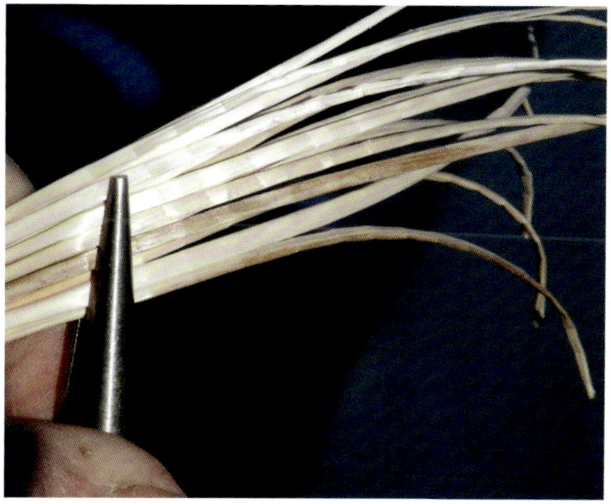

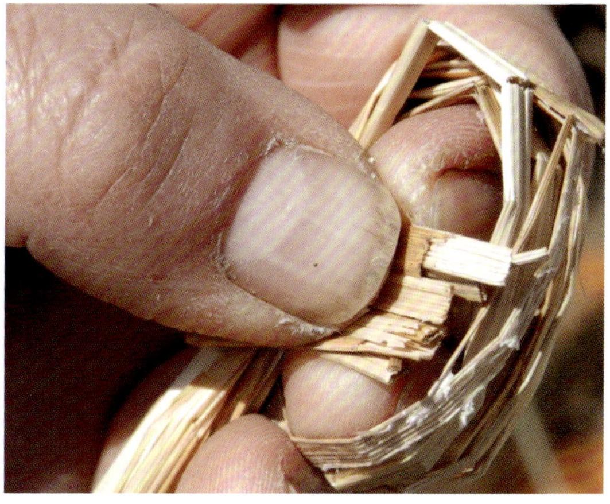

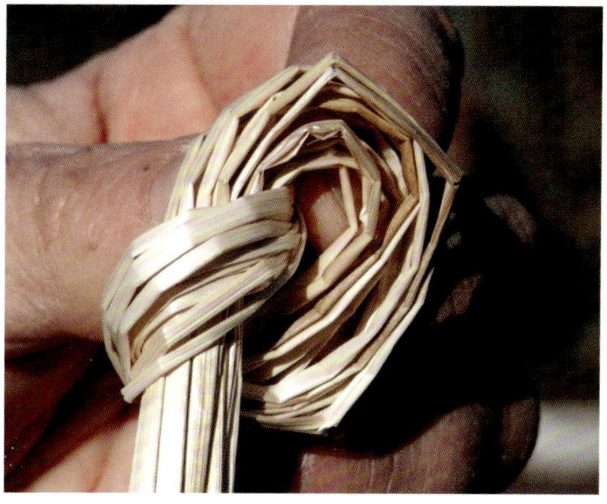

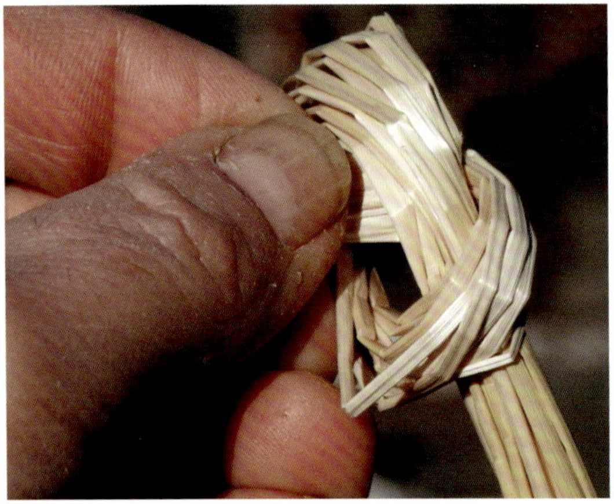

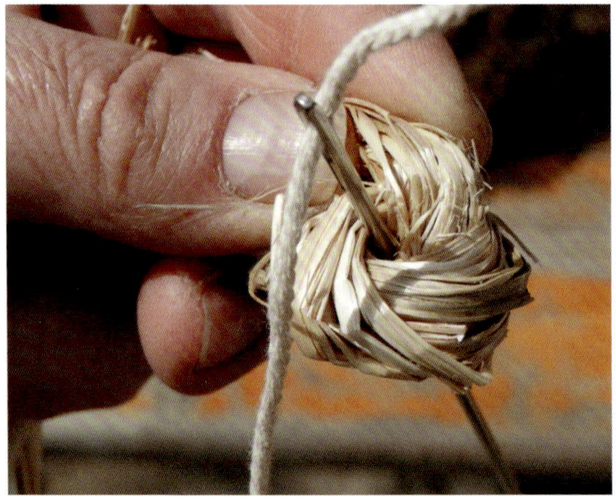

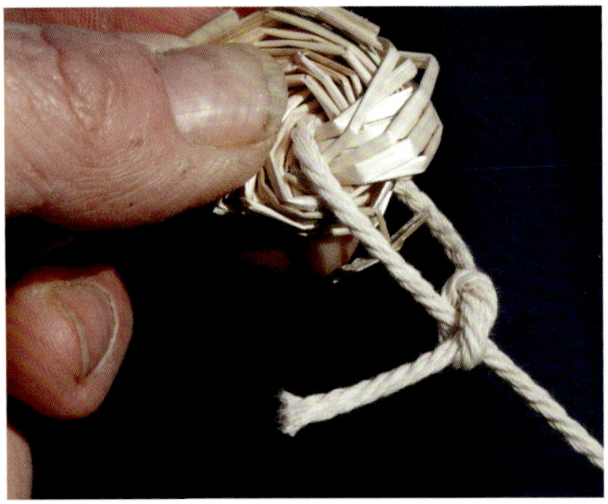

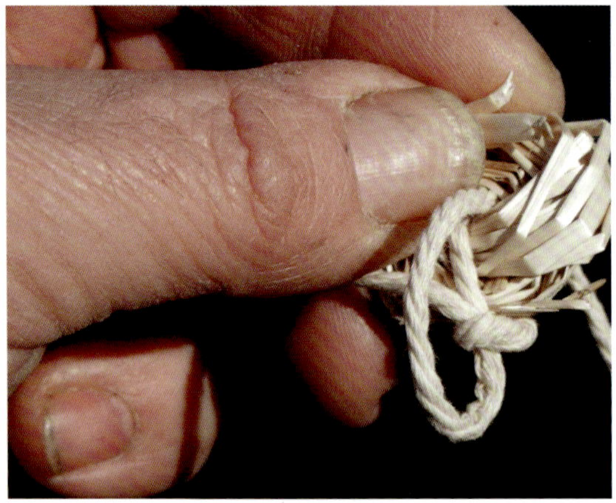

6.07
Danach kann ich den entstandenen Knoten festziehen. Abstehende Teile werden abgeschnitten.

6.08
Mit der Nadel führe ich dann die Schnur durch die Mitte des Knotens.

6.09 Das lose Ende der Schnur knote ich an die Schnur. Dadurch kann ich die Schlinge fest zuziehen.

6.10
Ich achte darauf, dass der Knoten oben liegt, denn nur so kann ich ihn unter der nächsten Reihe verstecken.

6.11, 6.12, 6.13
Stich zwei, drei, vier und fünf erfolgen ebenfalls durch die Mitte, jedoch wird die Schnur im rechten Winkel zum vorigen Stich abgelegt.

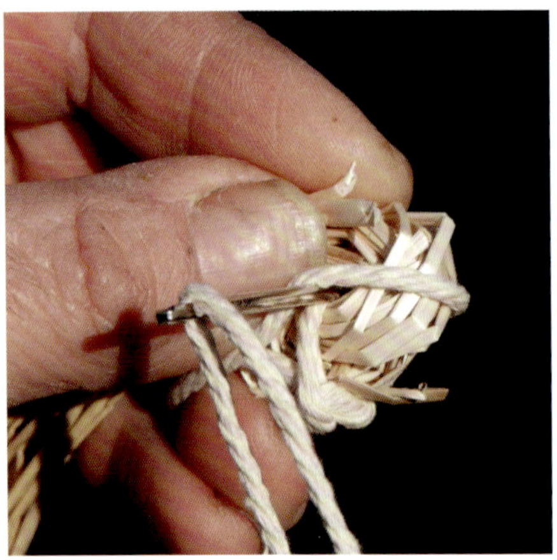

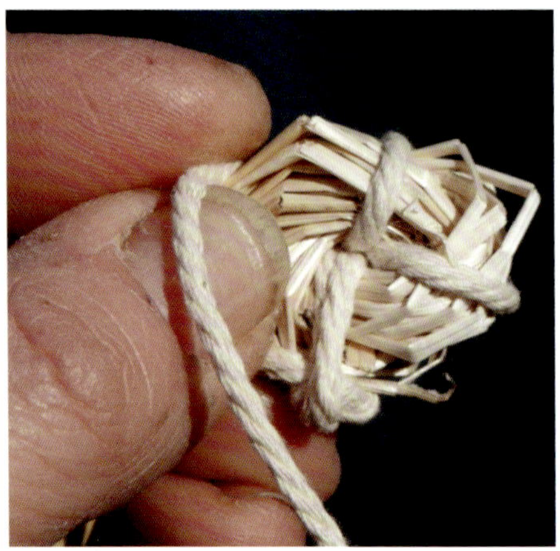

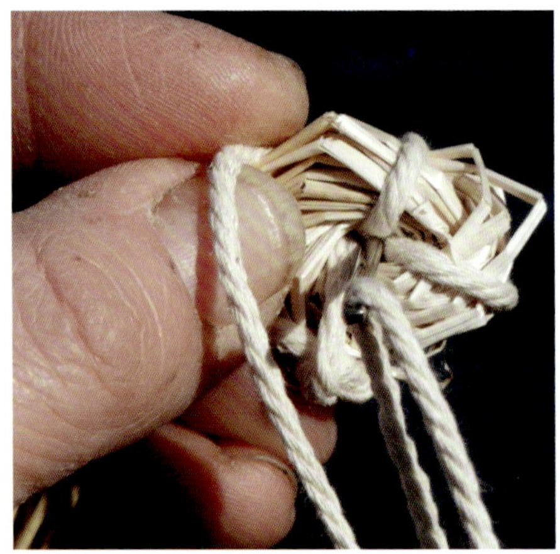

6.14
Nun ist der Anfang geschafft und wir können wie gewohnt weiter wickeln und nähen.

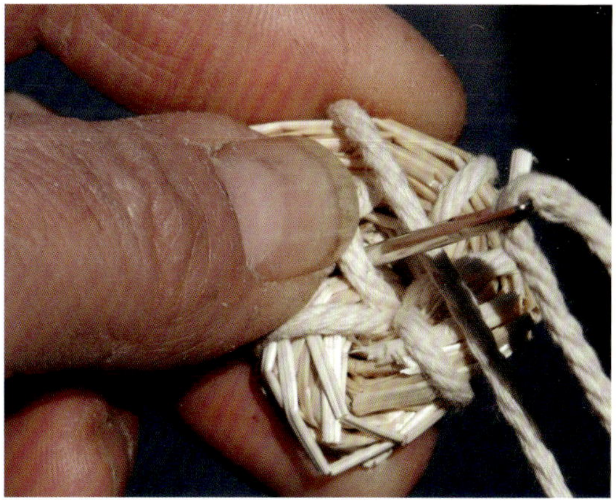

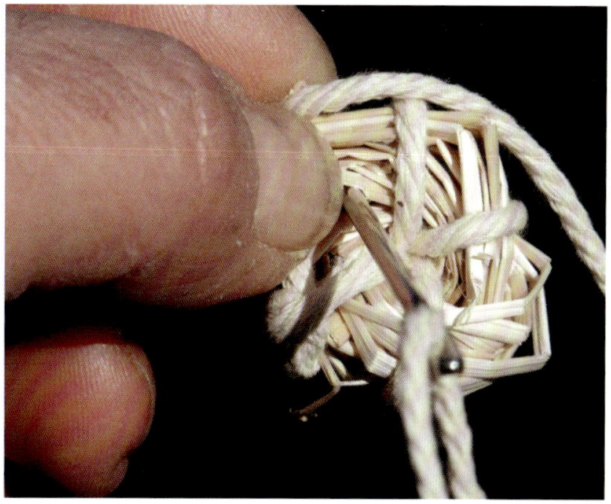

6.15
Wichtig ist, dass der Abstand zwischen den Stichen nicht zu groß wird. Hin und wieder wird es notwendig sein, einen zusätzlichen Stich dazwischen einzufügen.

6.16
Um ein steifes und hohles Material wie das Pfeifengras biegsamer zu machen, benutze ich einen offenen Fingerhut. Beim Nachstecken der ersten Halme fädle ich diese durch das Loch im Fingerhut (von außen und mit der kleineren Öffnung zum Korb; nicht über den Strang vom Korbanfang schieben). Abgesehen vom Anfang fädle ich so alle neuen Halme durch. Die wenigen Halme aus dem Anfangsstrang, die sich noch außerhalb befinden, werden bald aufgearbeitet sein. Bei den ersten sehr engen Rundungen muss ich die Halme noch mit der Zange quetschen. Später kann ich die Zange weglegen und die Rundung mit den Fingern biegen. Jetzt sollten alle Halme durch den Fingerhut laufen und darin gequetscht werden.

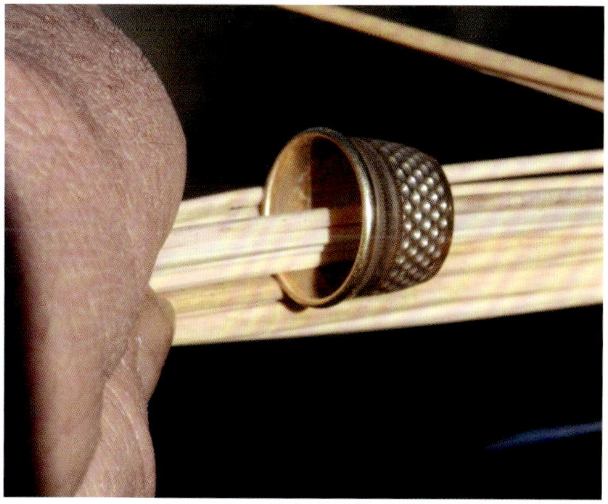

6.17
Am Anfang ist es wichtig, die Halme immer wieder mit der Zange zu knicken, bis ein Bodendurchmesser von 10 – 12 cm erreicht ist. Pfeifengras ist recht steif und fest. Um strapazierfähige Körbe herzustellen, lohnt der Aufwand für die Materialbearbeitung auf jeden Fall!

6.18
Hier sieht man, dass die letzten Halme außerhalb des Fingerhutes fast verarbeitet sind. Trotzdem wird das Material vor dem Biegen noch mit der Zange gedrückt. Erst wenn die gefertigte Scheibe etwas größer ist, kann ich auf die Zange verzichten und die Halme mit den Fingern biegen.

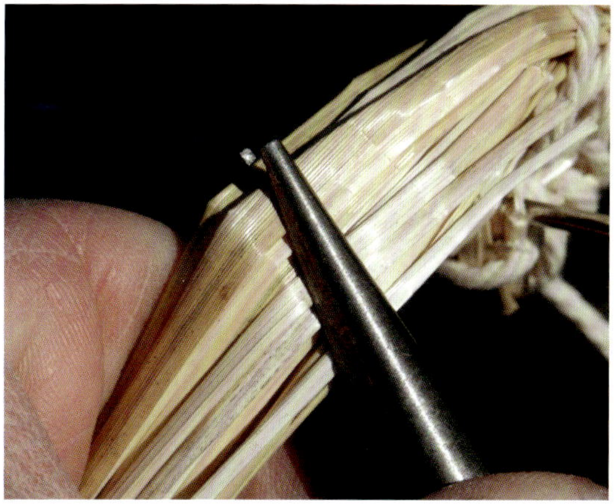

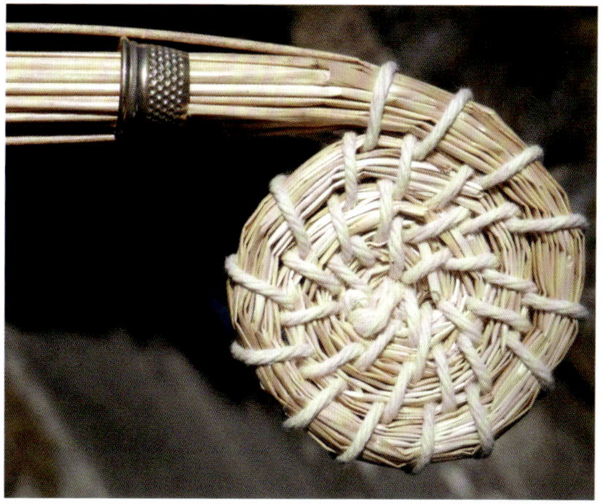

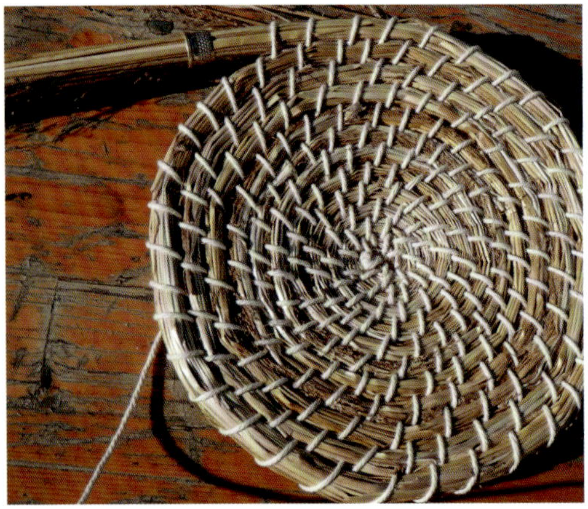

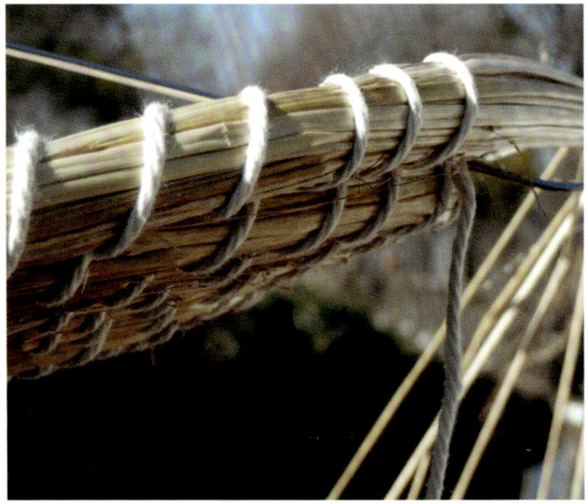

6.19
An dieser Stelle ist es notwendig, immer wieder nachzumessen. Die Scheibe, die wir gefertigt haben, wird nicht kontinuierlich dicker wie bei einem Schneckenhaus, sondern sprunghaft größer. Um einen wirklich runden Korb zu fertigen, muss ich an dieser Stelle das Material nach oben biegen und befestigen. Hier kann ich mit den Wänden beginnen.

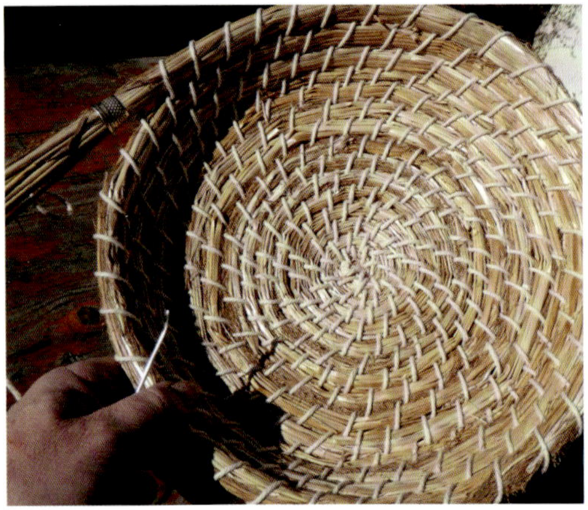

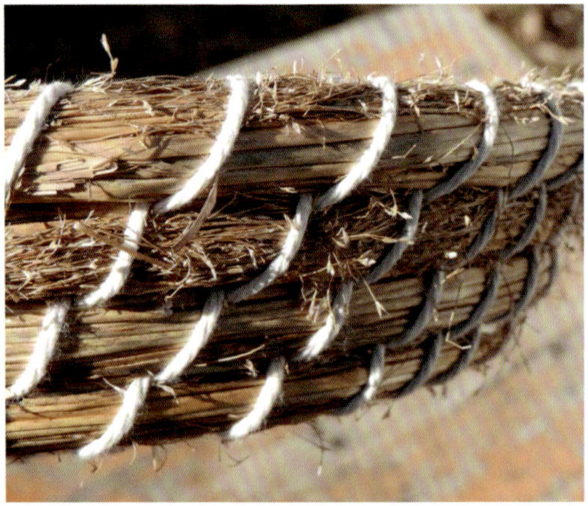

6.20
Ist ein Durchmesser von 25 cm erreicht, befestigte ich die Halme nicht mehr seitlich, sondern hebe sie im Winkel von etwa 40° an, um so an Höhe zu gewinnen.

6.21
In diesem Winkel nähe ich drei Runden aufeinander (einschließlich Boden ergibt das vier Runden).

6.22
Erst danach nähe ich die Runden so übereinander, dass die Korbwand senkrecht wird.

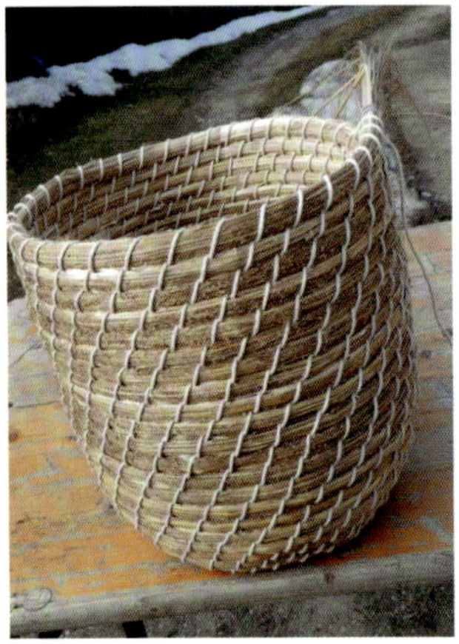

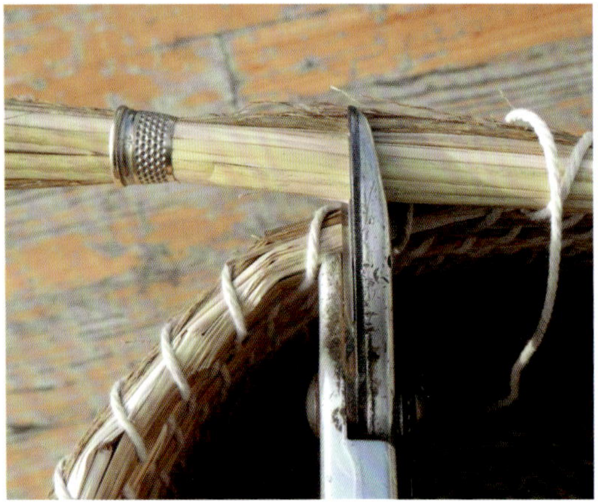

6.23
Wenn eine Höhe von 30 cm erreicht ist, beginne ich mit dem „Flugloch". Denn spätestens wenn sich ein Bienenschwarm im Korb befindet, müssen wir ihn irgendwo abstellen können. Bei genauem Hinsehen fällt auf, wo die neue Reihe beginnt. Am linken oberen Rand macht die letzte Reihe einen Rücken nach oben. Gemeint ist der Übergang von einer Reihe zur nächsten.

6.24
Wenn ich an dieser Stelle vorbei bin, werden die Halme mit genügend Überstand abgeschnitten. Der Überstand erlaubt einen zweiten Feinschnitt bei der Fertigstellung.

6.25
Mit einem Stich im gleichen Loch und zwei Stichen zurück wird das Ende der Reihe befestigt.

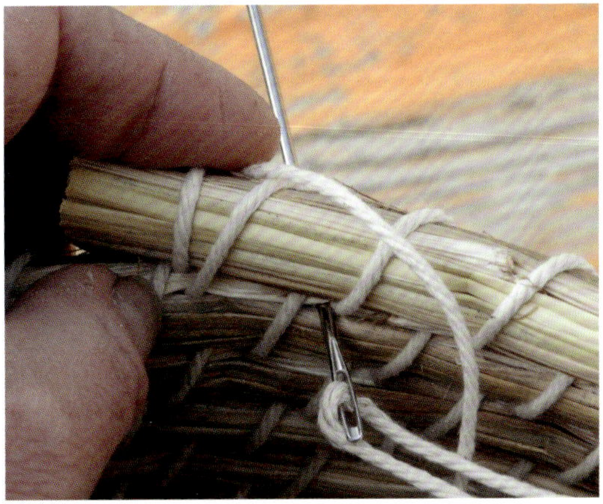

6.26
Um die Stränge rings um das Flugloch zu verstärken (vgl. Abb. 7.38), steche ich in die darunter liegende Reihe, …

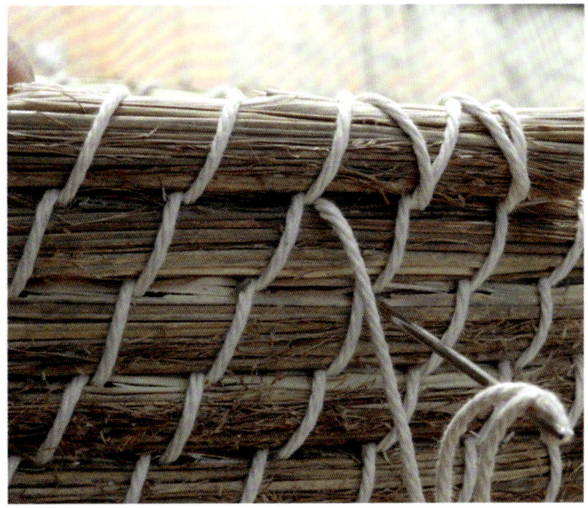

6.27
… und nähe dort überkreuz vorwärts an der Stelle, an der die Fluglochöffnung entsteht, vorbei, insgesamt etwa eine 20 cm lange Strecke…

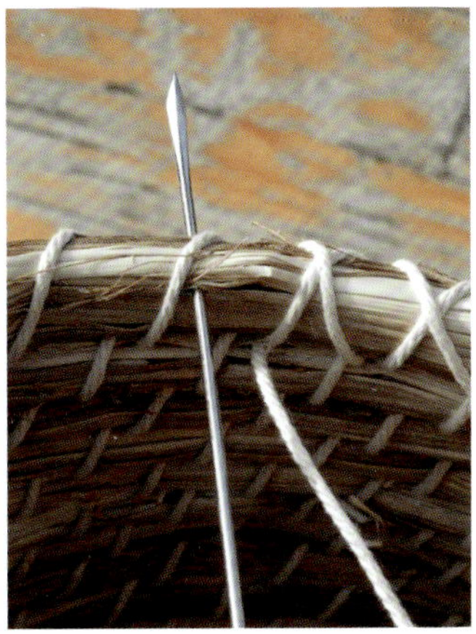

6.28
Ich berücksichtige ein Flugloch von 10 cm Breite. Den abgeschnittenen Strang wickle ich und nähe ihn auf der anderen Seite des Flugloches wieder an, indem ich wieder in die obere Reihe steche, dort zwei Stiche gegen die Arbeitsrichtung setze, um dann wieder in der gewohnten Arbeitsrichtung fortzufahren. Durch das Hin-und-Her-Nähen habe ich die Reihen rund um das Flugloch verstärkt.

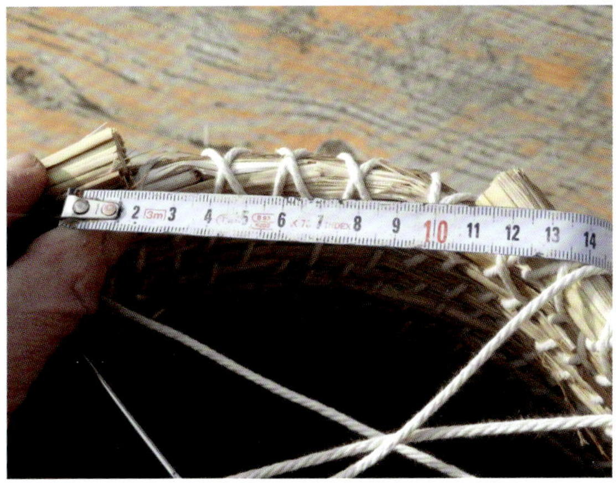

6.29
Im Bild sind nach dem erneuten Ansetzen des Stranges zwei Stiche zurückgenäht, so dass ich nun in der Arbeitsrichtung fortfahren kann.

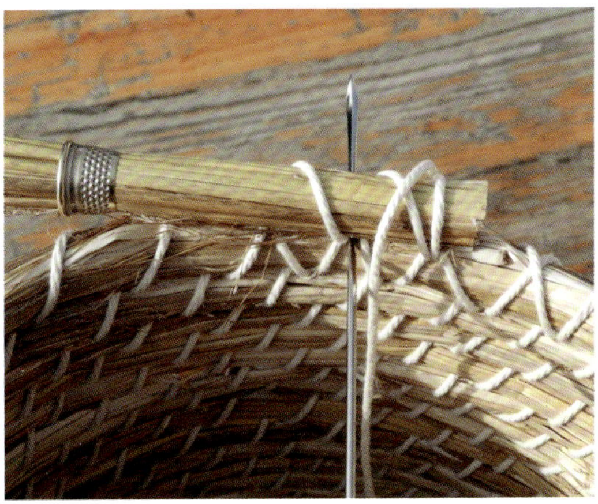

6.30
Am Ende der letzten Runde, wenn das Flugloch also zwei Reihen hoch ist, lasse ich das verbleibende Material auslaufen und schneide es an der Öffnung für das Flugloch ab.

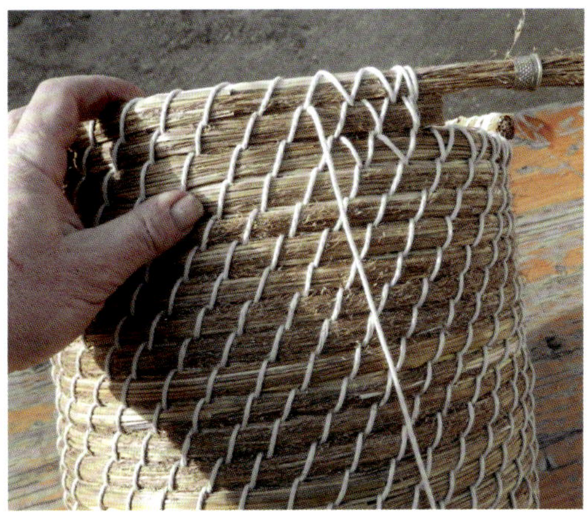

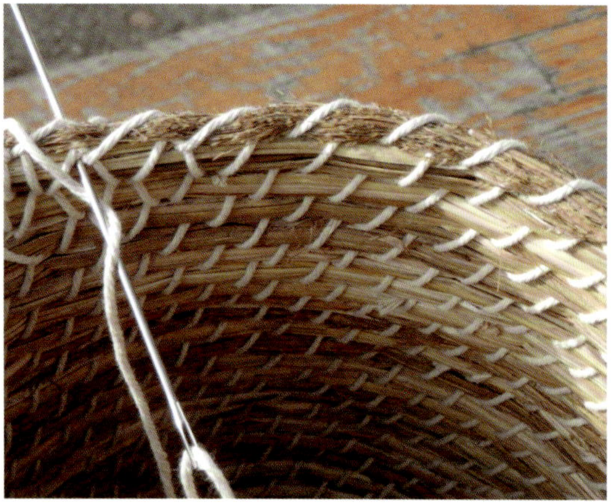

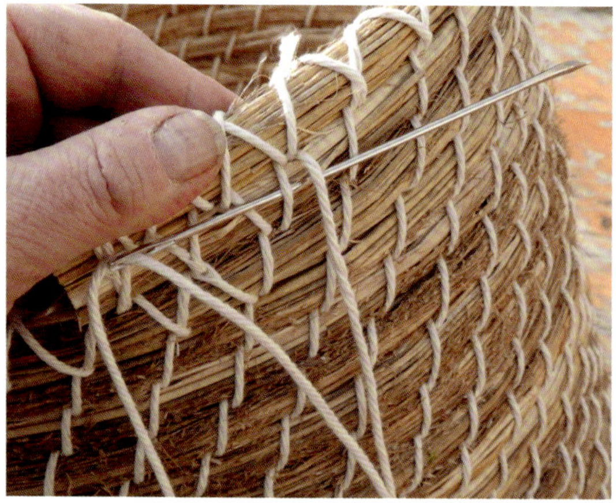

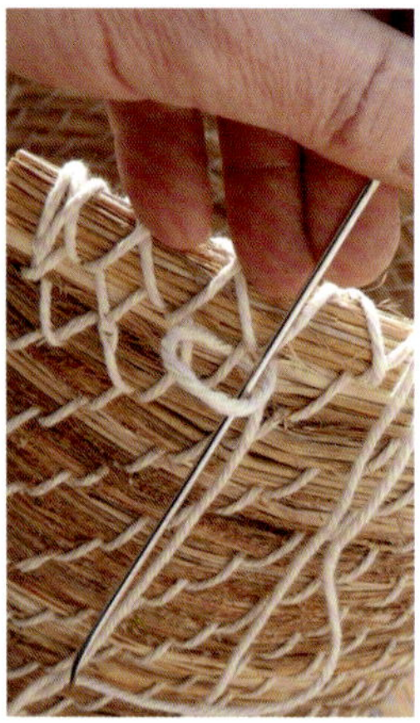

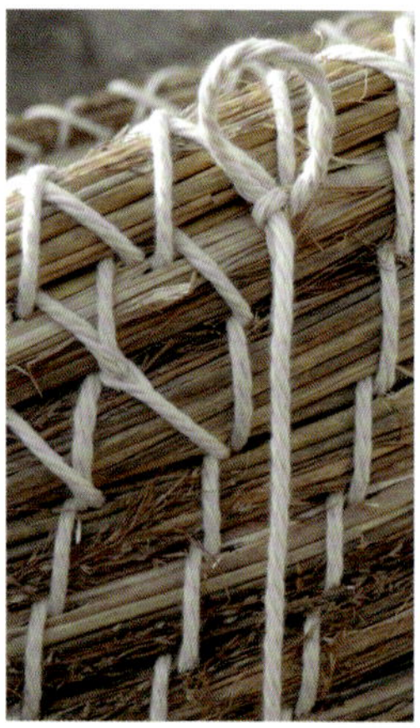

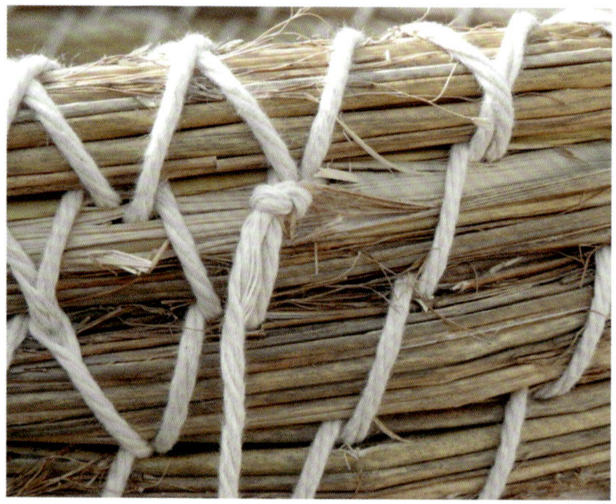

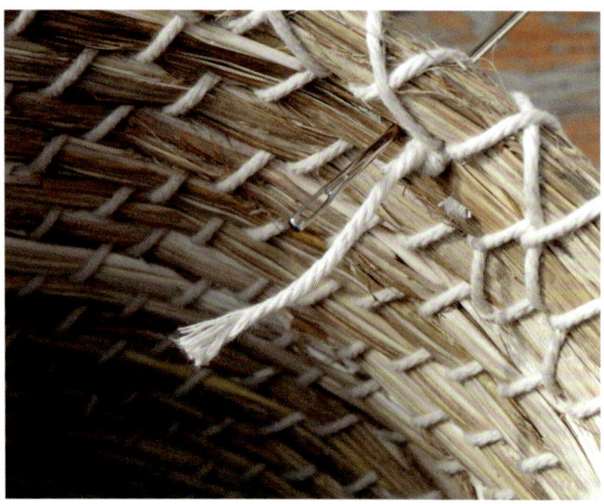

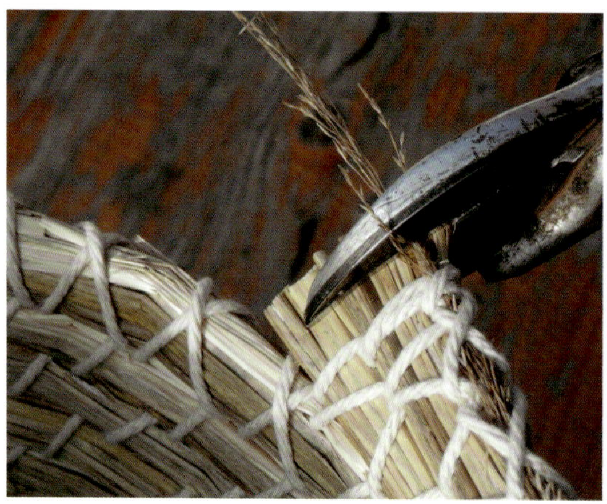

6.31
Sind alle Halme vernäht, nähe ich die ganze letzte Reihe zurück und erhalte auf diese Weise eine Reihe mit Kreuzstichen, die den Rand verstärken und schützen.

6.32
Ist das geschafft, ziehe ich die Schnur unter der Schnur der darunterliegenden Reihe durch und mache eine Schlaufe, …

6.33
… führe die Nadel durch die Schlaufe…

6.34 … und erhalte auf diese Weise einen Knoten.

6.35
Damit dieser wirklich fest am Korb anliegt, ziehe ich ihn mit der Zange fest.

6.36
Das lose Ende führe ich durch das feste Material und schneide es bündig zur Innenseite ab.

6.37
Um beim Flugloch einen sauberen, glatten Rand zu erhalten, schneide ich die Halmenden an dieser Stelle noch einmal nach.

6.38
Der eigentliche Korb ist damit fertig!.
Ich fertige jetzt noch eine Kordel an, um ihn aufhängen zu können. Mit solchen Schnüren befestige ich auch Henkel oder Verschlüsse bei meinen Körben.

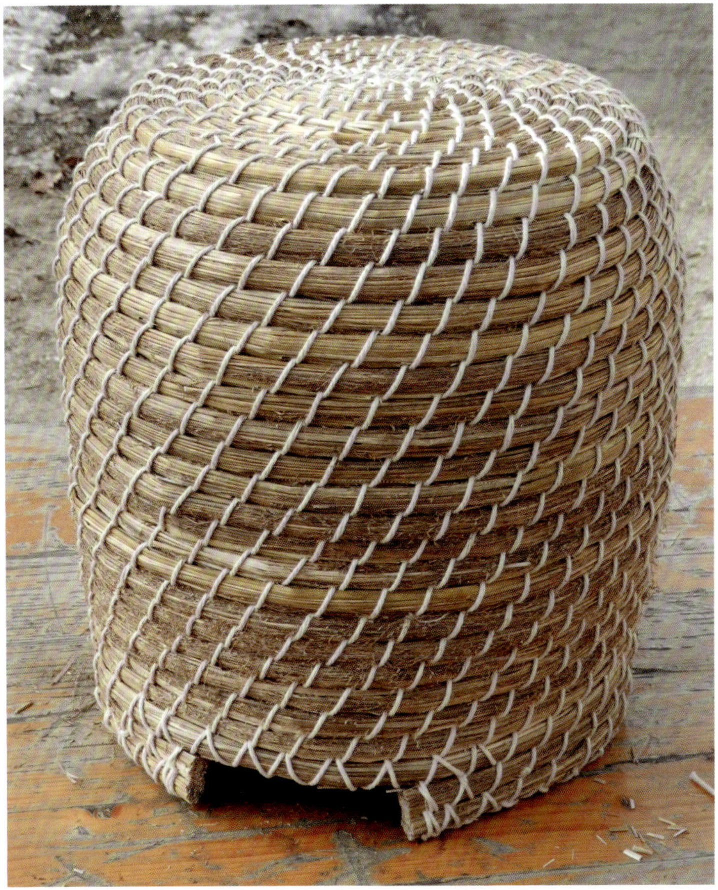

6.39
Zum Herstellen der Schnur verwende ich eine „Strickliesl“, hier hergestellt aus einem ca. 10 cm langen Holzstück, in das ich ein Loch mit 2 cm ø gebohrt und vier kleine Nägel eingeschlagen habe.

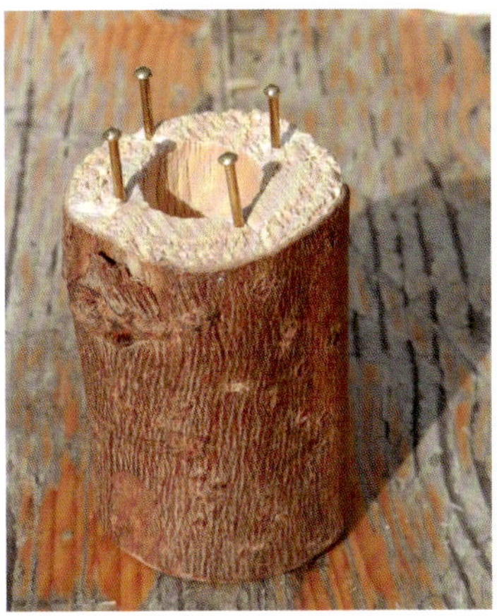

6.40
Ich stecke das eine Ende der Schnur soweit in das Loch, bis ich es unten herausziehen kann und wickle die Schnur um die Nägel. Ich beginne mit dem vor mir liegenden Nagel, führe die Schnur dann zum gegenüberliegenden, anschliessend zum linken und am Schluss zum rechten Nagel.

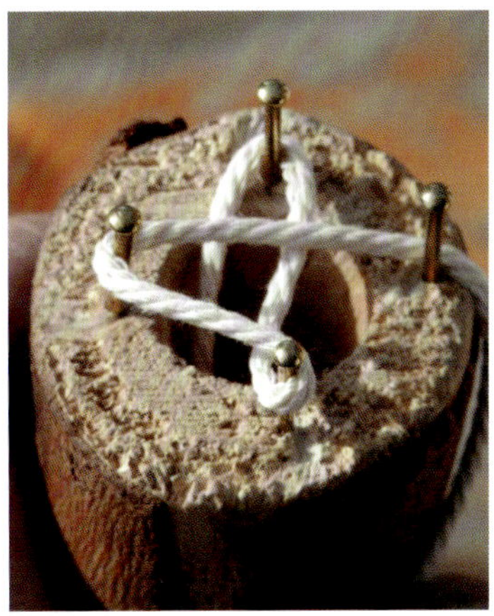

6.41
Ich lege nun die Schnur ein zweites Mal im Uhrzeigersinn um die Nägel, und zwar oberhalb der bestehenden Schnur…

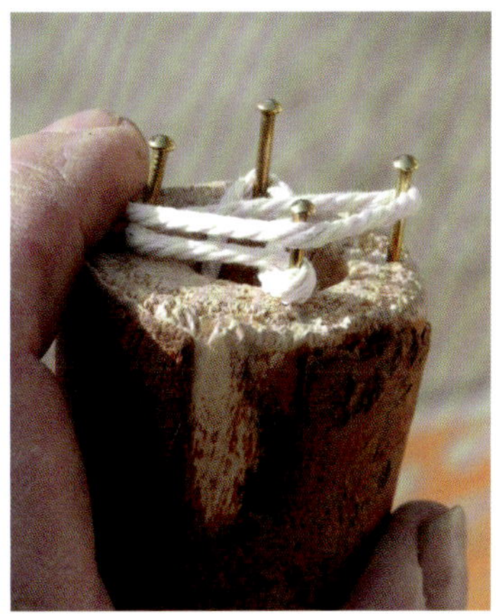

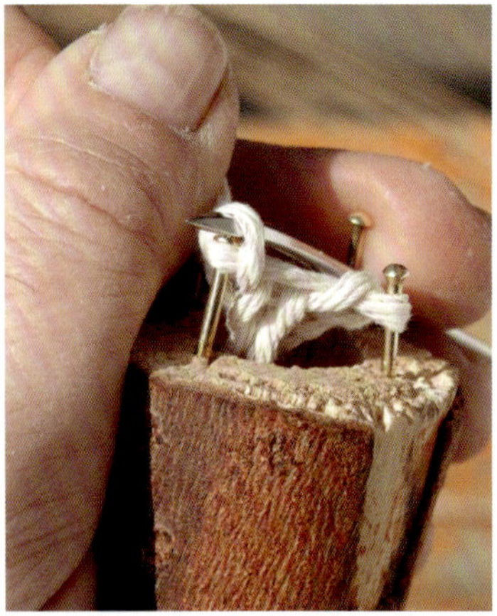
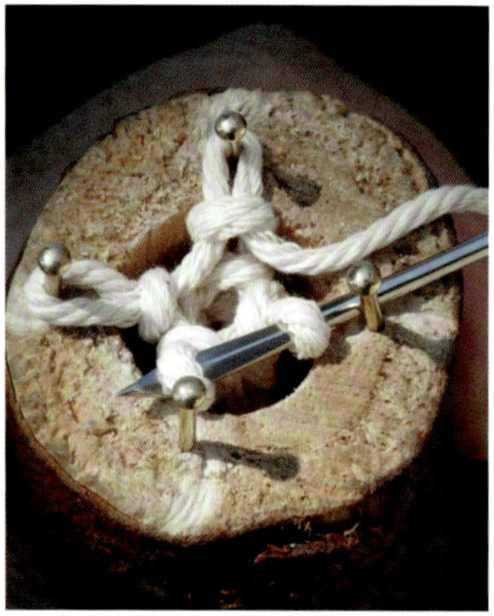
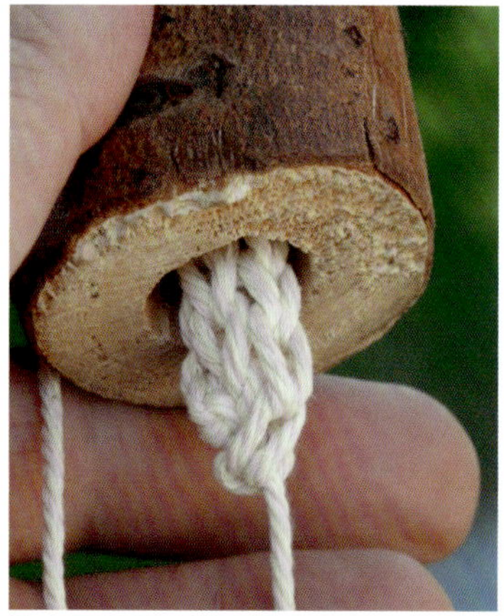

6.42 … und hebe mit einer Nadel die untere Schnur über den Nagel und die obere Schnur.

6.43 Ansicht von oben.

6.44
Es ist notwendig, nach jedem zweiten oder dritten „Darüberheben“ am anderen Ende der Schnur zu ziehen.

6.45
So wächst die Kordel in der Länge.

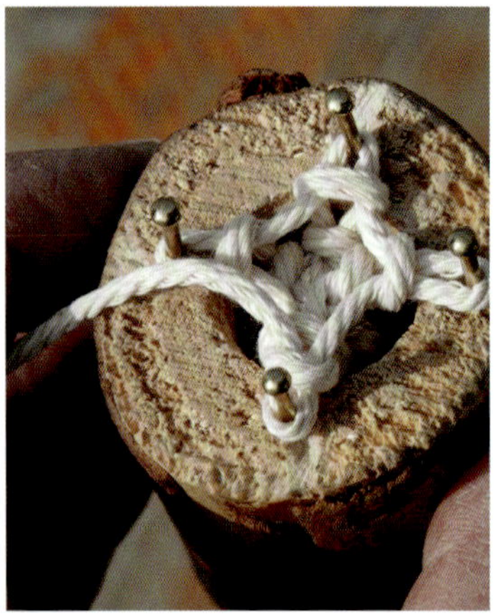
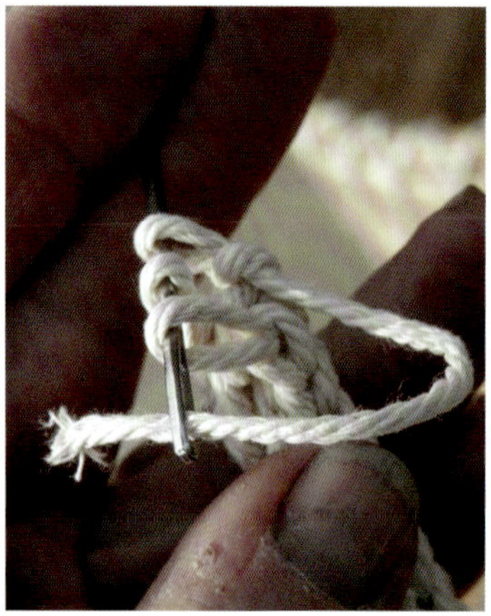
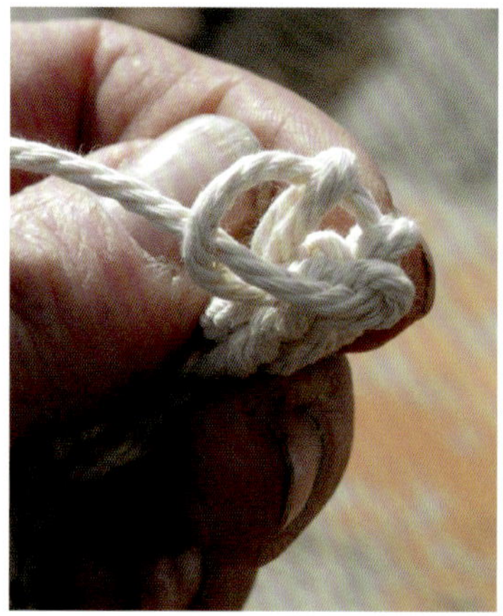

6.46
Für den Abschluss nehme ich die Schlaufen von den Nägeln und befestige sie, indem ich den Faden mit der Nadel durch die Schlaufen ziehe

6.47
.. und alles mit einem großen Knoten fixiere.

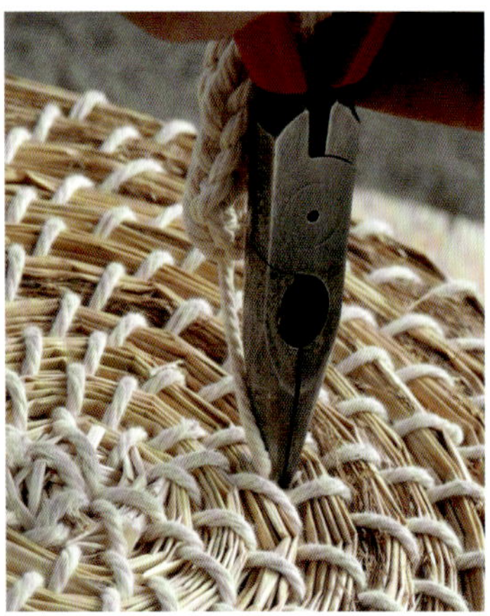
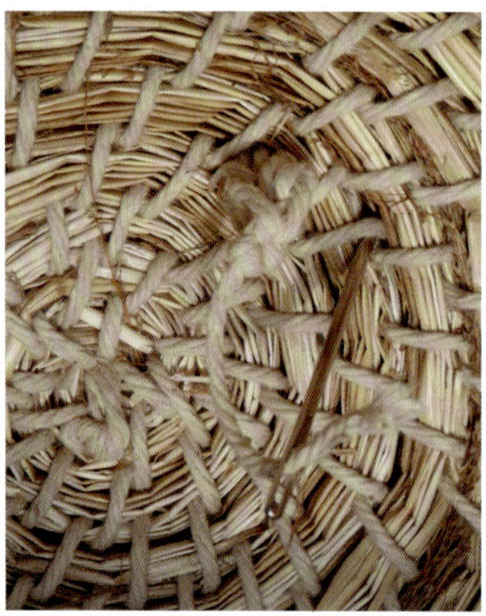
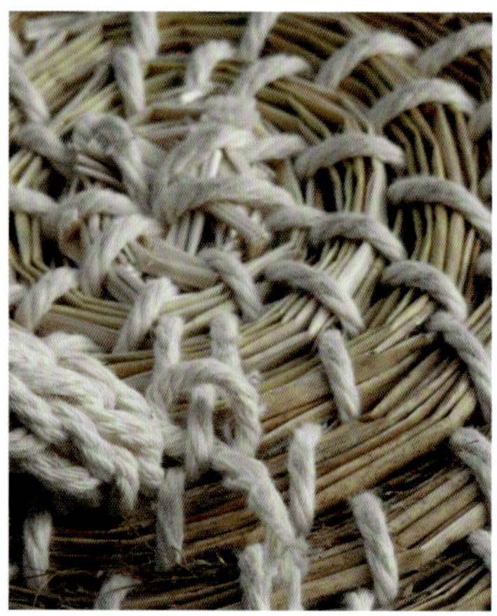

6.48
Mit Hilfe der Zange stecke ich die Schnur durch den Boden des Korbes, und zwar dort, wo durch kleine Unregelmäßigkeiten eine dünnere Stelle vorhanden ist.

6.49
Dann führe ich das Ende der Schnur durch die hergestellte Kordel und verknote sie mit dem Korb.

6.50 Ich ziehe das Ende noch einmal hindurch und schneide ab.

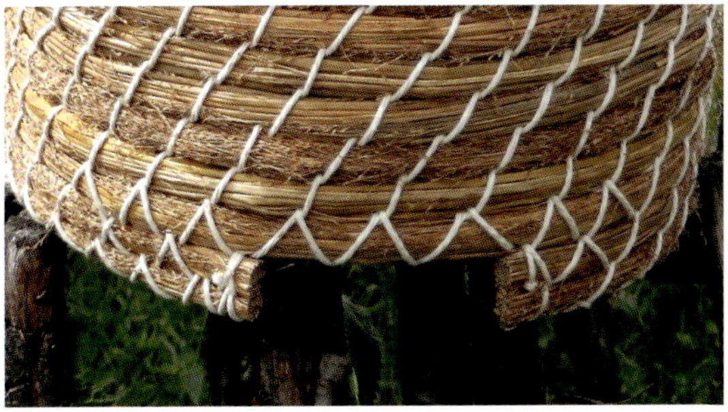

6.51
Hier sieht man das verstärkte Flugloch. Ich brauche die Schnur an dieser Stelle nicht abzuschneiden. Das wäre zwar auch kein Problem, aber mit dieser Zick-Zack-Naht ist es einfacher und gleichzeitig stabil.

6.52 Der fertige Korb hängt!

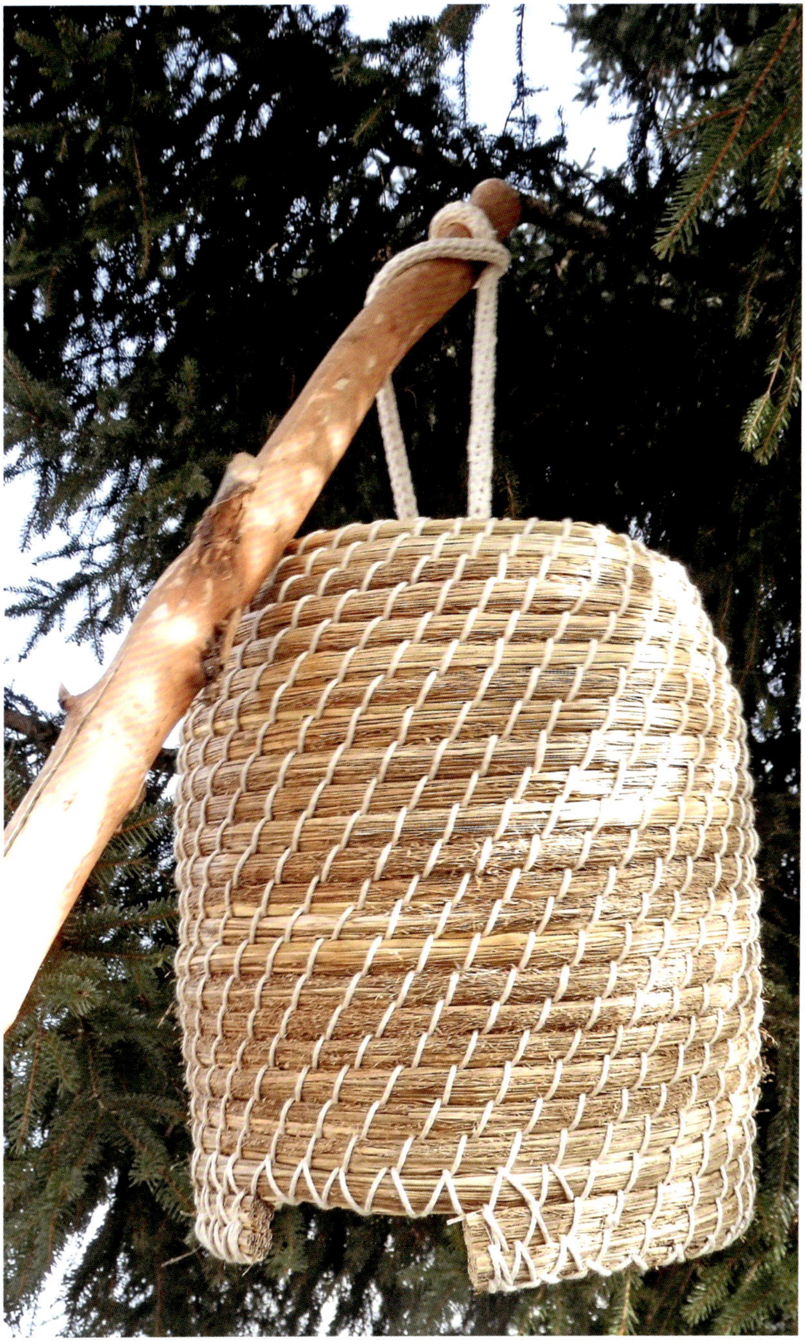

7 Eine Schatulle

Eckige Böden aus gewickelten Strängen herzustellen, ist schwierig. Ausserdem bleiben längliche Böden nicht immer so flach, wie es bei runden Böden relativ leicht gelingt. Darum verwende ich bei eckigen Körben für Boden und Deckel gerne Holzplatten. Die Deckeloberseite lässt sich in diesem Fall individuell gestalten, z.B. mit Zeichnungen, Fotos u.ä.

Ich verwende für diese Schatulle zwei Sperrholzplatten aus Pappelholz mit den Maßen 15 x 21 cm und 4 mm Stärke (die Platte entspricht den DIN A5 Sperrholzplatten wie sie für Laubsägearbeiten angeboten werden). Außerdem werden ca. 25 m Schnur und 0,4 kg getrocknete Seggenhalme benötigt, sowie ein 25 cm langes Holzstück mit 1,5 cm Stärke.

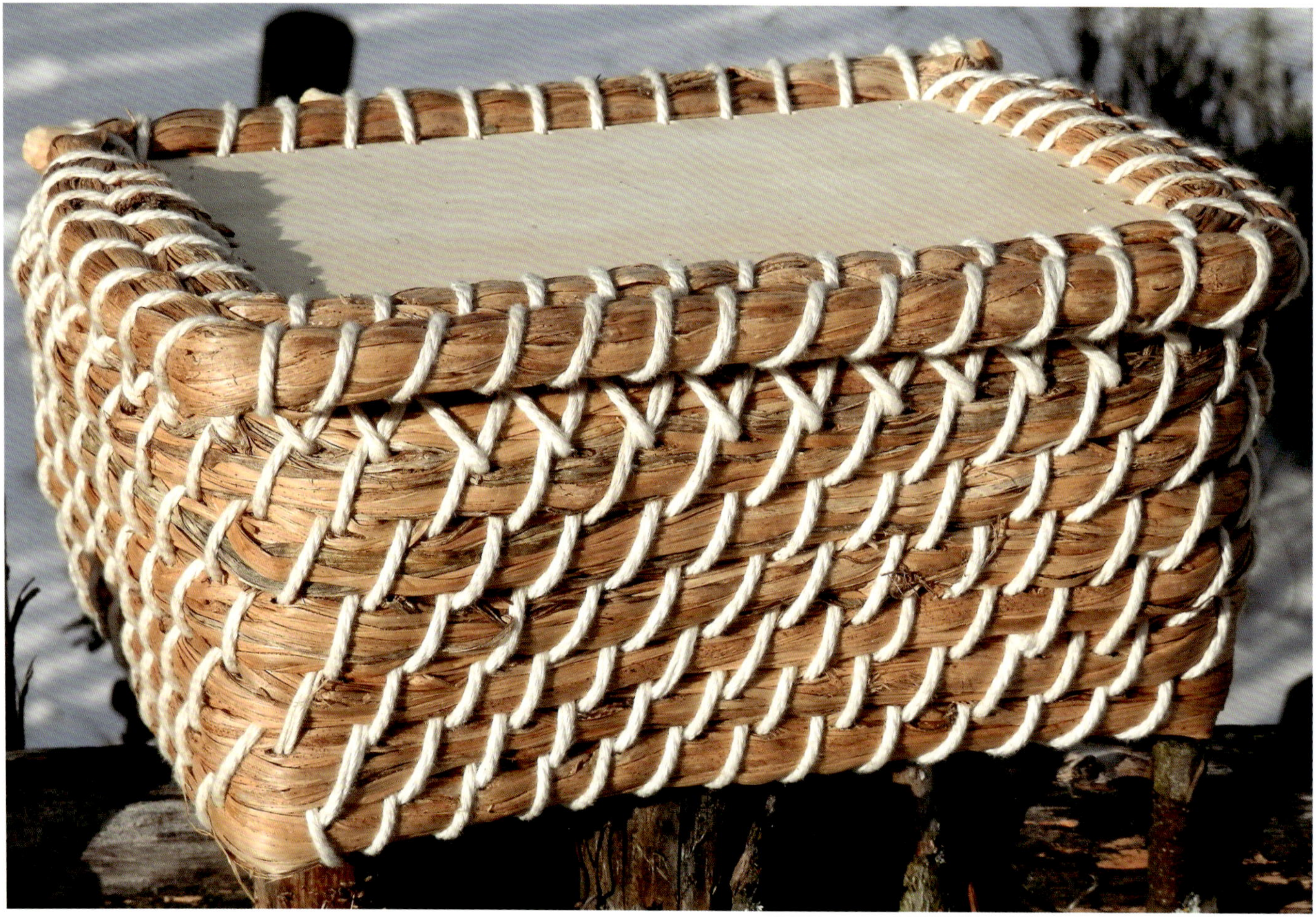

7.01
Für diese Arbeit werden neben Schnur, Nadel und Zange auch Lineal, Bleistift, Cutter-Messer und Bohrmaschine sowie ein Holzbohrer (2 mm ø) benötigt.

7.02
Eine Platte verkleinere ich in der Breite um 2 cm von 15 auf 13 cm. Aus dieser wird später der Deckel gefertigt.

7.03
Ich schneide die Platte mit einem Cutter-Messer auf Maß. Dazu lege ich das Lineal an und schneide an den Linie entlang.

7.04
1 cm vom Rand entfernt werden ringsum Linien gezogen und darauf Markierungen im Abstand von 1,5 cm aufgetragen, an denen anschließend Löcher gebohrt werden.

7.05
Beim Markieren gehe ich jeweils von der Mitte aus. Geht die Teilung an den Ecken nicht genau auf, kann der Abstand auch geringer als 1,5 cm sein.

7.06
Mit 2 mm ø sind die Bohrlöcher nicht so groß, dass die Nadel hindurch passt. Darum umwickle ich die Schnur mit Klebeband …

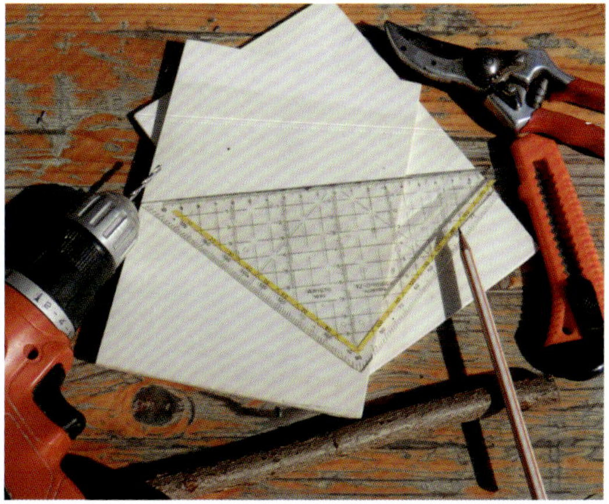

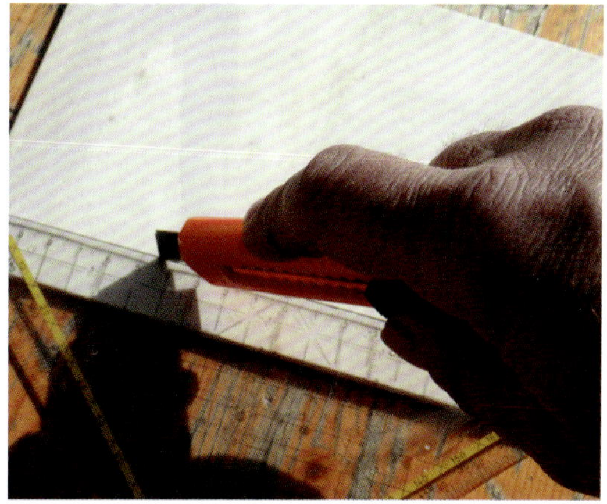

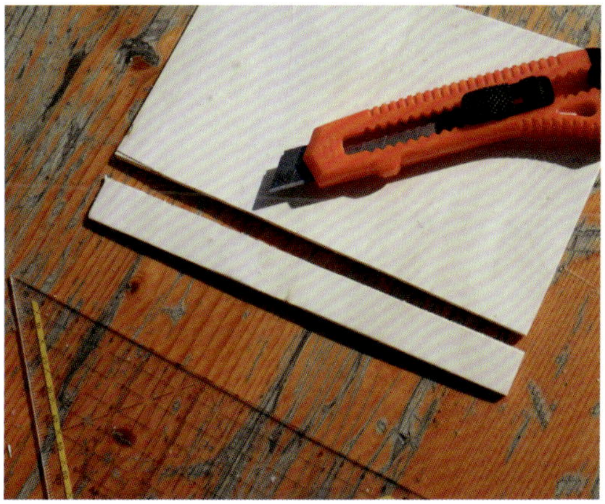

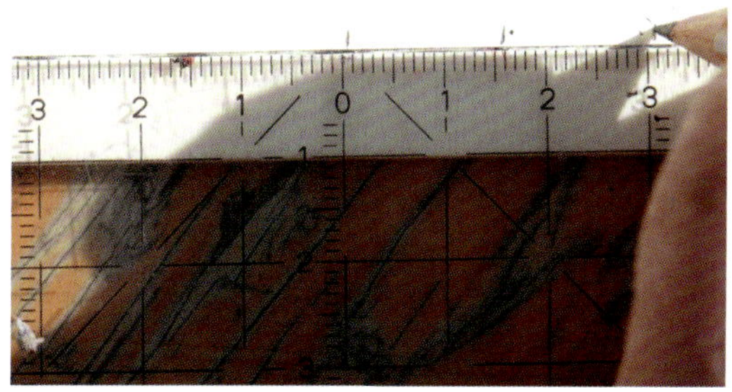

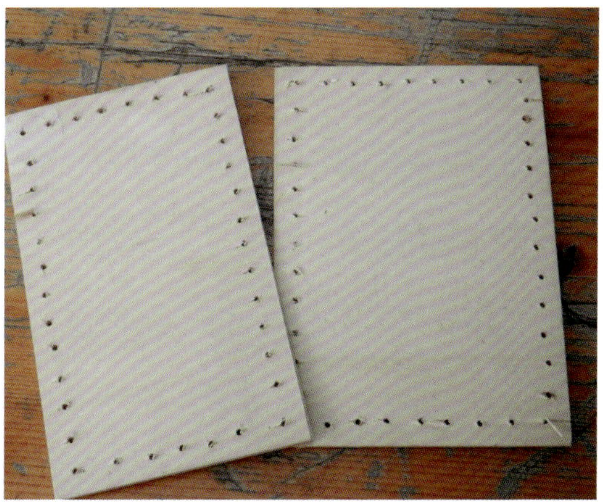

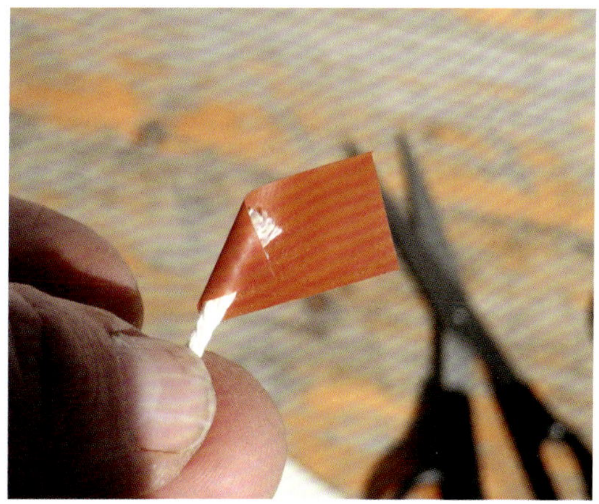

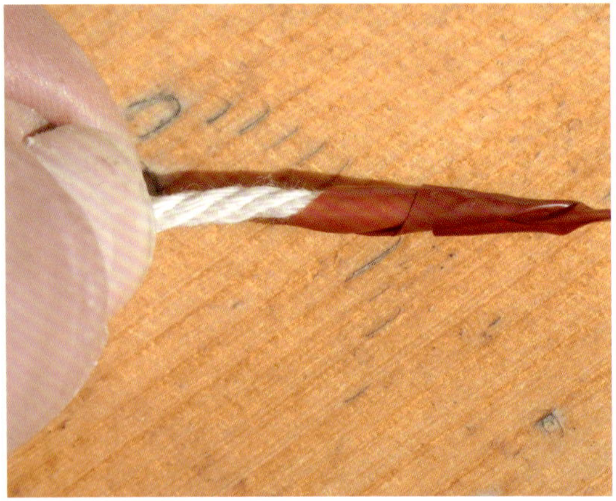

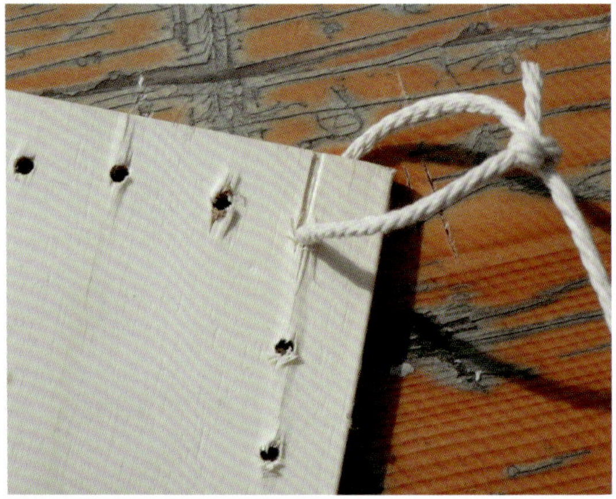

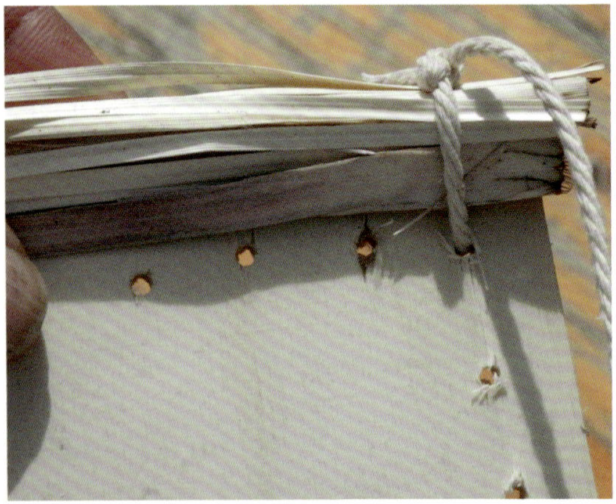

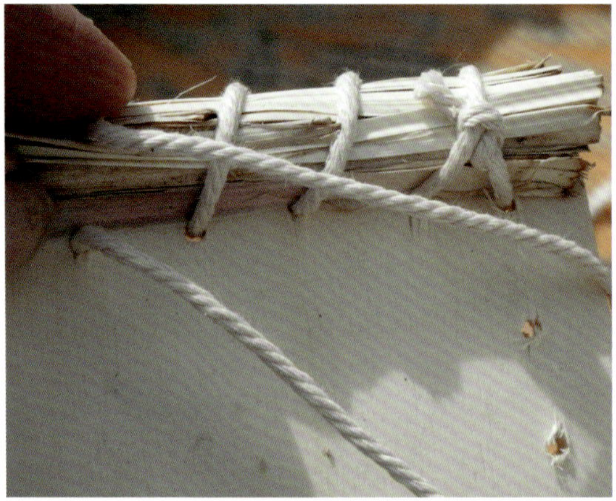

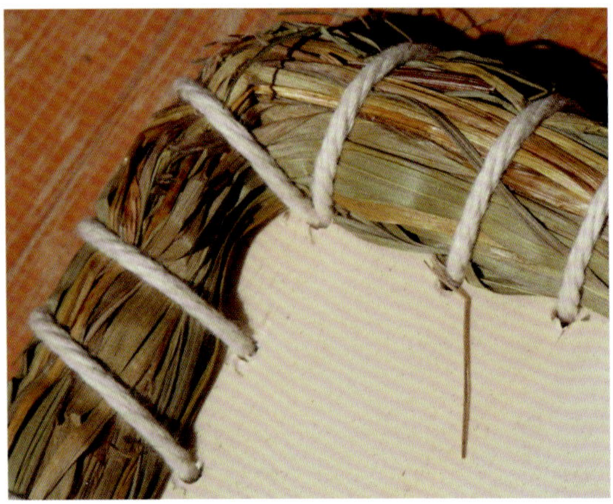

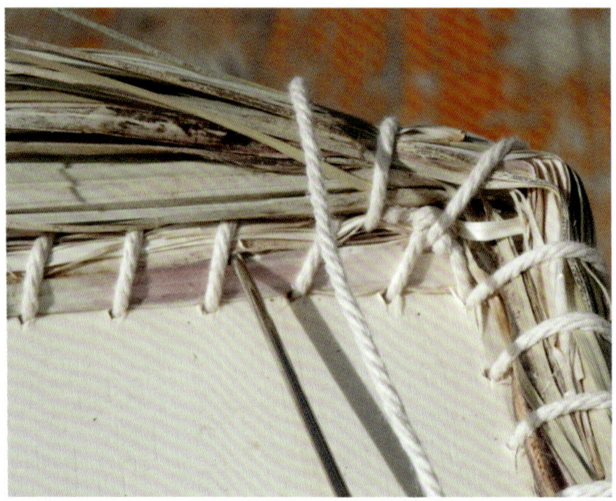

7.07
… und verfestige das Ende dadurch.

7.08
Mit dem Umwickeln bzw. Annähen des Stranges wird an einer Ecke begonnen.

7.09
Der Knoten bleibt auf dem Strang liegen…

7.10
Die erste Reihe wird außen auf die Schnittfläche der Platte aufgelegt.

7.11
Wichtig ist, dass die Schnur an den Eck-Löchern zwei Mal durchgezogen wird. Ggf. müssen die Ecklöcher dazu 0,5 oder 1 mm größer gebohrtw erden

7.12
Die zweite Reihe wird nun darüber liegend angenäht. Jetzt kann ich wie gewohnt mit der Nadel weiterarbeiten.

7.13
Das Ende versuche ich immer in eine Ecke zu legen.

7.14
Notfalls schneide ich das Material etwas ab und lege vom abgeschnittenen wieder etwas bei, um mit einer gleichmäßigen Strangstärke zum Ende zu kommen.

7.15
Um meinen Abschluss zu machen, nähe ich die Schnur anschließend zurück, aber nur auf drei Seiten. Das Ende der Schnur lasse ich offen auslaufen, um später das Deckelscharnier anzuknüpfen.

7.16
Bevor ich mit dem Deckel weiterarbeite, fertige ich noch das Scharnier-Holz

7.17
Vom Holzstück entferne ich sorgfältig die Rinde …

7.18
… und bohre anschließend an beiden Enden jeweils ein Loch mit 2 mm ø.

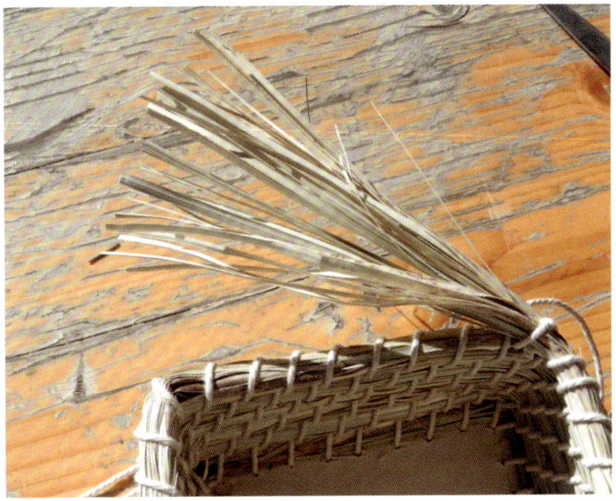

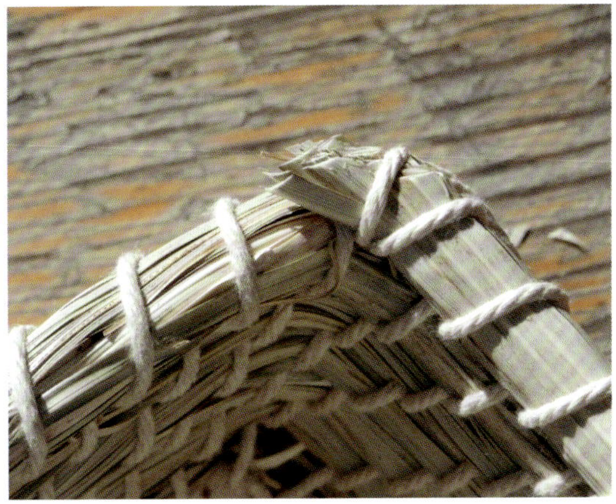

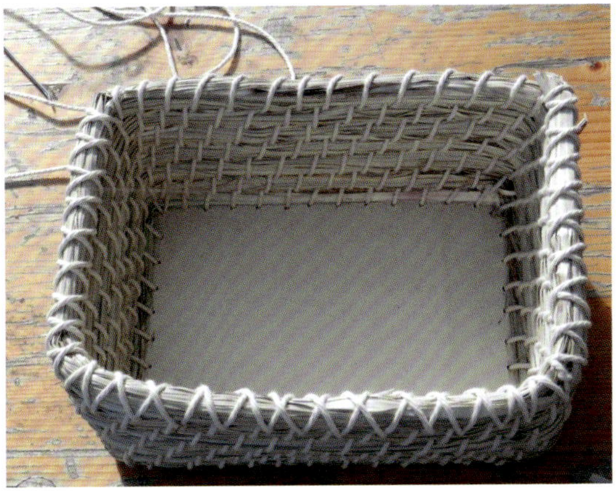

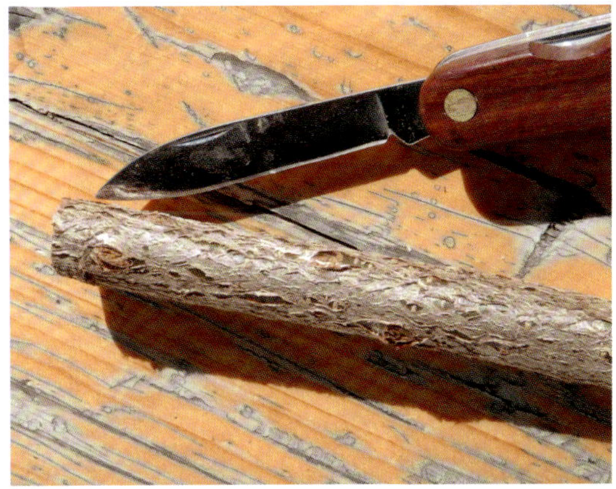

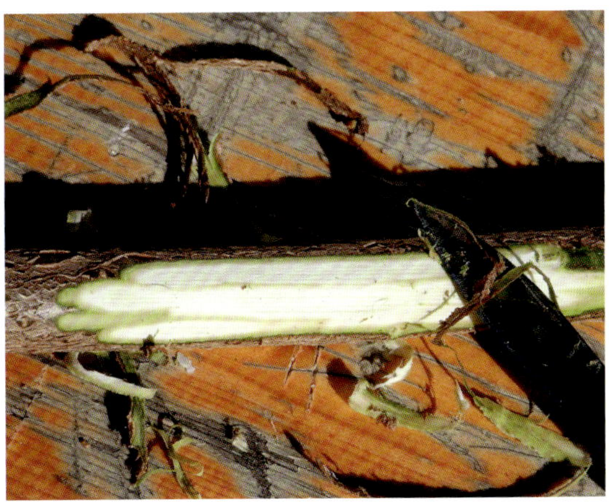

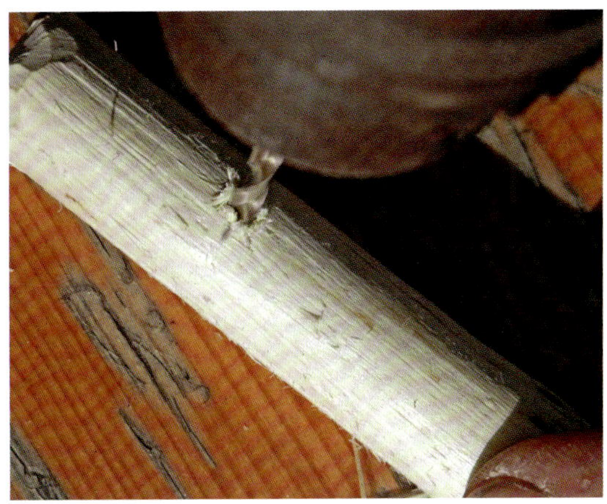

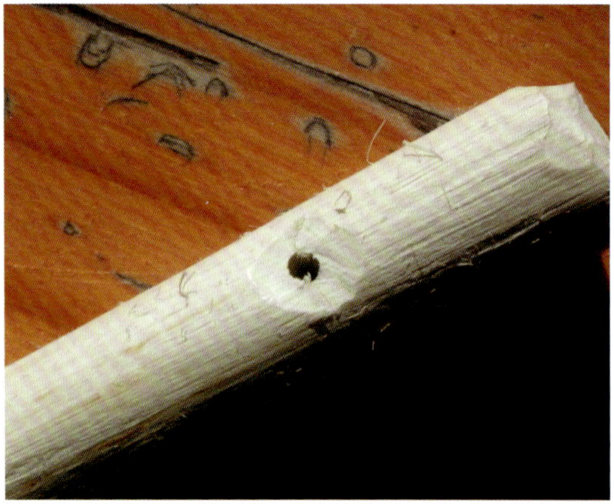

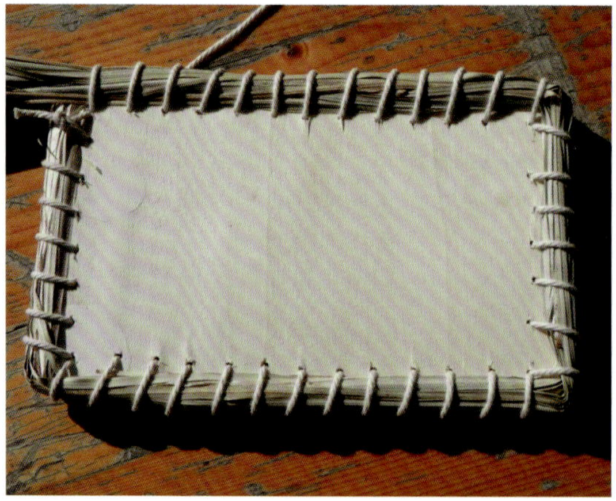

7.19
Die Enden werden mit dem Messer abgerundet und die Bohrlöcher etwas versenkt.

7.20
Mit dem Deckel verfahre ich in gleicher Weise wie mit dem Boden, wobei auch die zweite Reihe diesmal auf der Außenseite angenäht wird, allerdings nur auf drei Seiten.

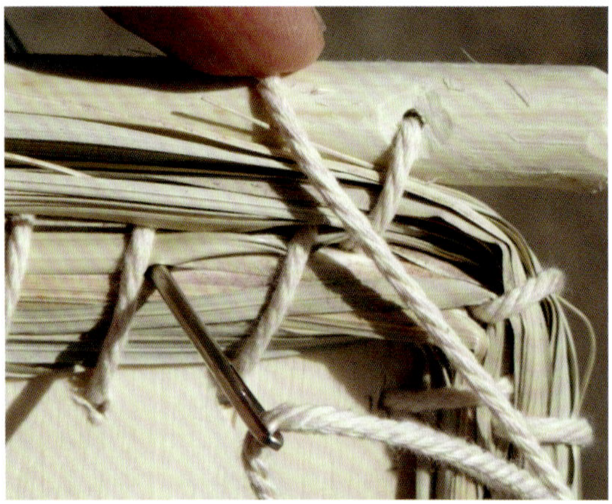

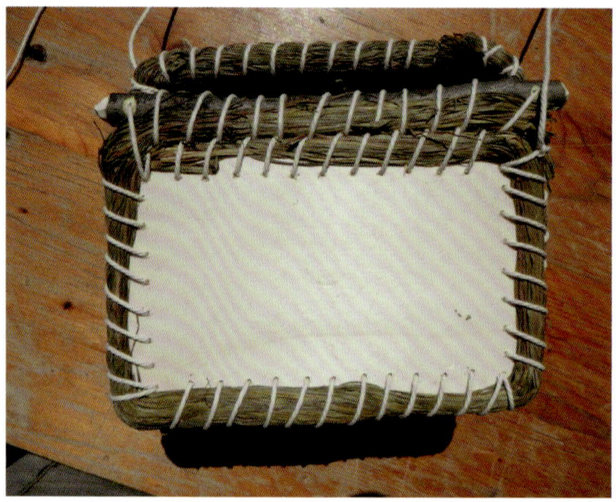

7.21
An der vierten Seite nähe ich den Holzstab ein. Der erste Stich dafür wird durch das gebohrte Loch gesetzt, alle weiteren folgen wie gewohnt außen herum. Der letzte Stich führt dann wieder durch das Loch.
Damit ist sichergestellt, dass der Holzstab sich beim Öffnen des Deckels mitbewegt und sich nicht eigenständig dreht.

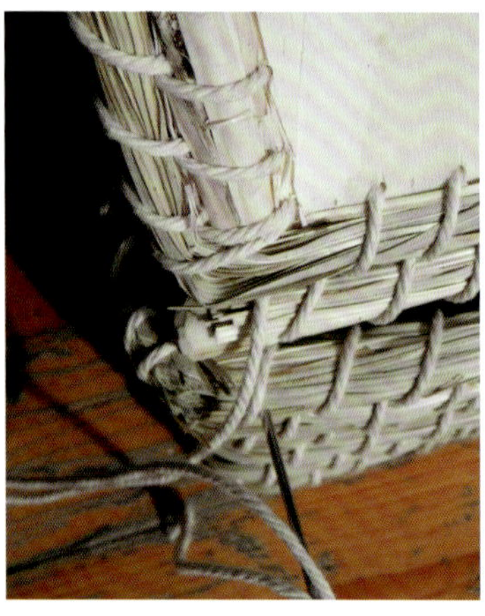

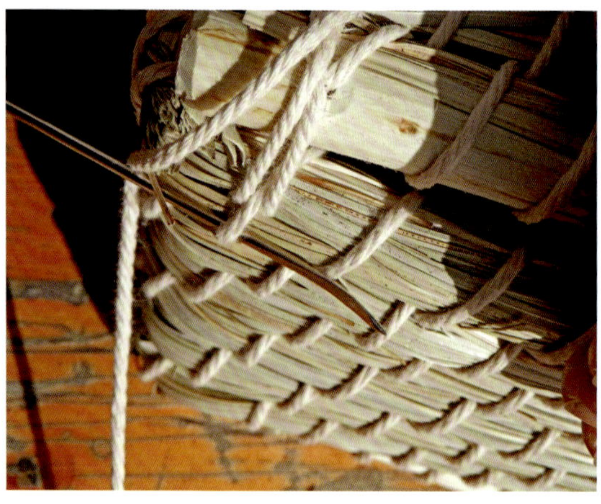

7.22
Wenn ich jetzt den Korb mit Deckel vor mich hinstelle, hängen an den hinteren Ecken die losen Schnurenden der Schatulle.

7.23
Mit diesen Schnüren verbinde ich Deckel und Boden, indem ich das Holz am Deckel locker umwickle.

7.24
Anschließend ziehe ich die Schnur durch den darunterliegenden Stich an der Schatulle.

7.25
Dadurch entsteht eine Schlaufe. Durch diese führe ich die Nadel mit Schnur und ziehe die Schnur anschließend mit der Zange fest, so dass ein Knoten entsteht.

7.26
Das lose Ende stecke ich durch das feste Material in das Innere des Korbes und schneide es dort bündig zur Oberfläche ab.

7.27
Der Korb ist jetzt fertig. Der Deckel kann noch bemalt werden.

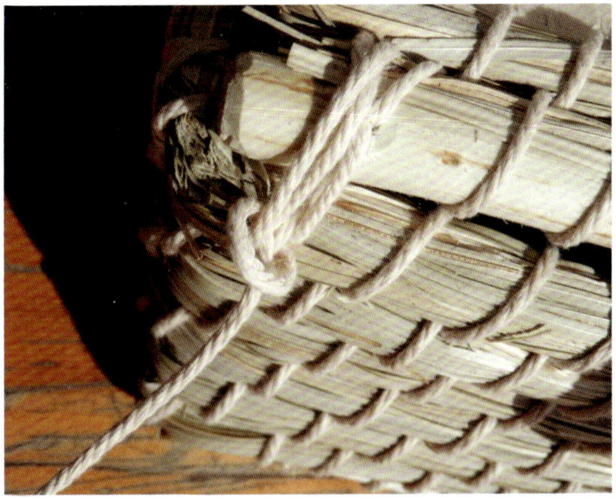

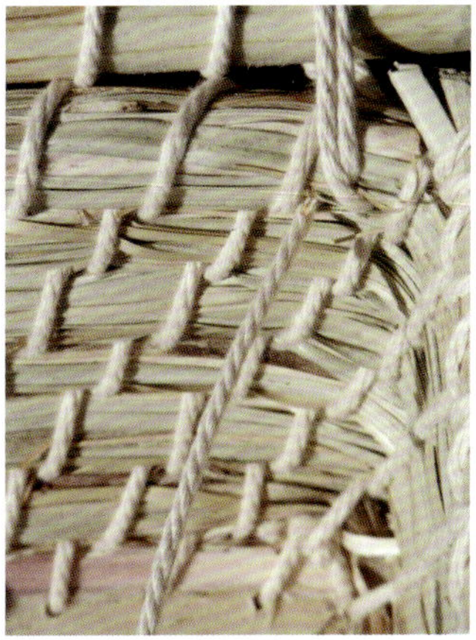

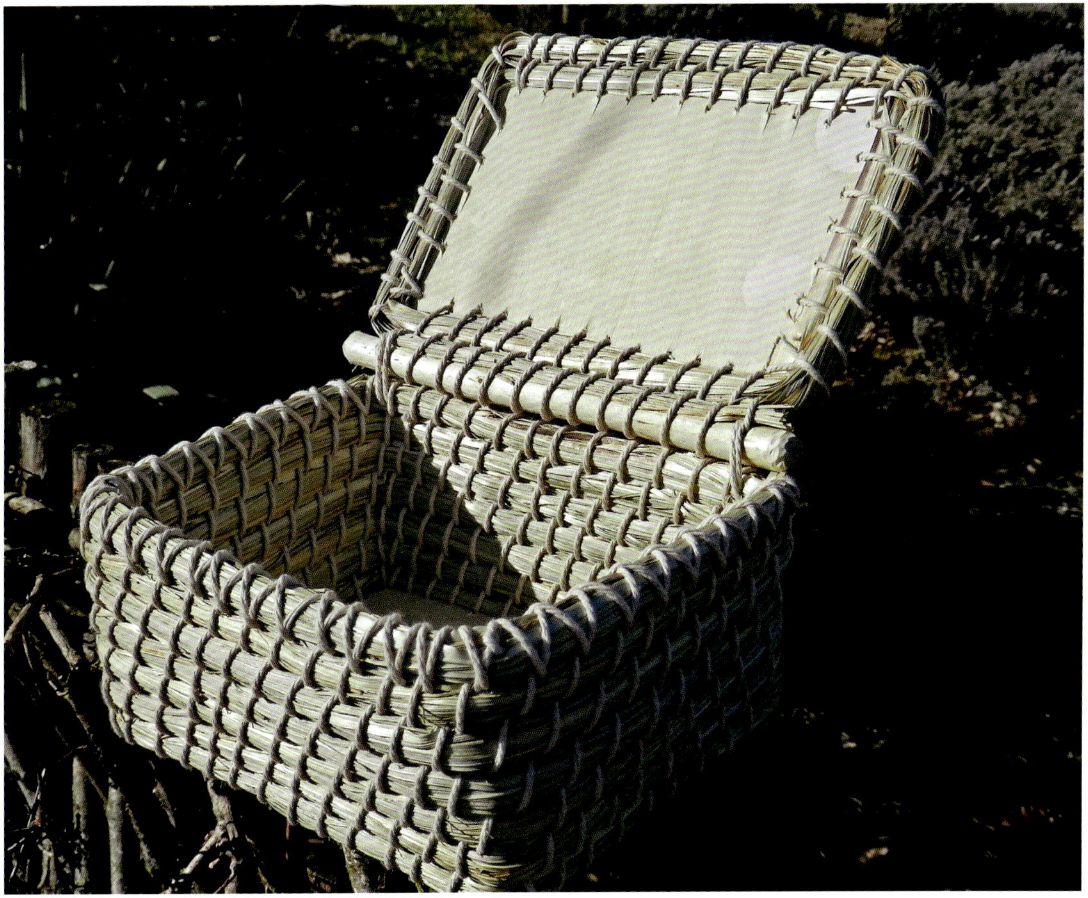

8 Süßgräser

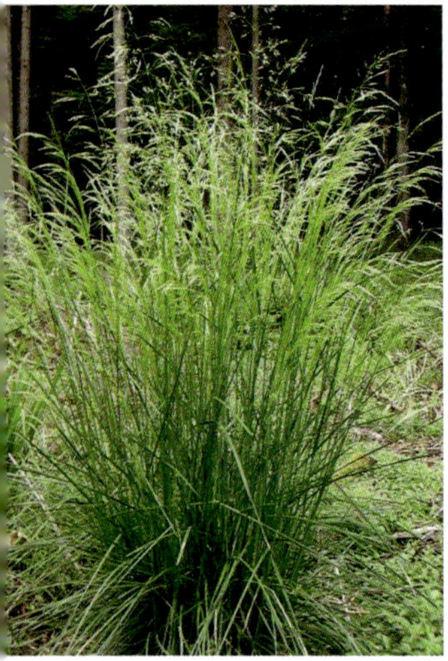

8.01
Die Rasen-Schmiele *(Deschampsia cespitosa)*, eine Pflanze die mir erst in letzter Zeit aufgefallen ist .

In den nächsten Kapiteln möchte ich die Pflanzen vorstellen, die sich zur Korbherstellung mehr oder weniger gut eignen. Beginnen werde ich mit den Süßgräsern, die den traditionellen Materialien sehr ähnlich sind. Aber lassen Sie sich nicht abhalten, selbst auf Expedition zu gehen, Pflanzen zu sammeln und dabei die Natur zu erfahren. Falls Sie einige dieser Pflanzen zu sich in den Garten holen wollen, werden Sie dazu vielleicht noch einige Tipps im Text finden.

Süßgräser sind weltweit verbreitet, es gibt sicher einige Tausend verschiedene Arten. Die wichtigsten Pflanzen für den Menschen, wie z.B. unsere Getreidearten, gehören zu dieser Gattung. Ich möchte mich hier aber auf die Stauden unter den Gräsern beschränken, also auf die Arten, die wir nicht jedes Jahr neu anpflanzen müssen und die unsere mitteleuropäischen Winter im Freien überleben.
Auf den ersten Blick haben sie alle die gleiche gelbe Farbe, auch im getrockneten Zustand, so wie Getreide. Nur einige wenige Arten heben sich durch eine grüne Farbe von der Masse ab. Besonders markant sind manche Samenstände, die mitverarbeitet werden können und dem Korb eine besondere Struktur geben. Nicht geeignet sind Gräser mit lange Grannen, wie etwa die **Taube Trespe** (*Bromus sterilis*). Durch ihre Widerhaken wäre die Oberfläche des Korbes sehr rau und dadurch unangenehm anzufassen.
Ein Gras, das mir erst spät aufgefallen ist, ist die **Rasenschmiele** (*Deschampsia cespitosa*). Mit einer Wuchshöhe von über einem Meter ist es zwar kaum zu übersehen, aber richtig wahrgenommen habe ich es erst, als ich es in einer Staudengärtnerei entdeckt habe. Viele Menschen sind der Meinung, dass Gras eben grün ist. So gibt es die Rasenschmiele z.B. in den Farben grün, hellgrün und bronzegrün; früh genug geschnitten kann diese Farbe auch an die Körbe weitergegeben werden. Wenn wir die Halme stehenlassen und erst später ernten, haben sie ein schönes Weizengelb. Aber das Allerwichtigste: Das Gras ist recht leicht zu verarbeiten, es lässt sich schön biegen und ist lang. Im Garten

8.02
Eine Wiese mit der Draht-Schmiele *(Deschampsia flexuosa)* ...

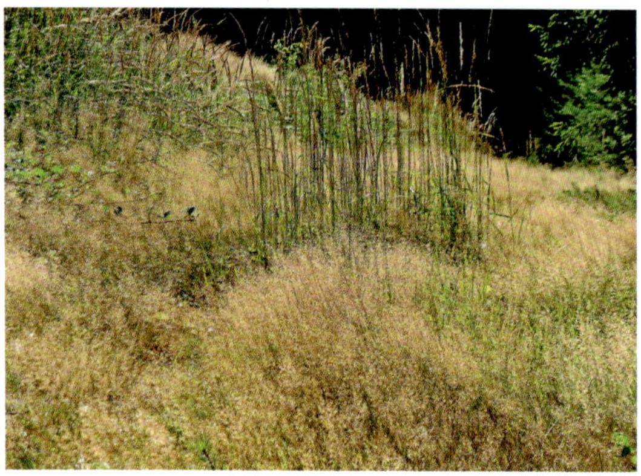

8.03
...lädt zur Ernte ein.

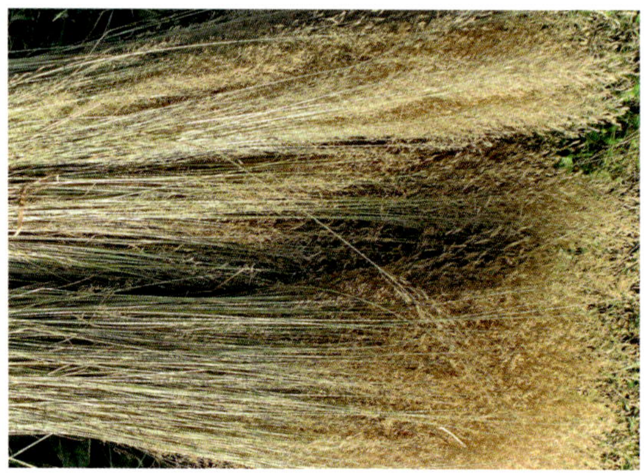

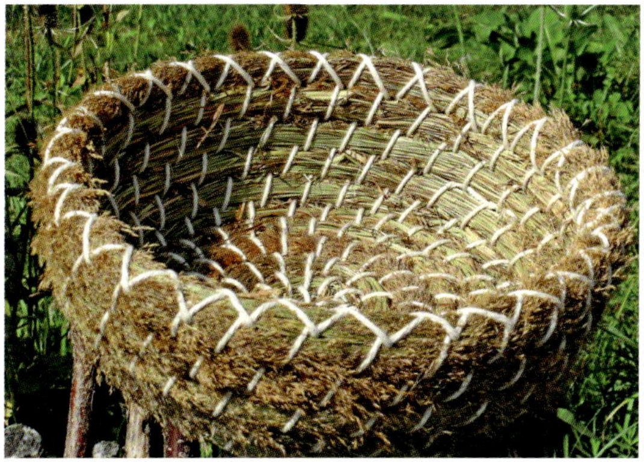

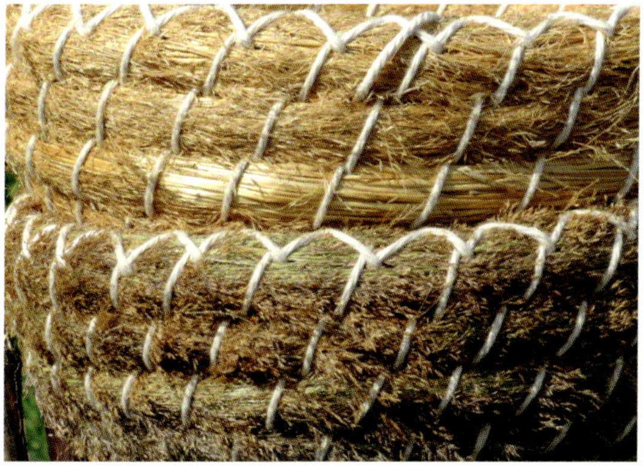

8.04
Das fertige Ergebnis kann sich sehen lassen!

8.05
Der Unterschied zwischen Rasen-Schmiele (oben) und Draht-Schmiele (unten) an fertigen Körben

angepflanzt ist es wüchsig und leicht zu pflegen. Mit einem halbschattigen Platz und humoser Erde ist es zufrieden.

Eine verwandte Art ist die **Drahtschmiele** (*Deschampsia flexuosa)*. Diese Pflanze ist wesentlich kleiner und dünner, die Ähren verleihen den Körben einen schönen, bronzenen Farbton. Ich sammle in den Sommermonaten gerne beide Arten in unseren Wäldern, wo ich besonders schöne Pflanzen aussuchen kann. Genauso wie bei der nachfolgenden Art kann jede Pflanze unterschiedlich sein, von straff aufrecht bis weit ausladend. Auch in der Reifezeit gibt es Unterschiede.

Ein weiteres einheimisches Gras, das es wert ist, verarbeitet zu werden, ist das **Pfeifengras** (*Molinia arundinacea*). Es ist wesentlich länger und steifer, aber in der Farbe fast gleich. Die grossen imposanten Horste sind eine Augenweide, sie werden im Herbst leuchtend gelb. Schon als Kind sind mir die goldgelben Halme dieser Pflanze aufgefallen, die in kleinen Horsten am Waldrand in der Nähe unseres Haus wuchsen. Bis zu meinen ersten Körben aus diesem Material war es aber ein langer Weg. Heute wachsen auf unserer Schafweide ca. 200 große Horste, die meine Schafe nicht fressen und imposant anzusehen sind. Die Pflanzen erreichen eine Höhe von 80 – 200 cm und die Halme nehmen im Herbst eine leichte Rotfärbung oder auch eine schöne Gelbfärbung an.

Ich verwende das Pfeifengras vor allem für Gebrauchsgegenstände: z.B. Katzentürme oder Bienenkörbe. Ein Korbmacher mit langjähriger Erfahrung erzählte mir einmal, dass Pfeifengras in früheren Zeiten schon genutzt wurde, wenn kein Roggenstroh zur Verfügung stand. Dabei hat es einen großen Vorteil gegenüber Stroh: da es keine Knoten am Halm hat, lässt sich leichter verarbeiten. Um mit dem Material umzugehen, benötigt man ein „traditionelles“ Werkzeug: einen Fingerhut, der aber vorne offen ist. Vie-

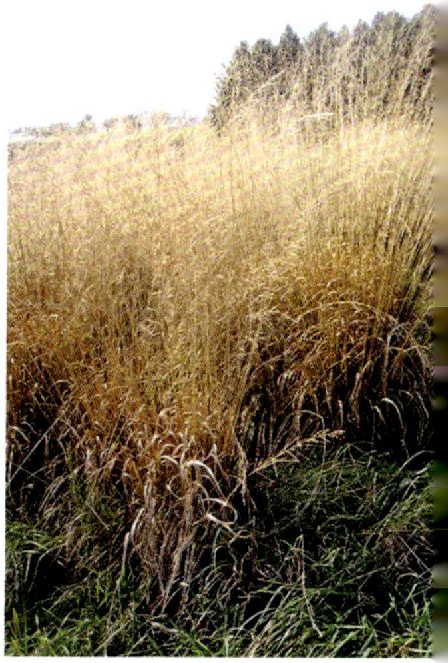

8.06
Pfeifengras, wie es auf unserer Weide steht.

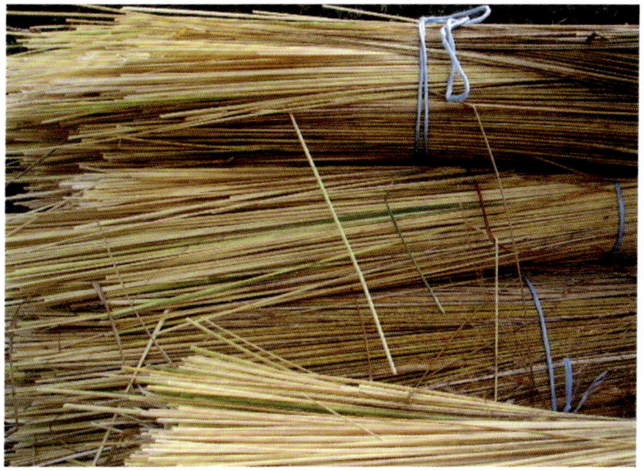

8.07
Geschnittenes Pfeifengras, von Blättern getrennt und gebündelt. Die Stängel können verschiedene Färbungen haben.

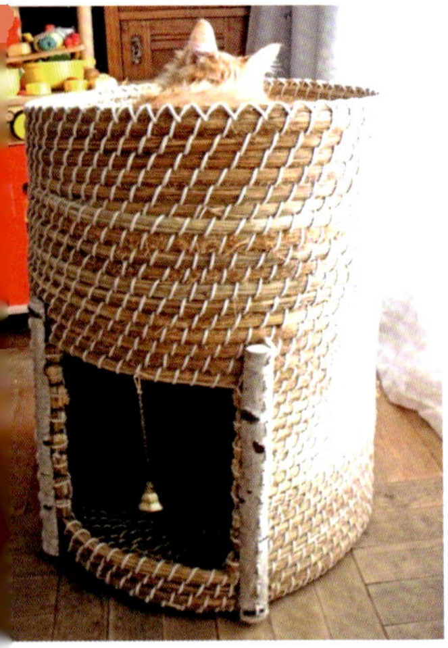

8.08
Ein Katzenturm aus Pfeifengras

8.09 Mein alter Bienenkorb in Aktion; er hat noch nicht die schöne Form späterer Arbeiten!

8.10 Wie geschaffen für Arbeitskörbe, hier Brotkörbe aus Pfeifengras

8.11 Ein ganz einfacher Korb aus Pfeifengras

le Menschen, die mir bei der Arbeit zugesehen haben, meinten, alte Korbmacher hätten einen Ring benutzt, um die Dicke des Stranges zu kontrollieren. Das scheint mir nicht ganz zutreffend. Jeder, der es einmal probiert hat, wird erkennen, dass man die Stärke des Stranges schnell im Gefühl hat. Ob Sie Halme hinzustecken müssen oder nicht, werden Sie mit den Fingern bald ertasten. Aber wozu dient dann der Ring oder der offene Fingerhut? Nun, die Halme sind recht dick und steif, und um sie gleichmäßig biegen zu können, müssen die Halme gequetscht werden. Also wird das ganze Bündel fest durch den Fingerhut gequetscht, erst dann lässt es leicht biegen. Diese Prozedur war bis jetzt nur beim Pfeifengras notwendig. Interessant ist vielleicht auch die Herkunft des Namens: Da die langen Halme keine Knoten haben, wurde das Gras zum Pfeifenputzen verwendet.

Wem es zu umständlich ist, diese beiden großen Gräser im Garten zu pflanzen oder sie in der Natur zu suchen, der kann einfach auf die nächste Wiese gehen und aus der Fülle der dort wachsenden Gräser sammeln. Wenn wir zum Beispiel **Glatthafer** (*Arrhenatherum elatius*) im Juni schneiden, wenn er bereits seine Samen verliert, sehen die Samenhüllen aus wie kleine Seidenpapier-Schnipsel. Dieses Gras dominiert in unserer Gegend jede Wiese. Je länger es nicht geschnitten wird, desto gelber ist die Färbung; außerdem kann es ohne langwierige Trocknung gleich nach dem Schneiden verarbeitet werden.

Ein Gras, das erst in den letzten Jahren aus dem benachbarten Pannonischen Raum (Nordburgenland, Wien, Niderösterreich, Ungarn) den Weg zu uns gefunden hat, ist das **Bartgras** (*Bothriochloa ischaemum*). Den gesamten Frühling und Sommer über wachsen die kleinen Triebe an sonnenbeschienen Plätzen am Straßenrand, um Anfang September zu blühen. Ich freue mich schon das ganze Jahr darauf, um dann im Herbst ein paar wenige Büschel schneiden zu können. Dann hat das Gras fast eine Höhe von 50 – 60 cm und eine schöne hellgrau-grüne Schattierung mit schwarzen Knoten. Es ist leicht zu verarbeiten und hebt sich farblich etwas von den anderen Gräsern ab. Im Garten werden wir es vergebens suchen, vielleicht wegen der Ansprüche: es verträgt sehr wenig Konkurrenz und macht im Frühsommer auch nicht viel her. Es ist das Gegenstück zum häufigen, mäßig wüchsigen Glatthafer. Als etwas Besonderes möchte ich noch das **Sweet-**

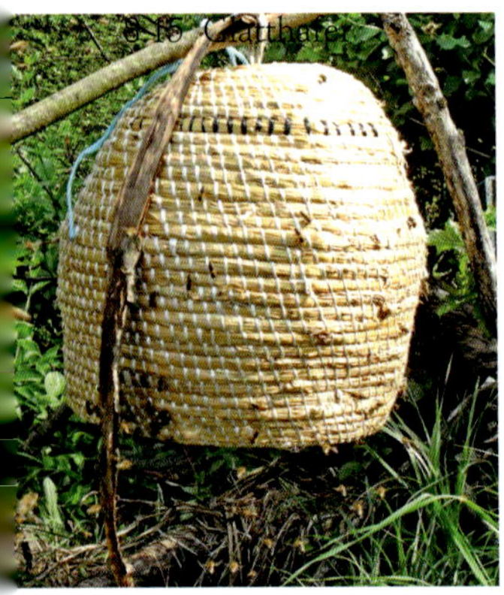

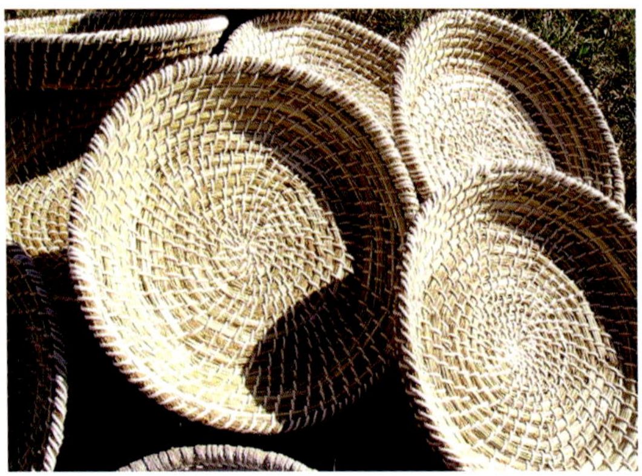

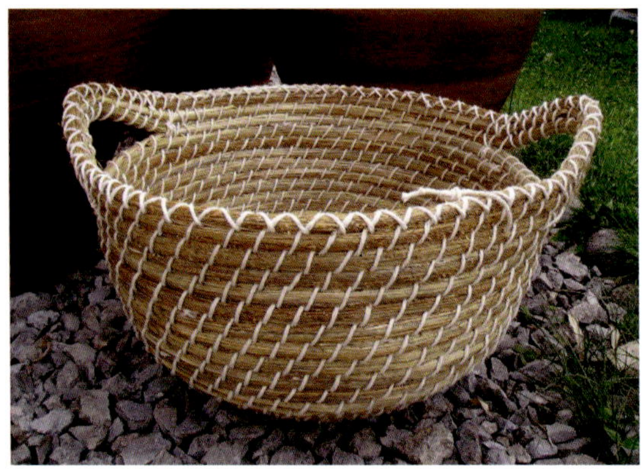

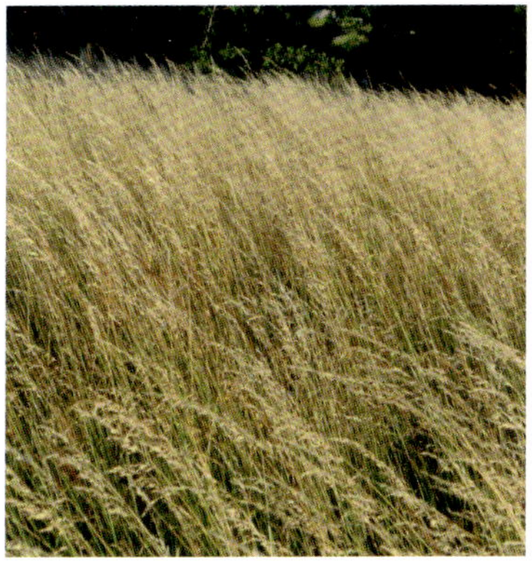

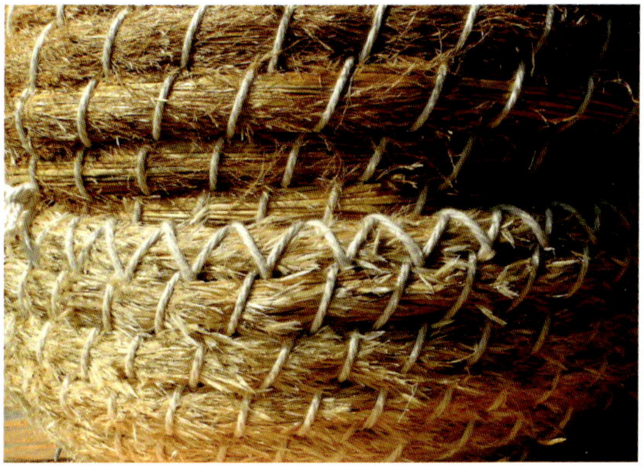

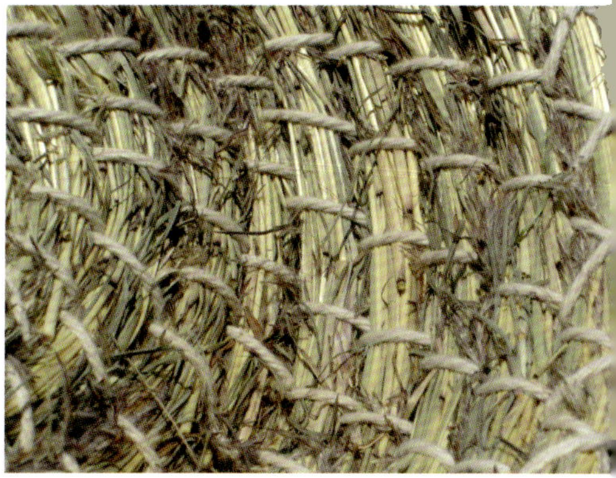

gras aus Amerika erwähnen, das in Europa **Mariengras** (*Hierochloe odorata)* genannt wird. Es lässt sich zu ganz wunderbaren Körben verarbeiten. Da es aber nur an sehr wenigen Standorten in Österreich zu finden ist, hatte ich noch keine Gelegenheit, es zu verarbeiten. Sie können es aber in jeder Kräutergärtnerei kaufen und an einem feuchten Platz im Garten anpflanzen. Jeder der sich mit Kräutern oder Räuchern beschäftigt hat, wird sicher schon die getrockneten Zöpfe gesehen haben, welche die nordamerikanische Urbevölkerung zum Räuchern verwendet hat. Auch unsere Vorfahren, die Kelten, haben Pfeifengras benutzt und ursprünglich der Göttin Freya geweiht. Später wurde es in Mariengras unbenannt und somit der heiligen Maria gewidmet. Ich glaube nicht, dass dieses Gras sehr häufig zum Herstellen von Körben verwendet wurde, dazu sind die Vorkommen zu selten. Wer Mariengras in ausreichender Menge findet, sollte aber auf jeden Fall versuchen, einen Korb daraus herzustellen.
Wer keine Möglichkeit hat, es anzupflanzen, kann auf kleinere „Schwesternart" ausweichen: das **Ruchgras** (*Anthoxanthum odoratum*). Gemeinsam haben beide den Geruch nach Cumarin (Waldmeister). Das wesentlich größere Mariengras wächst an feuchten Stellen, das Ruchgras eher an sommertrockenen Wiesen, die nicht oder nur wenig gedüngt werden und darum dem

8.12 Glatthafer

8.13 Körbe aus Glatthafer *(Arrhenatherum elatius)* (unten) und (oben) aus Rasen-Schmiele *(Deschampsia cespitosa)*.

8.14 Die Innenseite eines Bartgraskorbes

8.15 Ruchgras

8.16 Ruchgraskörbe bestechen nicht nur farblich, sondern auch durch ihren feinen Geruch.

8.17 Ruchgras-Korb

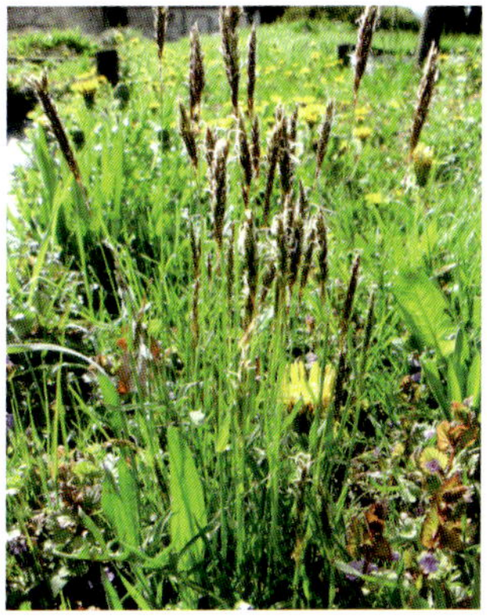

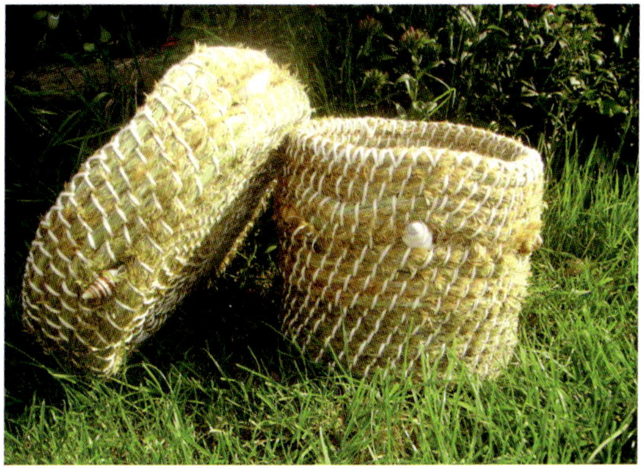

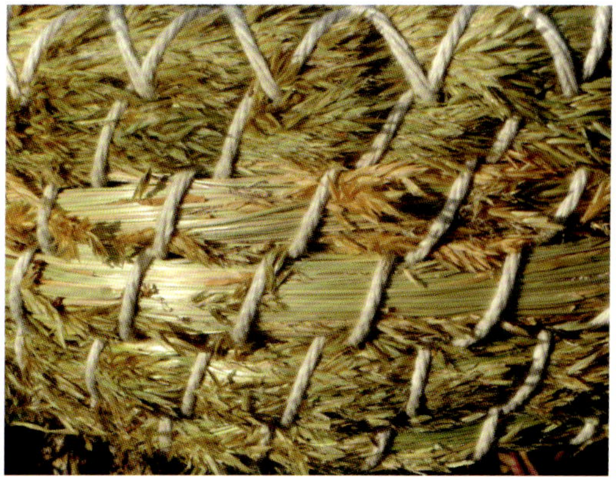

Heu bei der Mahd den wunderbaren Geruch geben.

Ruchgras ist etwas mühsamer zu sammeln, doch die Arbeit lohnt sich, wie die daraus hergestellten gelbbraunen Körbe zeigen. Ich bündle das gesammelte Gras (wie bei den vorigen Arten auch) und trockne es auf dem Dachboden. Bei der Verarbeitung knicke ich das dünne Ruchgras nur am Ende um und stecke es in den Korbanfang. Bei anderen Gräsern ist mir wichtig, dass die Stiele im Büschel gemeinsam anfangen.

Ein Süßgras mit einem untypischen Standort ist der **Wasser-Schwaden** (*Glyceria maxima*), der am und im Wasser wächst und fast 2 m hoch werden kann. Es gibt auch eine weißbunte Art, die man im Gartencenter oder beim Staudengärtner bekommt. Trotz seiner Größe und Stärke lassen sich die ganzen Halme verarbeiten. Die Oberfläche der Körbe aus diesem Gras wirkt glänzend, anders als bei anderen Gräsern, deren Oberfläche nach dem Trocknen und Verarbeiten matt erscheint. Die Farbe des getrockneten Strohs ist wie bei vielen anderen Gräsern gelb. Dieses Gras neigt zum Wuchern und kann auch schon einmal lästig werden. Wollen Sie es im Garten anpflanzen, sollten Sie dafür entweder ein separates Sumpfbeet anlegen oder den Lebensraum im Gartenteich von vornherein durch einen geschlossenen Pflanzkorb als Rhizomsperre begrenzen. Egal, ob man die grüne oder bunte Art wählt, optisch ist es auf jeden Fall eine Augenweide.

Ich möchte hiermit die Aufzählung der für die Korbherstellung geeigneten Süßgräser beenden. Es gibt sicher noch eine Vielzahl geeigneter Arten wie die langen Blätter des **Chinaschilfs** (*Miscanthus sinensis*), das in vielen Garten als Ziergras wächst (glatte gelbe Oberfläche).

Warnen möchte ich Sie noch vor zwei Varianten einer Art, auf die ich auf der Suche nach der „optimalen Korbpflanze" gestoßen bin: das **Pfriemengras** (*Stipa capillata*) ein einheimisches Gras, das mit dem **Espartogras** (*Stipa tenacissima*) verwandt ist und aus dem in Portugal und Spanien sogar Zaumzeug für Pferde hergestellt worden sein soll. Als ich auf einer meiner Sammeltouren das Pfriemengras fand, war ich wegen der Strapazierfähigkeit des Materials hellauf begeistert und begann sofort, einige Halme davon abzuschneiden. Zuhause angekommen dauerte es nicht lange, zu trocknen, so dass ich bald mit der Arbeit konnte. Ich hatte allerdings übersehen, dass sich Samen in den Ähren befanden. Dieses an Trockenheit angepasste Gras hat die Fähigkeit, sich selbst „einzugraben". Dazu bohrt es sich mit Hilfe der Grannen ins Erdreich und auch durch alle Kleidungsstücke, was zu schmerzhaften Hautreizungen führt. Angeblich kann es sich bei Schafen sogar durch die Wolle ins Fleisch bohren, wie ich später gehört habe. Selbst bei genauestem Absuchen der Kleidung hat es Wochen gedauert, bis alle Samenkörner gefunden und beseitigt waren.

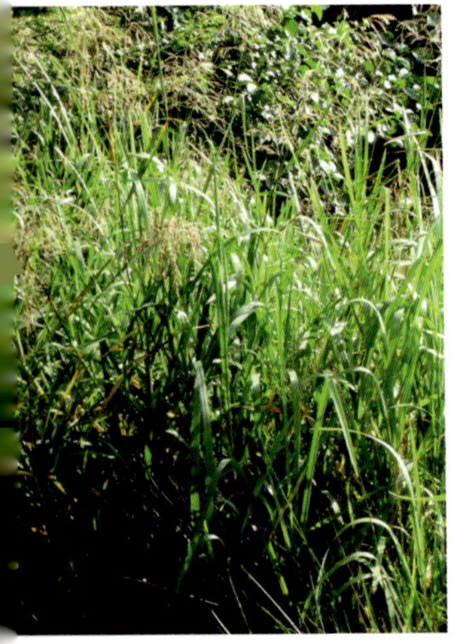

8.18 Wasser-Schwaden

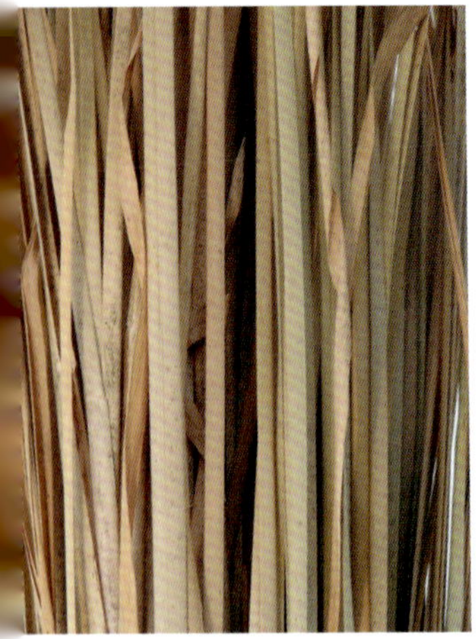

8.19 Getrocknete Wasserschwaden

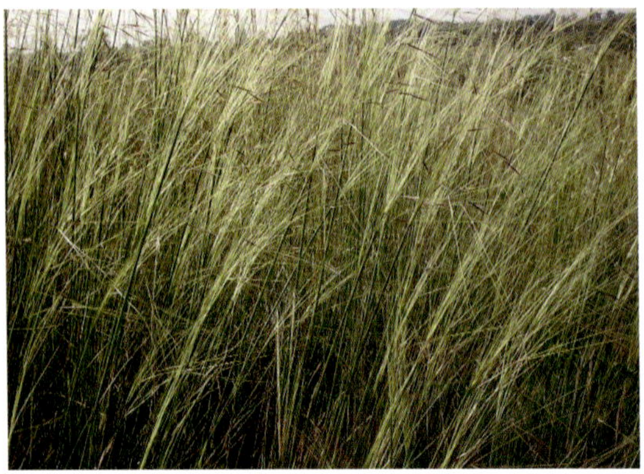

8.20 Das Pfriemengras, das mir eine schmerzhafte Lektion erteilte. Finger weg davon!

9 Sauergräser

Der großen Auswahl an Süßgräsern, die wir zum Korbwickeln nutzen können, steht eine noch größere Auswahl an Sauergräsern gegenüber. Sie werden sich vielleicht fragen: Was ist der Unterschied zwischen Sauer- und Süßgräsern? Hat die vielleicht jemand gekostet? Nun, ich kann Ihnen sagen: „Die hat wirklich jemand gekostet – zumindest unzählige Kühe und Schafe." Die mögen die süßen Gräser eigentlich viel lieber, da einige Zucker speichern wie das Zuckerrohr und das hierzulande bekannte Schilf (Phragmites australis). Bei letzterem lassen sich vor allem die Blätter zu Körben verarbeiten, was aber sehr mühsam ist.

Die sauren Gräser auf den Wiesen bleiben bei der Beweidung eher stehen. Man hat sie später gemäht und als Einstreu verwendet oder auch zu Flechtwerk und Körben verarbeitet. Die größte Gruppe davon sind die Seggen, die nicht alle auf feuchten Boden angewiesen sind. Allein von den Seggen soll es in Österreich über 200 Arten geben. Sehr viele winterharte Gräser aus dem asiatischen Raum und seit neuestem auch aus Neuseeland kommen noch hinzu. Diese etwas anspruchsvolleren Arten wachsen meist etwas langsamer und sind nicht immer mit unserem Winter einverstanden. Bei zu hartem Frost verabschieden sie sich und sind im Jahr darauf am Standort nicht mehr zu finden. Von denen möchte ich hier nur die **Fuchsrote Segge** *(Carex buchananii)* erwähnen, deren feine getrocknete Blätter einen kräftigen roten Farbton aufweisen.

Bei den Sauergräsern verwenden wir nicht die Halme wie bei den süßen Gräsern, sondern nur die langen weichen Blätter. Je nach Art können diese eine Länge bis zu 1 m erreichen. Nur selten finden sich Sauergräser mit dicken Halmen.

Ich selbst habe längst aufgehört, alle Seggen und Sauergräser, die ich gesammelt habe, zu bestimmen. Zu oft habe ich nach vermeintlich sicherer Bestimmung über ein Merkmal gelesen, welches meine Art doch nicht hat, oder ein Merkmal gefunden, das besser zu einer anderen Art passt. Nageln Sie mich also bitte nicht fest, sollte ich

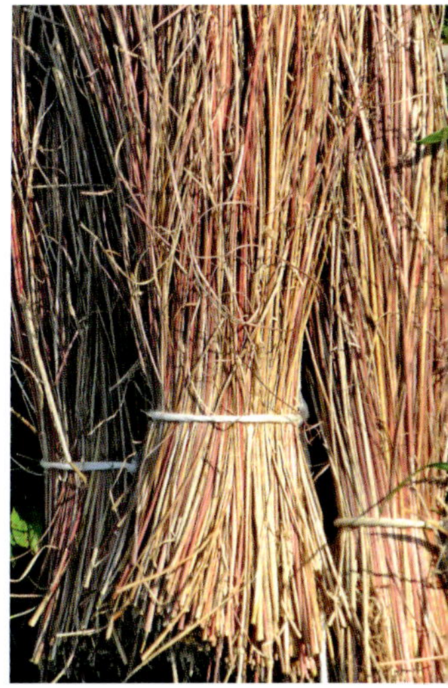

9.01
Die fuchsrote Segge *(Carex buchananii)* wird beim Trocknen rot.

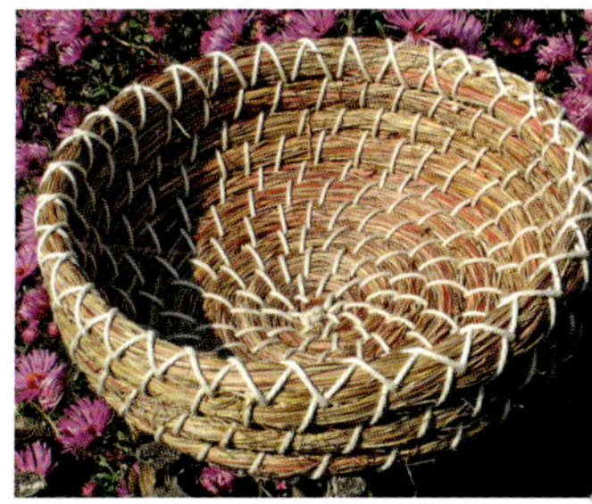

9.02
Korb aus der Fuchsroten Segge

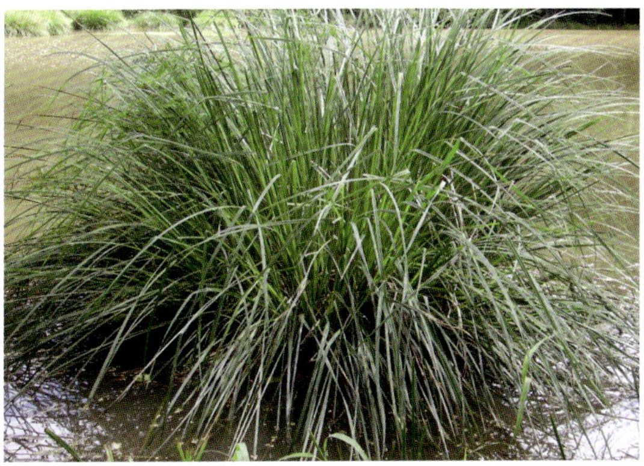

9.03
Die langen Blätter der Steif-Segge *(Carex elata)* behalten lange die grüne Farbe.

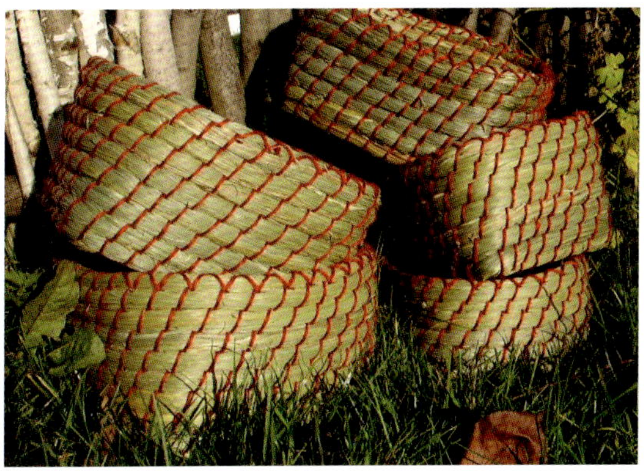

9.04
Eckige Körbe, diesmal mit roter Schnur genäht

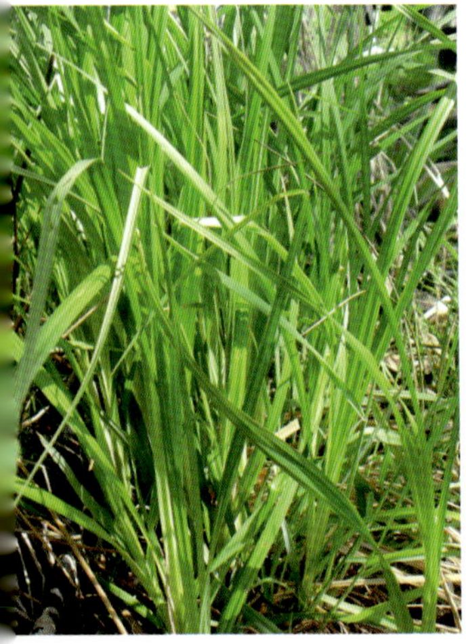

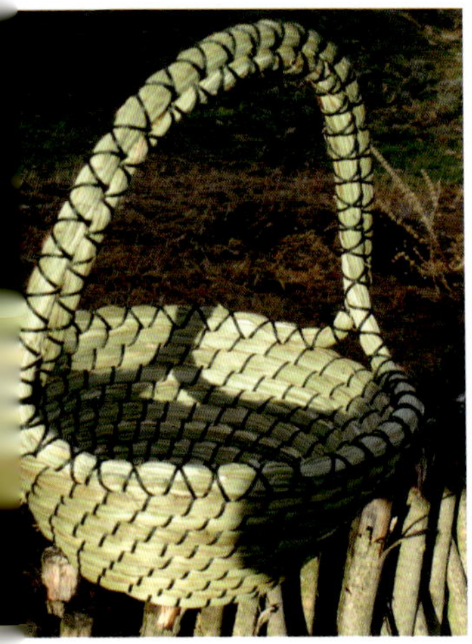

9.05 Sumpfsegge

9.06
Hier kommt die schöne grüne Farbe der Segge gut zur Geltung.

9.07
Die Zittergras-Segge *(Carex brizoides)* ist eine Pflanze, mit langer Tradition als Füllmaterial.

von einer Art z.B. mit weichen Blättern schreiben, die bei Ihnen etwas andere Merkmale aufweist und in Ihrer Umgebung z.B. messerscharfe Blätter hat.
Sollten Sie eine für Ihre Ansprüche geeignete Segge gefunden haben, pflegen Sie sie oder holen Sie einige Pflanzen in Ihren Garten. Es lohnt sich! Das gilt z.B. für die horstbildende **Steife Segge** *(Carex elata)*, von der es auch eine wunderschöne gelbe Auslese für den Garten gibt, als auch für die ausläuferbildende **Sumpfsegge** *(Carex acutiformis)*. Beide sind wie geschaffen, um Körbe herzustellen, und werden traditionell zu verschiedenem Flechtwerk verarbeitet. Durch die sehr langen grünen Blätter wird die Oberfläche sehr glatt und gleichmäßig, wunderbar für elegante Körbe und einfach zu verarbeiten auch für den Ungeübten. Beide Pflanzen brauchen einen feuchten Platz am Gartenteich.

Wem das zu langweilig ist, der kann auf die relativ seltene **Hasenpfoten-Segge** (*Carex leporina*) ausweichen. Man findet sie an Kahlschlägen im Wald. Die Blätter wachsen ziemlich nah am Boden liegend. Nur von Mai bis Juni hat es Sinn, sie zu ernten, bevor die Samenstände ausfallen und die Blätter unansehnlich werden.

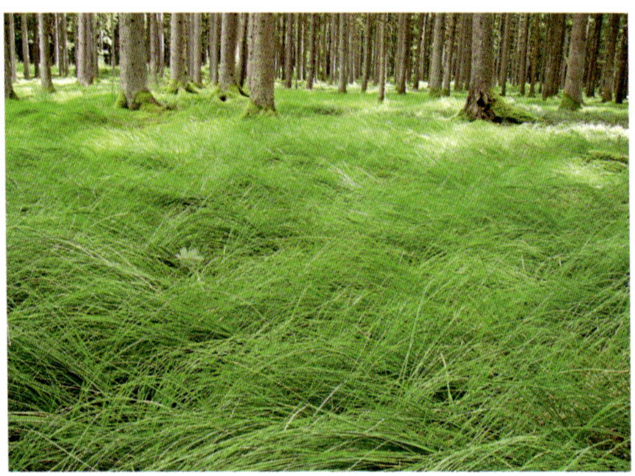

Einen sehr markanten Wuchs unter den Seggen hat die **Haar-Segge** (*Carex hirta*). Ihre bis zu einen Meter langen dreikantigen Triebe wären wie geschaffen zur Korb-Herstellung, sie werden aber im trockenen Zustand graubraun und sind dann wenig ansehnlich.
Eine Pflanze mit langer Tradition, die zum Füllung von Matratzen benutzt wurde genauso wie zum Ausstopfen von Pferdegeschirr, ist die **Zittergras-Segge** (*Carex brizoides*). Bei der Verarbeitung wird eine recht große Menge Material benötigt, weil sich die getrockneten Pflanzenteile stark zusammenpressen lassen. Die Zittergras-Segge kommt in feuchten Laubwäldern in großer Menge vor.
Die **Waldsegge** (*Carex sylvatica*), deren getrocknete Blätter weicher sind und manches Mal einen dottergelben Ansatz bekommen, sind zwar um Einiges kürzer, bringen aber interessante Farbakzente. Auch die größere Schwester, die **Große Segge** (*Carex pendula*), mit ihren Streifenblättern ist reizvoll. Zur Verarbeitung der grünblauen Blätter benötigt man mehr Übung, aber es macht Spaß, daraus Körbe zu fertigen. Die Große Segge bevorzugt ähnliche Standorte wie die Waldsegge, verträgt aber auch nasse Böden in Teichnähe. Eine Besonderheit gibt es bei der Ernte: Beide Sorten sind immergrün, während die anderen hier beschriebenen Seggen im Frühling frisch austreiben und junge zarte Blätter und Blüten bilden, die bis zum Sommer zunehmend an Festigkeit gewinnen; in der zweiten Jahreshälfte haben sie dann schon viel von ihrer Attraktivität eingebüßt, fast jedes Blatt hat braune Spitzen und einen gelben, verbrannten Schimmer. Die immergrünen Seggen haben dagegen nach dem Winter braune vertrocknete Blattspitzen, treiben dann Blüten und erst später frische grüne Blätter. Wenn Sie diese im Herbst

abschneiden, werden die Pflanzen im Frühjahr zwar „gerupft" aussehen, aber sie haben besonders schöne Blätter geerntet.
Wo immer ich auf neue Arten von Seggen treffe, versuche ich eine oder einige wenige Pflanzen mitzunehmen. In den meisten Fällen sind sie relativ leicht zu vermehren, entweder durch Teilung oder durch Aussaat. Seien Sie vorsichtig, wenn Sie Pflanzen wie die Sumpfsegge an eine feuchte Stelle im Garten pflanzen: Sie kann durch ihre Ausläufer richtig lästig werden. Natürlich sind sie auch dankbar für einen Platz im Topf, sofern sie regelmäßig geteilt werden.

Neben den **Seggen** (*Carex*) gibt es unter den Sauergräsern noch die **Simsen** (*Scirpus, Luzula,* und *Isolepis*…), gefolgt von den **Binsen** (*Juncus* und *Schoenoplectus)* und von einigen wenigen **Zypergras-Arten** *(Cyperus)* und **Rohrkolben-Arten** *(Tyhpa),* die wir zumindest den Sommer über am Gartenteich kultivieren können. Sie sehen, es steht eine große Auswahl an Pflanzen zur Verfügung, die sich zu Körben verarbeiten lassen. Eine Pflanze, die der Sumpfsegge mit ihren langen Blättern auf den ersten Blick zum Verwechseln ähnlich sieht, ist die **Waldsimse** (*Scirpus sylvaticus*). Sie hat breitere Blätter, die aber überraschend weich sind. In Sachen Flechtbarkeit und Verwendung haben die Waldsimsen eine lange Tradition. Sicher haben schon Sammler in grauer Vorzeit Körbe daraus hergestellt, um die gesammelten Pilze oder Beeren nach Hause zu tragen.
Eine Pflanze, die ich schon vor Jahren in meinen Garten geholt habe, ist die echte Binse. Ich kultiviere sie, wie übrigens alle Sumpfpflanzen, in kleinen, 30 - 60 cm tiefen Teichen, je nach Ansprüchen der Art. Sumpf-Seggen brauchen z.B. eine Tiefe von 30 cm, während die **Teichbinse** *(Schoenoplectus lacustris)* eine Tiefe von mindestens 60 cm benötigt. Es ist eine echte „Binsenweisheit", dass sich **Teich-Binsen** hervorragend zum Körbemachen eignen. Diese bis 2 m hohe Sumpfpflanze kommt vor allem an großen Seen und Flussmündungen vor. Das Naturschutzgebiet des Elbwatts, z.B. vor der Haseldorfer Marsch in Deutschland, ist so eine Flussmündung, an der Binsen in großen Umfang vorkommen und auch geschnitten werden, um Körbe und Sitzflächen für Sessel daraus herzustellen. Die Teichbinse zählt zu den wenigen Sauergräsern, von denen es mehrere interessante Zierformen gibt. Neben der bekannten grünen Teichbinse existiert noch eine blaue Form

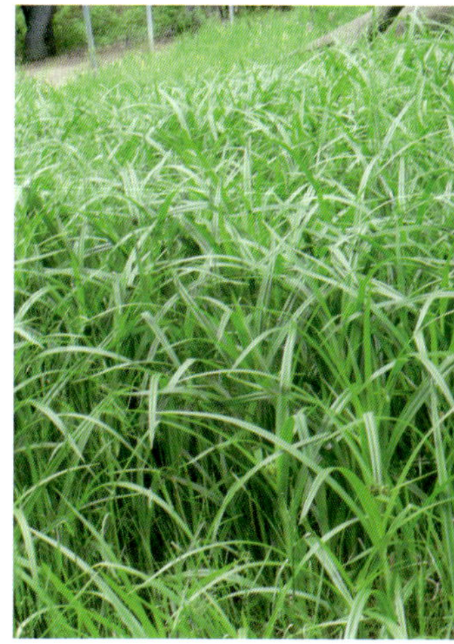

9.08 Waldsimse

9.09
Große Segge am Naturstandort

9.10
Ein Korb aus der Großen Segge

9.11
Binse am Naturstandort

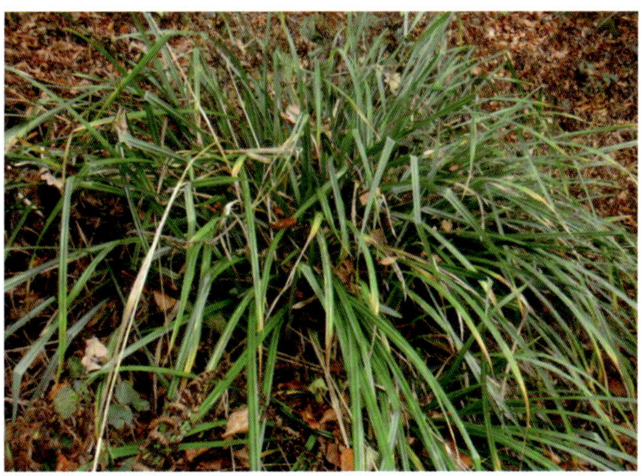

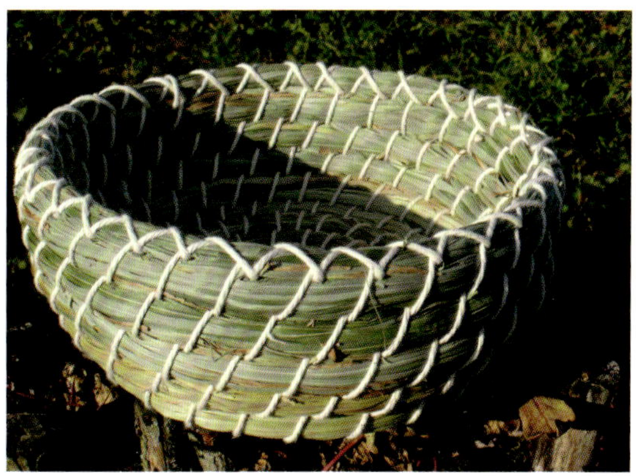

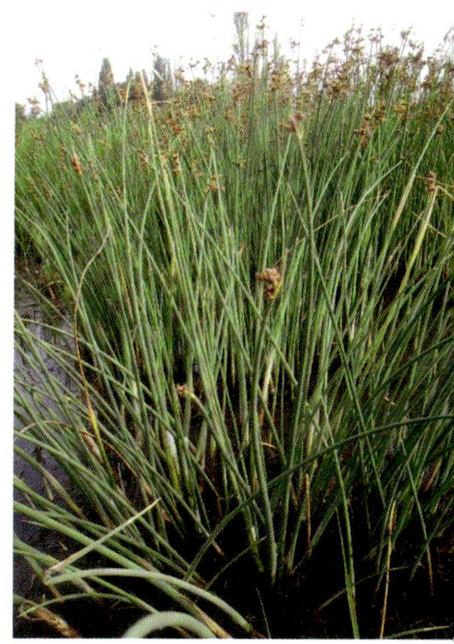

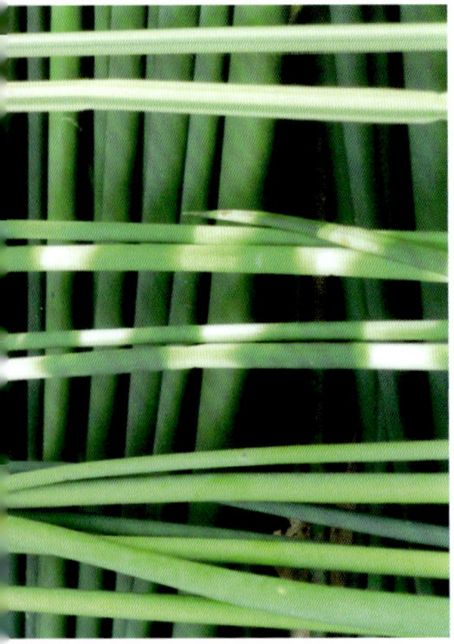

9.12
Verschiedene Binsen, im Hintergrund *Schoenoplectus lacustris,* dann von unten *Schoenoplectus tabernaemontani* , *S. lacustris „Zebrinus" und S. lacustris „Variegata".*

9.13
Im Binsen-Sumpfbeet finden auch andere Pflanzen Platz.

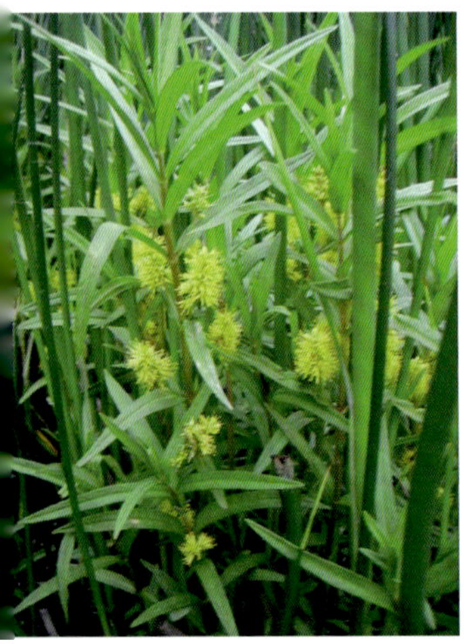

(Schoenoplectus tabernaemontani) sowie eine längsgestreifte und eine quergestreifte Form *(Zebrinus).* Diese Formen setzen auch im Garten schöne Akzente, die sich durch die Verarbeitung dann auf unsere Körbe übertragen lassen.
Die bis zu 2 m langen, daumendicken Blätter der Binse sind zwar mit viel Luft gefüllt, lassen sich aber trotzdem sehr gut verarbeiten. Vor allen geht die Arbeit schneller von der Hand als mit den **Flatterbinsen** (*Juncus effusus*), aus denen ich bisher die meisten Körbe hergestellt habe. Flatterbinsen kommen nicht nur in Massen vor, sondern sind auch sehr leicht zu verarbeiten. Deshalb benutzen die Kursteilnehmer bei meinen Workshops als Material Flatterbinsen. Wenn ich im Freien bei Sonnenschein arbeite, verträgt diese Binse die Trockenheit, während andere Seggen schnell brüchig werden. Bedauerlich ist allerdings, dass die saftig-grünen Blätter beim Trocknen ihre Farbe nicht behalten, sondern in ein schönes Braun übergehen.

Nach langer Suche habe ich jetzt eine besondere Form der **Blau-Binse** (*Juncus inflexus*) gefunden, die nicht nur sehr lange blaue Blätter hat, sondern auch in großen Horsten wächst. Beide Binsen brauchen einen feuchten Boden, verzeihen aber hin und wieder Trockenheit. Auch gibt es von Flatterbinsen wunderschöne horstbildende Typen, die es sich zu vermehren lohnt. Es mag nebensächlich sein, aber eine horstbildende Segge oder Binse ist leichter zu ernten und im Garten verträglicher, da sie leichter unter Kontrolle zu halten ist als ausläuferbildende. Es gibt auch andere Formen der Flatterbinse. Ich habe vor Kurzem eine amerikanische Form erhalten, die auf jedem grünen Blatt einen gelben Längsstreifen hat und mehr Ausläufer bildet als unsere einheimische Art. Es muss sich aber noch zeigen, wie sie getrocknet aussieht und ob der Streifen Auswirkungen auf die Farbe im getrockneten Zustand hat.
Bei einer Wanderung während einer Reise habe ich auf einem Kahlschlag die **Busch-Hainsimse** *(Luzula luzuloides)* entdeckt, die sich mit ganz hellen bis hin zu dunklen Blüten dort ausgebreitet hatte. Den Abend habe ich mit dem Sammeln von Material verbracht, bis mich ein Jäger

9.14 Die grüne Farbe der Binse kommt hier schön zur Geltung.

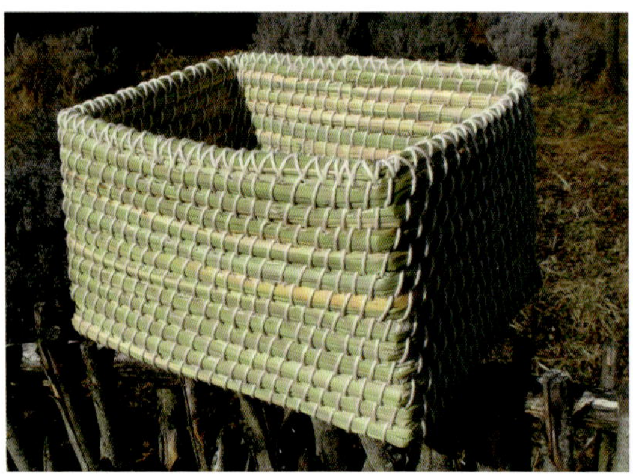

9.15 Mit der Zeit bekommt die Binse eine hellbraune Farbe.

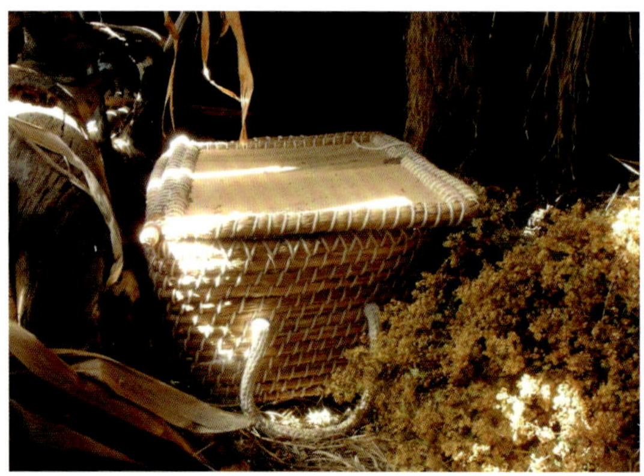

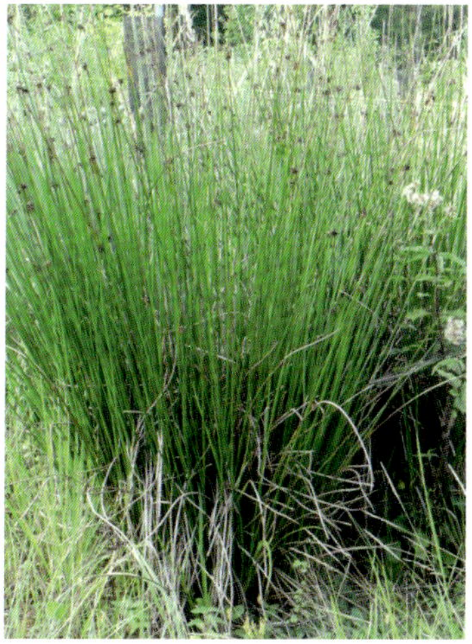

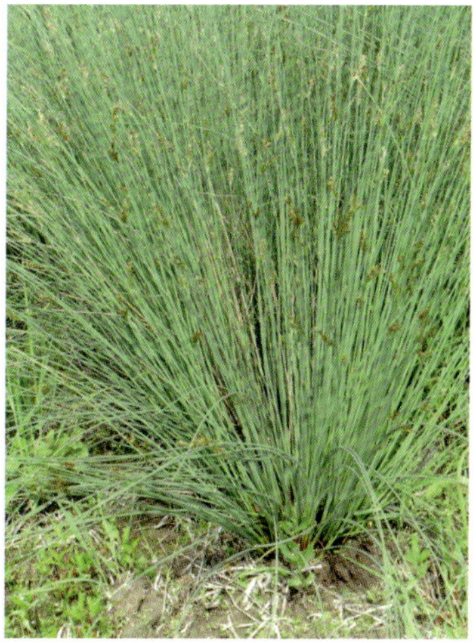

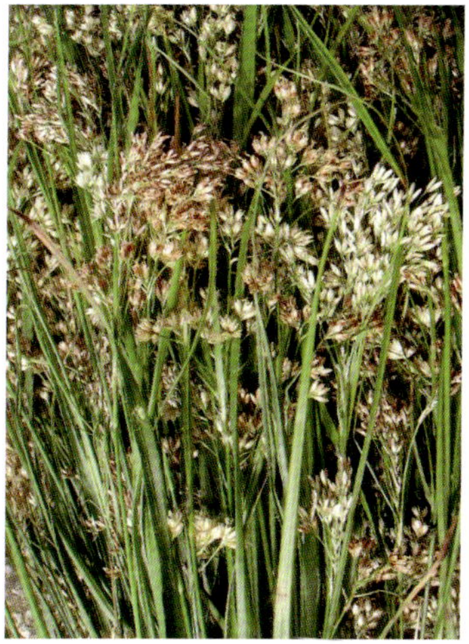

9.16 Flatterbinse

9.17 Blaue Binse

9.18
Verschiedene Formen der Busch-Hainsimse.

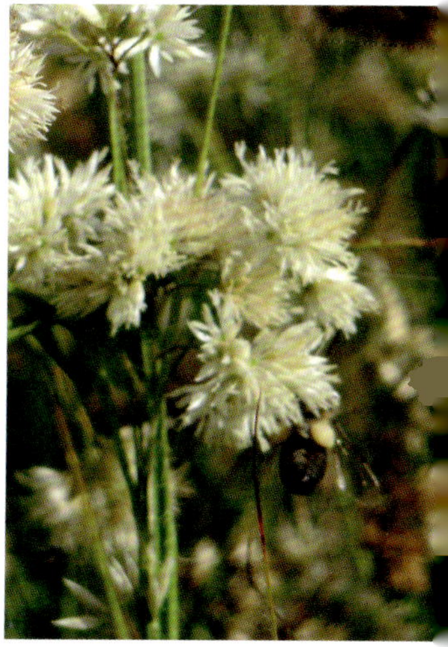

zur Rede stellte „Für wos is des den gut", und mir zu verstehen gab, dass das Wild jetzt seine Ruhe braucht. Die sehr trockenheitsverträgliche Pflanze kann auch im Garten gut kultiviert werden, was ich gleich ausprobiert habe. Mit einer Höhe von bis zu 70 cm und den wintergrünen Horsten ist sie wirklich eines der schönsten Gräser und zu jeder Jahreszeit ein Blickfang.
Hin und wieder ist die weiße Schwesternart, die **Schneenarbel** *(Luzula nivea),* in unseren Gärten vertreten (trotz des Namens „Narbel" handelt es sich um eine Simsenart, denn die deutschen Bezeichnungen sind hier uneinheitlich; wirklich aufschlussreich und einheitlich sind nur die botanischen Namen). In meiner näheren Umgebung wächst die Busch-Hainsimse nur in einer hellbraunen Farbe und selten mit weiß gestreiftem Laub. Beide Arten haben nun längst Eingang in meinen Garten gefunden und zieren gemeinsam mit der **Echten Goldrute** (*Solidago virgaurea*) eine Rabatte vor einem Waldstreifen. Die langen Triebe der Hainsimse sind zwar recht steif, die Blüten bleiben aber beim Trocknen gut erhalten, ebenso die Haare an den Blät-

9.19
Der weiße Blütenstand der Schnee-Simse (Schneenarbel)

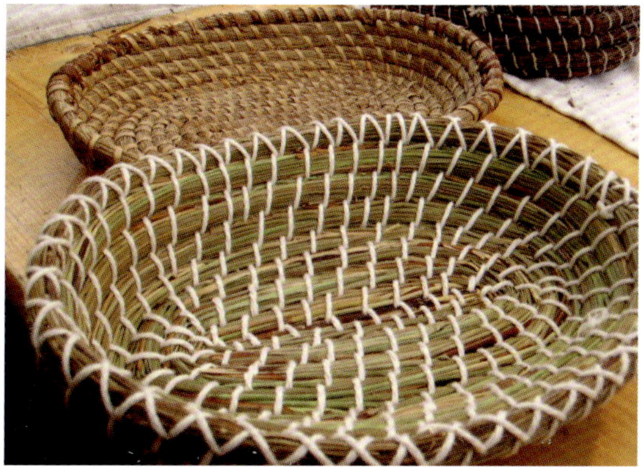

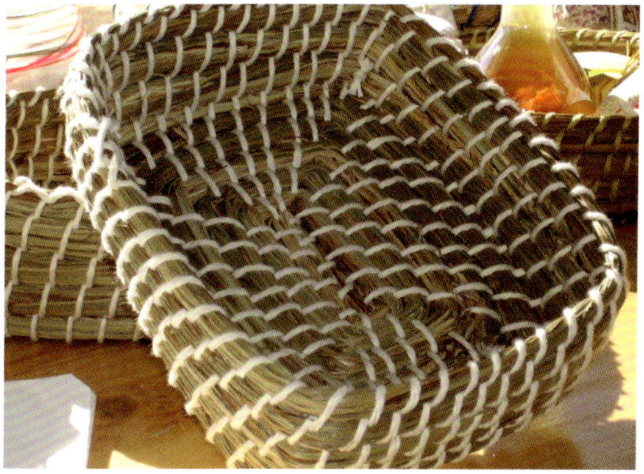

9.20
Ein kleiner Brotkorb aus Flatterbinsen

9.21
Es geht auch eckig.

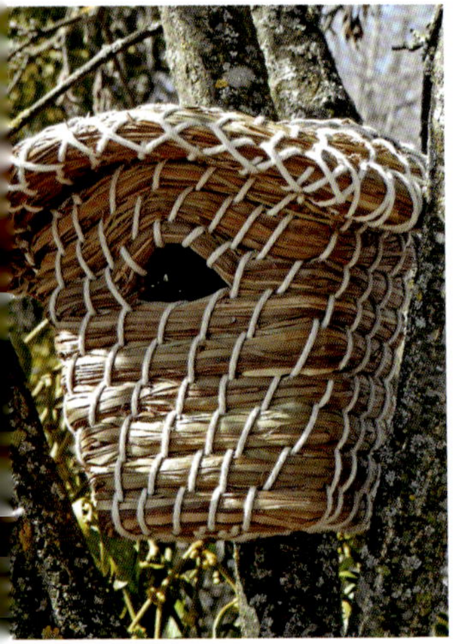

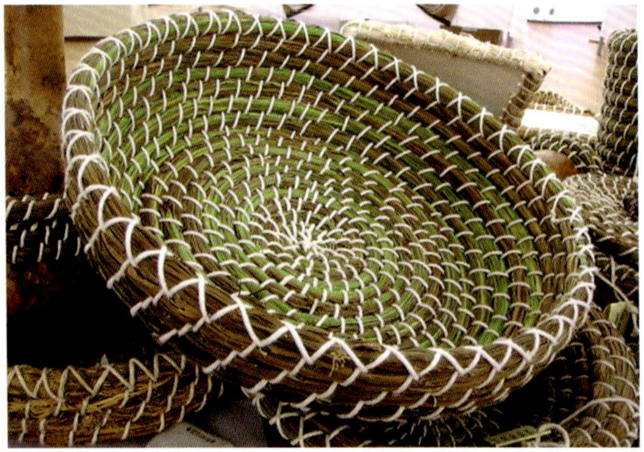

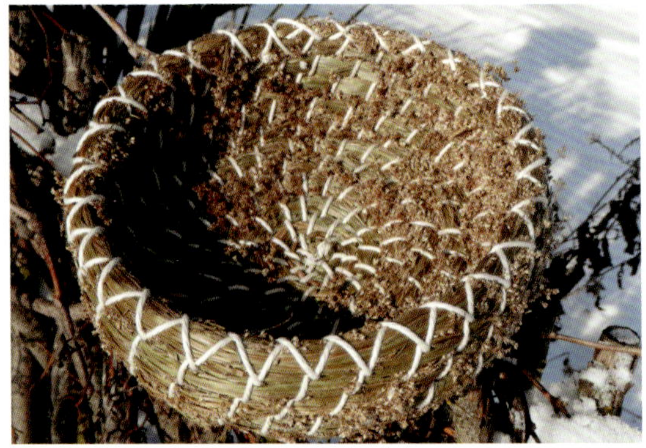

9.22
Auch andere Formen wie dieser Nistkasten sind möglich.

9.23
Runde Körbe haben schon aufgrund ihrer Form eine eigene Ästhetik.

9.24
Korb aus Busch-Hainsimse.

tern. Wenn Sie später im Jahr ernten, sind aus den Blüten dunklere Fruchtstände geworden, die das Verarbeiten aber in keiner Weise beeinträchtigen. Bei der Arbeit fallen die Samen ab, die Sie ruhig aussäen können. Wenn Sie die Samen genauer betrachten, wird Ihnen vielleicht ein kleines weißes Anhängsel an den dunklen Samen auffallen. Dieses Anhängsel ist eine Wegzehrung für Ameisen, die den Samen auch mitnehmen und auf diese Weise für die Ausbreitung sorgen.

An dieser Stelle möchte ich noch den **Rohrkolben** *(Typha latifolia)* erwähnen, auch wenn er nicht zu den Sauergräsern und nicht einmal zur Gattung der Gräser gehört. Als Inbegriff der Wasserpflanze wird er oft mit dem Schilf verwechselt.
Rohrkolben wuchs bereits vor 56 Millionen Jahren in der Jura-Zeit an geeigneten Gewässern, gemeinsam mit Ginkgo und Farnen. In Europa kommen 6 Arten vor: Am häufigsten werden wir den **Breitblättrigen Rohrkolben** *(T. latifolia)* an Teichen oder Seen finden; er ist nicht ganz leicht zu verarbeiten, aber für große Körbe wie geschaffen. Wesentlich seltener sind der **Shuttleworth-Rohrkolben** *(T. shuttleworthii)* mit seinen schmalen Blättern und der kleinere L**axmann-Rohrkolben** *(T. laxmannii)*. Nur in südlichen Ländern finden wir den bis zu 3 m großen **Südlichen Rohrkolben** *(T. domingensis)*. Meine Lieblinge sind der **Kleine Rohrkolben** *(T. minima)* und der **Schmalblättrige Rohrkolben** *(T. angustifolia)*. Letztere werden nur zwischen 0,8 – 2 m hoch und haben die schmalsten Blätter.
Wenn Sie bei einem Spaziergang Rohrkolben finden, der für Ihre Arbeit geeignet erscheint, können Sie ruhig auch einige Wurzeln mitnehmen und am Gartenteich zuhause pflanzen. Bei den großen Arten ist jedoch Vorsicht geboten, da sie wuchern und zum Teichunkraut werden können, wenn man ihre Ausbreitung nicht durch Pflanzkörbe begrenzt. Für kleinere Gärten mit Teich ist es sicher besser, im gut sortierten Gartencenter kleinblättrige Pflanzen zu kaufen. Möchten Sie eine größere Menge Ihres Rohrkolbens kultivieren, dann säen Sie ihn aus. Dazu sollten Sie im Herbst oder Winter gesammelte Kolben in eine Wanne mit Erde und Wasser ge-

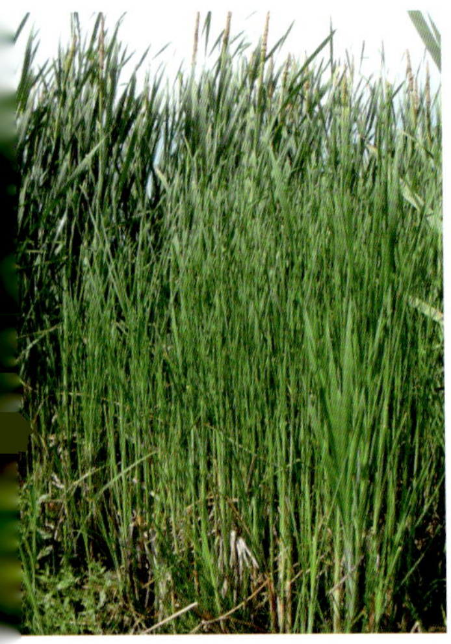

9.25
Von den sechs in Europa heimischen Arten des Rohrkolbens lassen sich die kleineren besser verarbeiten als die großen.

ben und bis zum Frühling warten. Sie ziehen auf diese Weise aber nicht zehn oder hundert, sondern eher Tausende junger Pflanzen heran. Die brauchen zum Wachsen natürlich Platz, aber Sie gewinnen dadurch ausreichend Material für eine große Zahl von Körben. Wenn Sie die Kolben im Juli nach der Blüte schneiden, können Sie sie auch für Gestecke verwenden oder zum Dekorieren der Körbe. Da Rohrkolben nicht giftig sind (der **Kleine Rohrkolben** *Typha minima* wird in Asien als Gemüse verspeist), können wir auch ohne Bedenken Körbe zum Aufbewahren von Lebensmittel daraus herstellen.

Die Pflanze treibt jedes Jahr mit vielen Trieben, von denen nur wenige Kolben ausbilden. Schneiden können wir die Blätter sofort nach der Blüte, zu diesem Zeitpunkt haben sie schon etwas Substanz, die sich bis zum Herbst steigert. Im Spätsommer beginnen die Blätter von der Spitze her zu trocknen und brüchig zu werden, was bei der Verarbeitung aber nicht wirklich stört.

Vor dem Trocknen sollten Sie die einzelnen Blätter voneinander trennen, da sie aufgrund der geleeartigen Masse zwischen den Blättern sonst zusammenkleben. Ich binde die frisch geschnittenen Rohrkolben zu handdicken Bunden zusammen und hänge sie bis zur Verarbeitung auf dem Dachboden auf. Getrocknet sind die Blätter jahrelang haltbar. Sollten sie sehr trocken sein, reicht kurzes Einsprühen vor der Verarbeitung aus, um sie biegsamer zu machen. Achten Sie nur darauf, dass auch der fertige Korb nicht regelmäßig nass wird, um das Wachstum von Schimmelpilzen zu vermeiden. Ich verwende die Blätter des Rohrkolbens sehr gerne für Böden und Bügel oder auch, um große Körbe daraus herzustellen. Die kleineren Arten lassen sich für filigranere Arbeiten nutzen. Farblich tendieren sie eher zu einem dunklen Braun.

Die Rohrkolben zählen zu den Lieblingspflanzen in meiner Kindheit. In der hügeligen Umgebung meiner Heimat war es ein besonderes Ereignis, Rohrkolben zu finden, da es keine großen Teiche gab und die wenigen Feuchtgebiete seinerzeit trockengelegt wurden. Inzwischen wurden Teiche neu angelegt und die maschinenbetriebene Landwirtschaft lässt Wassergräben und weniger gut zugängliche Stellen eher unbearbeitet. Hier ist Platz für den Rohrkolben. Trotz guter Nährstoffversorgung an diesen Standorten bleibt er meist recht niedrig und ist leicht zu biegen. Interessant ist, dass der Rohrkolben zunehmend von der Wissenschaft entdeckt und erforscht wird. So werden aus der Pflanze bereits Isolierplatten und sogar Pflanzenkohle hergestellt. Die Nutzung als Gemüse ist in einigen Ländern seit langem bekannt, sogar in Europa stand er einmal auf den Speiseplan. Hildegard von Bingen hat in ihrer Zeit vor dem Verzehr gewarnt, da er „zu viel Schleim im Körper macht“. Immerhin lässt die Erwähnung in ihren Schriften den Schluss zu, dass er damals des Öfteren auf dem Teller kam.

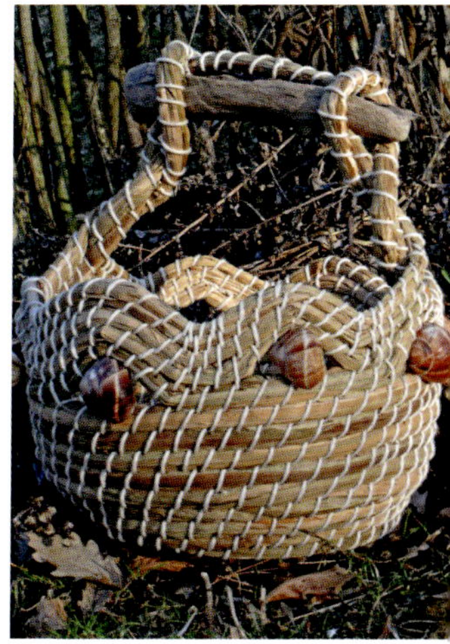

9.26
Rohrkolben werden schon lange zu Körben verarbeitet. Die langen dünnen Blätter eignen sich hervorragend dazu.

9.28
Zwerg-Rohrkolben *(Typha minima)* in verarbeiteter Form.

9.27 Auch eckige Formen sind möglich.

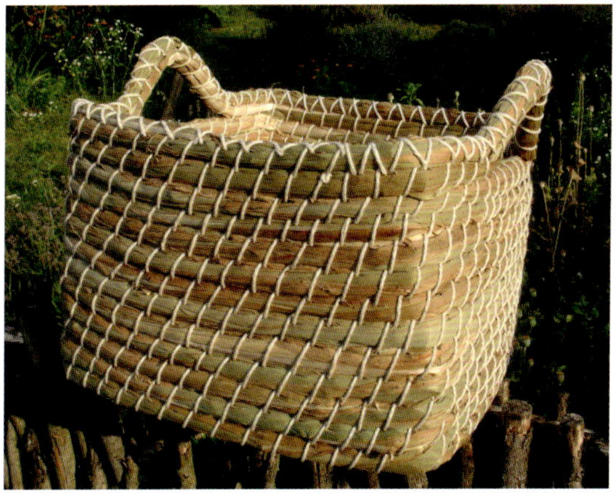

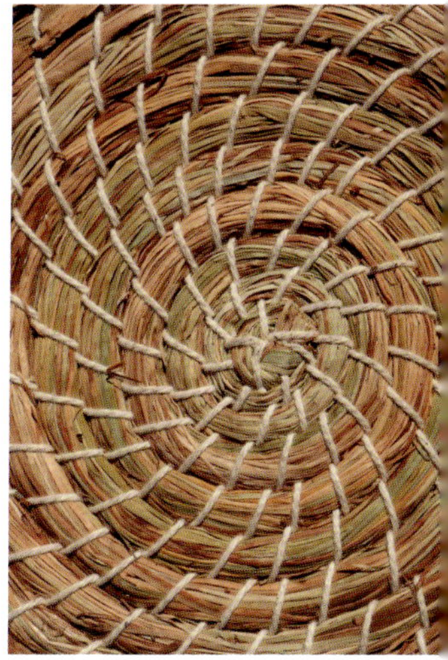

10 Liliengewächse und ähnliche

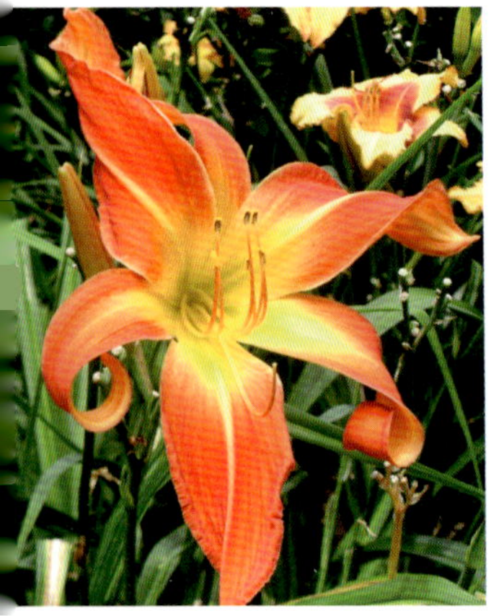

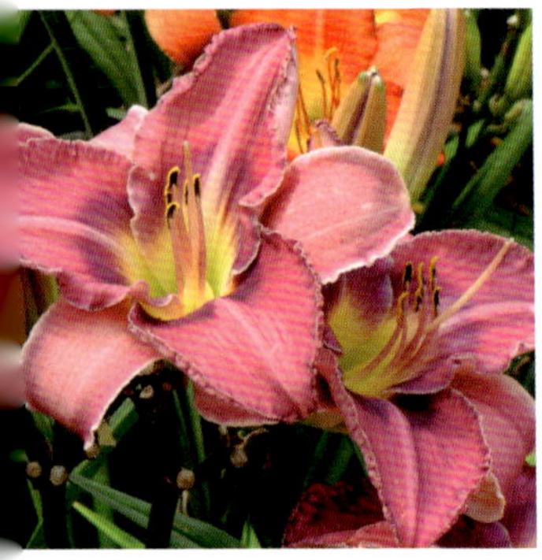

10.01
Taglilien gibt es in den ausgefallensten Blüten-Formen …

10.02
…und Farben. Sehr viele der verschiedenen Sämlinge haben keinen eigenen Namen.

10.03
Die Zwergform *'Stella De Ore'*

Auf der Suche nach den „perfekten" Korbpflanzen sind mir natürlich nicht nur Gräser aufgefallen. An dieser Stelle möchte ich zwei „Modepflanzen" im Garten erwähnen, zum einem sind es **Taglilien** *(Hemerocallis)* und zum anderen die **Funkien** *(Hosta)*.
Bei Taglilien ist es in den letzten Jahren zu eine richtigen Explosion an Sorten gekommen, die farblich von gelb über orange bis fast schwarz reichen, und Pflanzen mit ganz dünnen Blütenblättern bis hin zu solchen mit breiten Blütenblättern hervorbringen. Leider bleibt die Farbe der Blüten beim Trocknen nicht erhalten, sie verblassen und werden unansehnlich. Daher sind die Blüten für Körbe ungeeignet, aber aus den Blättern lassen sich welche herstellen.
Egal ob Sie die kleinen Sorten wie *„Stella de Ore"* oder eine der Wildformen wählen, die übrigens die längsten Blätter haben (wie die orangene Taglillie *Hemerocallis Flava*), getrocknet haben sie alle die gleiche Farbe, ein wunderschönes Braun ziert unsere Körbe.

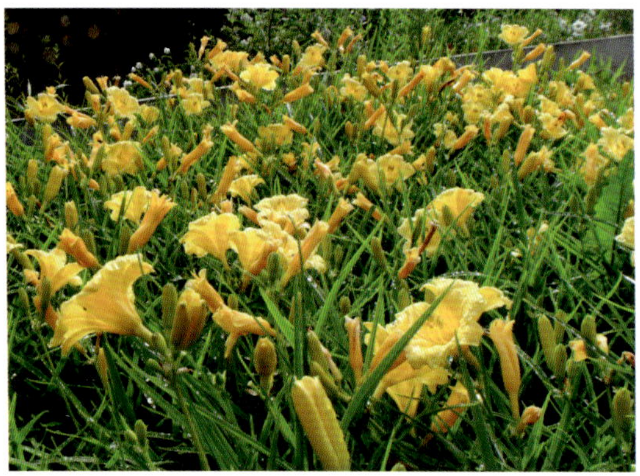

Die aus Asien stammende Taglilie benötigt einen humosen und nicht zu trockenen Boden.
An sonnigen Standorten gedeihen die Pflanzen wirklich wunderbar und sind eine Pracht für jeden Garten.
Im Herbst, bevor wir den Garten winterfest machen, können wir die Blätter abschneiden und daraus Körbe herstellen.
Sie binden die abgeschnittenen Blätter am besten in Bunde zusammen, so viel Sie in die Hand nehmen können, und hängen sie an einem dunklen Ort mit der Schnittfläche nach oben auf.
Wenn der Platz hell ist, bleichen die getrockneten Pflanzen aus und werden unansehnlich. Getrocknet können die Pflanzen auch über Jahre hängen bleiben, bis sie gebraucht werden.
Die zweite für die Korbherstellung bedeutende Gartenpflanze, die zu einer richtigen Modepflanze wurde, ist die **Funkie** *(Hosta)*. Im Gegensatz zur Taglilie liegt der Zierwert weniger in der Blüte, sondern eher bei den Blättern, auch wenn von Gärtnern immer die Blütenfarbe mitgenannt wird (von weiß bis lila). Im Dunkeln getrocknet behalten die dunkelgrünen, blauen oder weißgrünen (grünweißen) Blätter ihre Farbe weitgehend und geben sie als Schattierung an die Körbe weiter. Pflanzen Sie Funkien nicht an sonnige Standorte, denn besonders im Sommer bleichen die Blätter aus, so dass das spätere Produkt darunter leidet. Sie sollten die Blätter möglichst über das ganze Jahr verteilt schneiden und nicht erst im Herbst. Es gibt einige Sorten, die besonders schnittverträglich sind und auch gern als Beiwerk für Sträuße verwendet werden.

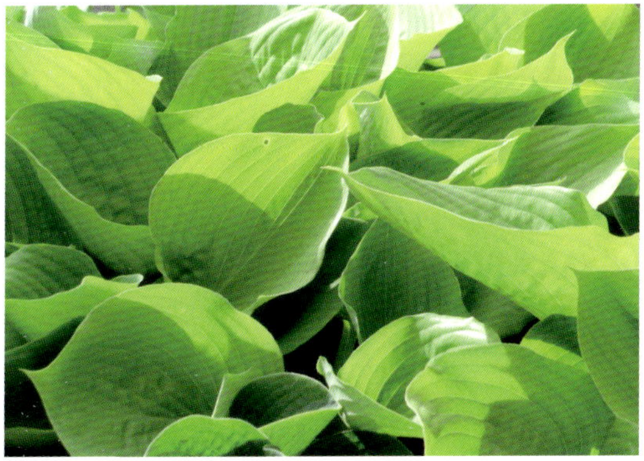
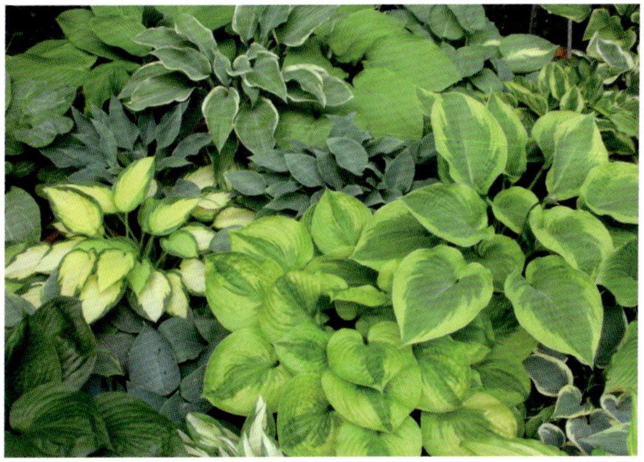
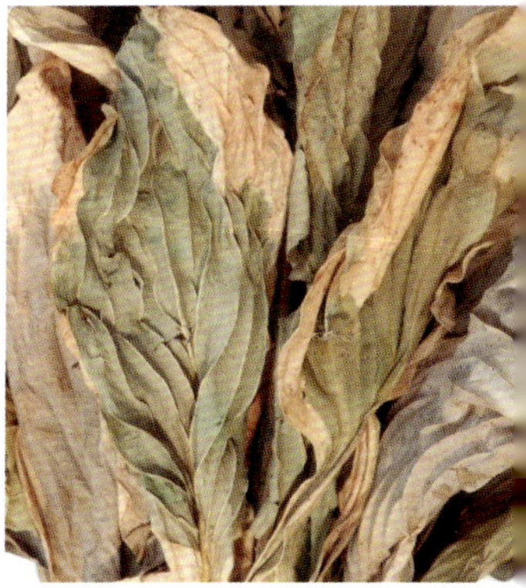

Wenn Sie Sorten anpflanzen wollen, kaufen Sie im Gartencenter oder beim Gärtner Ihres Vertrauens und achten Sie auf die Größe. Zu kleine Sorten und insbesondere einige Zwergsorten mit einer Blattlänge von max. 5 cm sind zur Herstellung von Körben einfach ungeeignet.
Vermehren können Sie die Funkien ebenso wie die Taglilien am besten durch Teilung älterer Pflanzen. Stecklingsvermehrung ist leider nicht möglich und bei der Aussaat der Samen können die jungen Pflanzen ganz unterschiedlich ausfallen, oft nicht zu ihren Vorteil. So können aus den Samen beispielsweise ausschließlich Pflanzen mit grünen Blättern oder mit einer anderen unbestimmten Blattfarbe hervorgehen. Auch bei den Taglilien kann es passieren, dass die Blüten der Sämlinge ganz unvorhersehbare Farben annehmen und sie obendrein auch klein und unscheinbar sein können.
Eine Pflanze, die sicher fast in jeden Garten wächst und sich gut verarbeiten lässt, ist die **Narzisse** *(Narcissus i.S.)*. Die Blätter brauchen zwar fast den ganzen Sommer, bis sie trocken sind, aber es lohnt sich. Die Blätter von Taglilien und Narzissen ähneln sich im getrockneten Zustand sehr, der Farbton ist vorherrschend gelbbraun.
Wenn die Narzissen im Frühling nach der Blüte geschnitten werden, blühen sie im folgenden Jahr etwas weniger, aber das soll kein Hinder-

10.04 *Hosta Royal Standard*

10.05 Verschiedene Funkien

10.06
Auch die getrockneten Blätter lassen den Farbkontrast noch erkennen.

10.07 *Narcissus thalia*

10.08 Narzissen-Ernte

10.09
..und der fertige Narzissen-Korb.

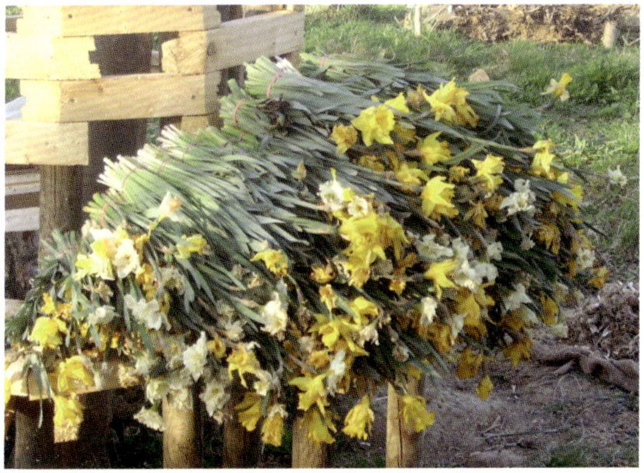
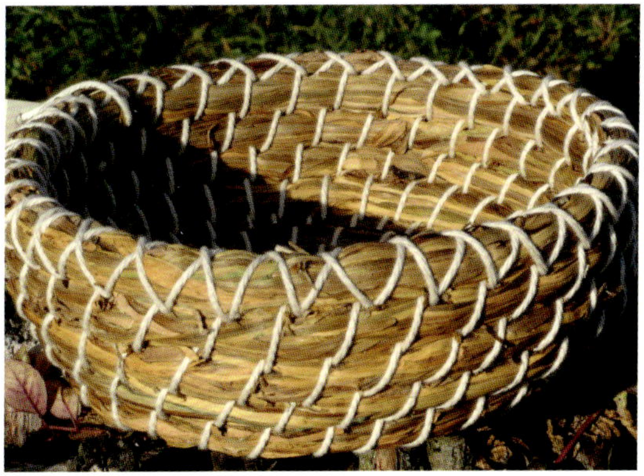
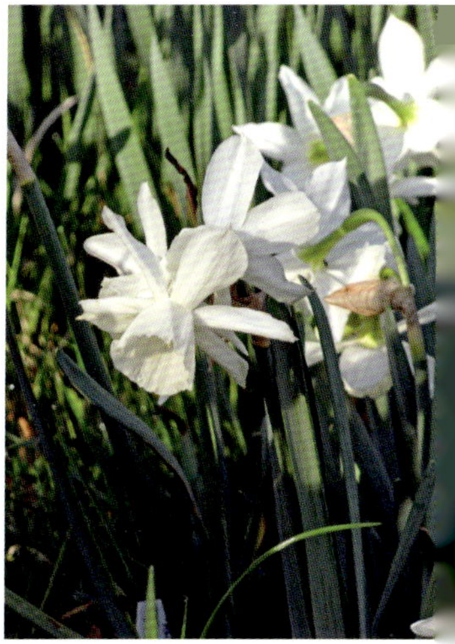

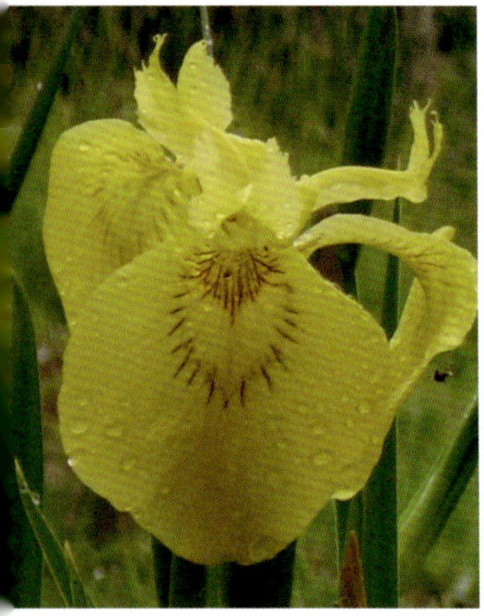

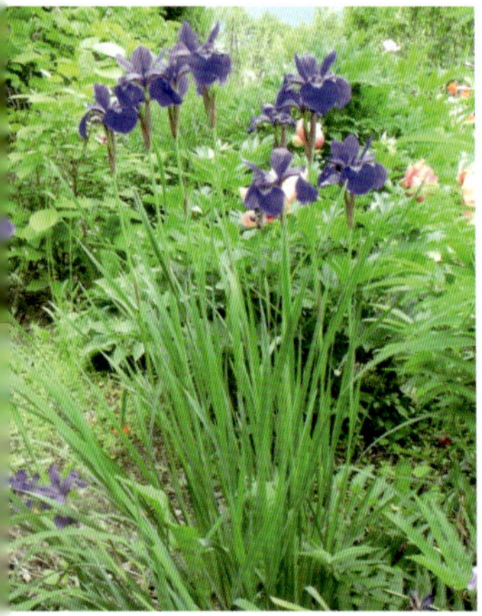

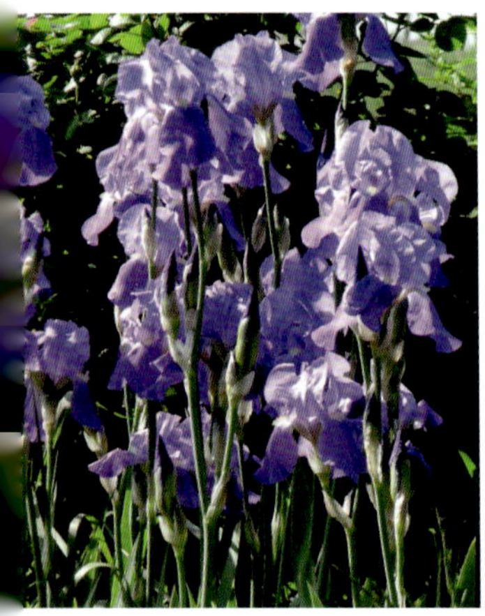

nis sein. Ich habe vor Jahren einige Säcke Narzissen-Zwiebeln geschenkt bekommen, da viele Gärtner, die Narzissen für Schnittblumen treiben, die abgeernteten Zwiebeln auf den Kompost werfen. Es sind zwar keine aufregenden Sorten, aber für unsere Zwecke brauchbar. Ansonsten bleibt nur der Kauf von Zwiebeln; eine andere Möglichkeit der Vermehrung gibt es bei Narzissen nicht. Wenn Sie nicht gerade im Ausseerland (Salzkammergut) zu Hause sind und eine Wiese voll **Dichternarzissen** (*Narcissus poeticus ssp. radiiflorus*) vor der Haustür haben, pflanzen Sie die Zwiebeln an eine nicht ganz trockene Stelle und sie werden eine stattliche Größe annehmen, so dass sich die Ernte lohnt.

10.10 Sumpfiris (*Iris pseudacorus*): Manchmal vergeht viel Zeit, bis ich bereit bin, aus einer Pflanzenart die ersten Körbe herzustellen.

10.11 Die langen Blätter der *Iris sibirica* sind wie geschaffen für die Verarbeitung.

10.12 *Iris pallida,* eine Art, die noch auf die Verarbeitung wartet.

10.13 Geerntete Irisblätter

10.14
Der Boden wurde aus Sumpf-Iris und Bleicher Iris gefertigt, die im trockenen Zustand gleich aussehen!

Auf einen Punkt möchte ich noch hinweisen: Die Narzisse ist eine Giftpflanze, während Taglilien oder Funkien ungiftig sind. Bei der Verwendung der Körbe sollten wir das berücksichtigen und solche aus Narzissen vielleicht nicht als Brotkörbchen für den Frühstückstisch oder für andere Nahrungsmittel nutzen. Wenn z.B. Schlüssel darin aufbewahrt werden, wird es keine Probleme geben.
Oft brauche ich eine längere Vorbereitungszeit, bis ich von einer Pflanzenart die ersten Körbe herstellen kann. Mit der Familie der Irisgewächse mache ich mich gerade vertraut. Als erste Sorten möchte ich die **Sumpf-Iris** *(Iris pseudacorus)* und die **Sibirische Iris** *(I. sibirica)* verwerten. Auch wenn es sich bei dieser Art mit ihrer Vielfalt an Sorten um wunderbare Gartenpflanzen handelt, werden die Körbe doch einheitlich braun. Eine dritte interessante Art ist die **Bleiche Iris** *(I. pallida)*; ich bin schon neugierig, wie die blaue Farbe der Körbe sich beim Trocknen verhält. Bei den beiden erstgenannten Arten weiß ich, dass die Blätter braun werden und aufgrund ihrer geringen Dicke leicht zu verarbeiten sind. *Iris pallida* mit ihren breiten Blättern wird im Vergleich dazu sicher nicht einfach zu verarbeiten sein. Wenn ich es trotzdem versuche, ent-

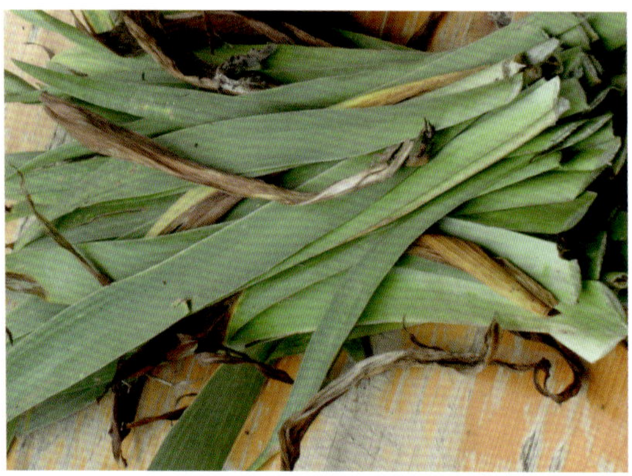

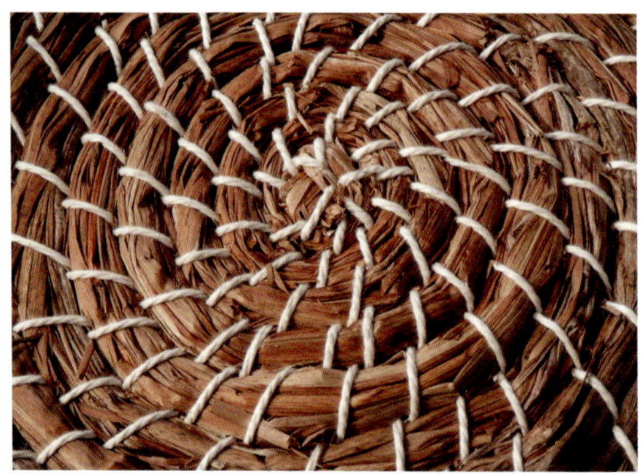

springt das einem gewissen Ehrgeiz, ein neues Material zu erproben, und der Neugierde, wie die verarbeiteten Pflanzen farblich und von der Erscheinung wirken werden.
Zu den Schätzen gehört auch die aus Afrika stammende **Fackellilie** (*Kniphofia*), die trotzdem die europäischen Winter gut verträgt. Nur zu feucht darf der Standort nicht sein, das macht dieser Art zu schaffen. Ich war überrascht, wie leicht die Pflanzen aus Samen zu ziehen sind. Leider zeigen die Blätter keine allzu schöne Farbe, nur die Blätter von *Kniphofia caulescens* (ein deutscher Name für diese Art ist mir nicht bekannt) färben sich im getrockneten Zustand lila.

Eine meiner liebsten Pflanzen ist **Kalmus** *(Acorus calamus)*, der eigentlich zu den Kräuterpflanzen zählt. Leider habe ich ihn nur in sehr geringer Menge zur Verfügung. Er ist leicht zu verarbeiten und hat einen ganz besonderen Geruch. Seine Verwendung in der Kräuterheilkunde ist trotz zweifelhafter Wirkung sehr alt. Er wächst an feuchten Stellen und wird häufig auch am Gartenteich angesiedelt. Ihn zu kultivieren ist sehr leicht. Hinsichtlich der Herkunft ist man noch uneinig, ob ihn die Türken mit dem Kaffee Mitte des 16. Jahrhunderts aus dem asiatischen Raum mitgebracht haben oder Steinzeit-Jäger schon sehr viel früher. Alle Vorkommen gehen jedenfalls auf den Menschen zurück, der ihn als Aufputschmittel nutzte. Kalmus kann in Mitteleuropa zwar blühen, aber keinen Samen ausbilden. Darum kann er hier nur durch Teilung der Wurzelstöcke vermehrt werden. Wenn Sie einen Naturstandort abernten, denken Sie daran, dass jemand die Pflanze dort hingebracht hat, vielleicht ein Jäger, der Proviant anpflanzte, oder ein Krieger, der ein Stück Wurzel wegwarf. Auf jeden Fall vermittelt der Umgang mit der Pflanze eine Verbindung zu früheren Generationen. Vielleicht haben Sie Kalmus auch schon zu Körben verarbeitet und sich an seinem Geruch „berauscht“.
Die langen grünen Blätter des Kalmus sehen aus wie die Blätter von Gräsern, tatsächlich steht der Kalmus aber den Aronstabgewächsen näher als den Gräsern. Die Innenseite der Blätter bleibt fast weiß, die Spitzen behalten eine grüne Farbe und der Rest ist gelb. Alle drei Farben kommen bei einem Korb gut zur Geltung und geben ihm eine außergewöhnliche Anmutung. Beim Kalmus gibt es auch eine gestreifte Form, den **Lakritz-Kalmus** (*Acorus gramineus*); er ist zwar wesentlich kleiner, aber es gibt ihn in grün, gelbgrün und weiß-grün mit einen kräftigen Anis-Duft.

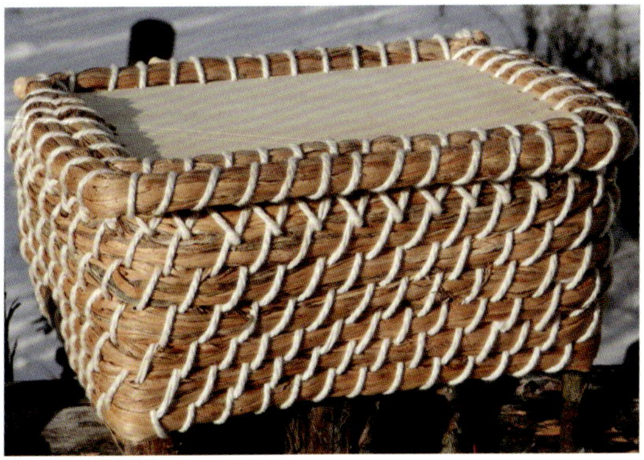

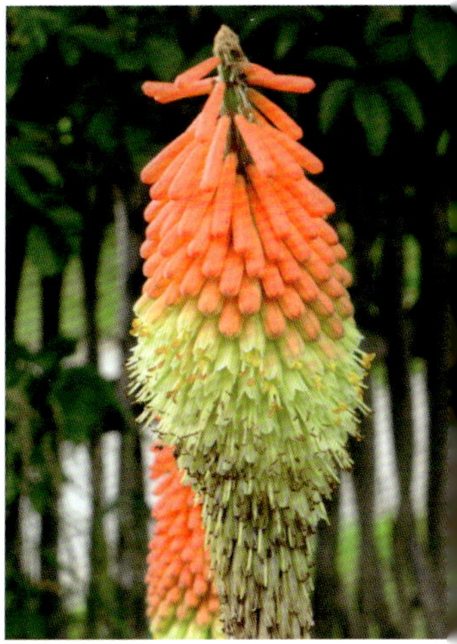

10.15 Fackellilien-Korb

10.16 Fackellilie

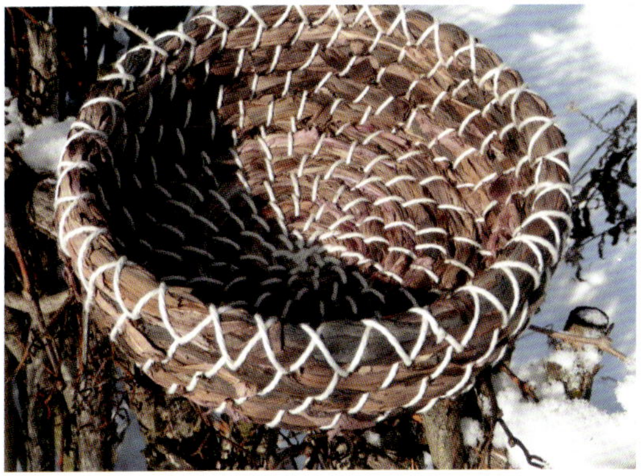

10.17
Manchmal findet man im Abfall Material, aus dem sich etwas Schönes machen lässt!

10.18
Die seltene Blüte des Kalmus

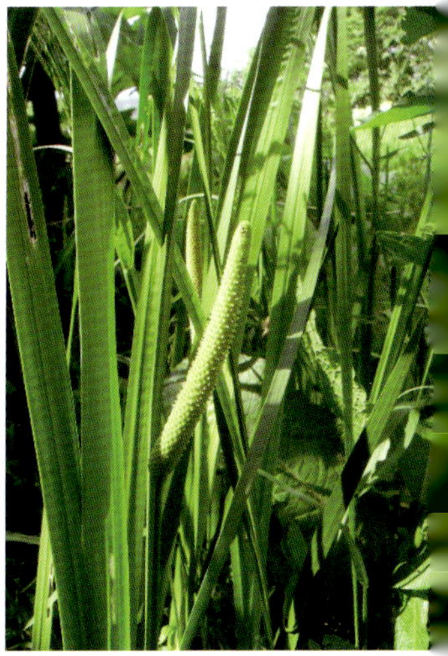

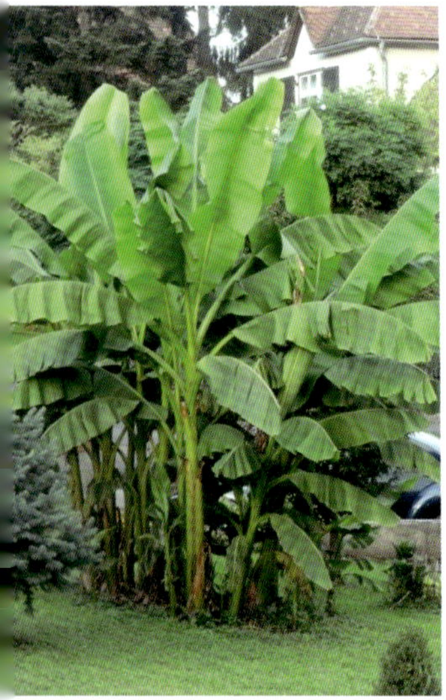

10.19
Die japanische Faserbanane erreicht auch in kühleren Gegenden eine stattliche Höhe.

10.21 und 10.22
Körbe aus Bananenstielen.

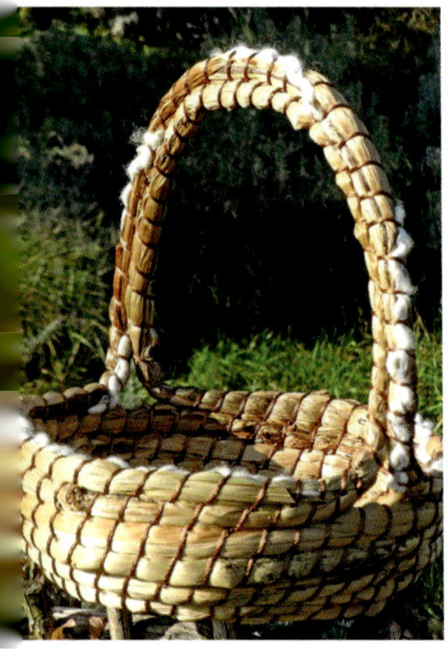

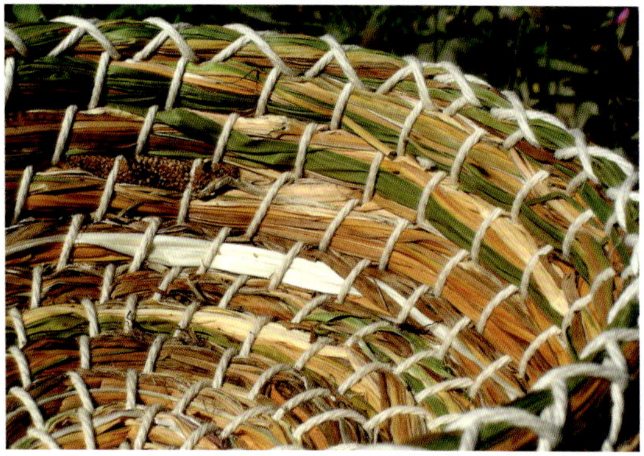

10.20
Der Kalmuskorb ist nicht nur farblich, sondern auch durch seinen Duft ein Besonderheit.

Die **japanische Faserbanane** *(Musa basjoo)* ist etwas für experimentierfreudige Gärtner und solche, die ihre Nachbarn überraschen möchten. Diese wirklich riesige Pflanze kann bis zu 3 m hoch werden und einen Horst-Durchmesser bis zu 1,5 m erreichen. Wegen der Überwinterung brauchen Sie sich bei dieser Bananensorte keine Gedanken zu machen, die Pflanze ist frostbeständig bis ca. -25°C. Die nördlichste Anpflanzung einer Faserbanane soll in Süd-Schweden liegen. Natürlich bringt sie hier keine Früchte mehr zustande, trotzdem ist sie als Pflanze schön anzuschauen. Ich selbst pflege eine ganz kleine in meinem Garten, darf aber den im Herbst anfallenden Rückschnitt eines befreundeten Gartenbesitzers „entsorgen". Die Pflanzen werden bei den ersten Frösten knapp über den Boden abgeschnitten, und der Wurzelbereich wird mit Reisig abgedeckt. Das ist im Wesentlichen der Pflegeaufwand, den die Pflanze im Laufe des Jahres benötigt. Wichtig sind eine ausreichende Wasserversorgung und die Verfügbarkeit von Nährstoffen. Ich schneide die Blätter von den bis zu 30 cm dicken Stielen ab und hänge sie in meiner Trocknungshütte auf. Ich habe den Feuchtegehalt der Stiele nach der Ernte noch nie gemessen, aber es sind sicher 70% und mehr. Jedenfalls ist es nach der Ernte Ende Oktober eigentlich eine Herausforderung, Blätter und Stiele vor dem Winter noch zu trocknen. Bisher ist mir dies noch immer gelungen, ohne dass die Stiele verfaulten. Bis sie gefroren sind, tropft Wasser aus der unteren Schnittstelle und bei Minusgraden bilden sich Eiszapfen daran. Mit der Wärme im Frühling weicht das Wasser und die Blätter trocknen völlig aus. Heute verwende ich die bis zu 1,80 m langen Blätter nicht mehr, sondern verfüttere sie an meine Schafe; denn trotz sorgfältiger Verarbeitung machen die daraus gefertigten Körbe den Eindruck, als wären sie unordentlich gearbeitet. Die braunen Stiele dagegen haben eine glänzende Oberfläche und lassen sich wunderbar leicht verarbeiten. Vermehrt werden die Bananen durch Wurzelteilung. Mit dem Gießen darf man keinesfalls zu sparsam sein und auch der Nährstoffbedarf ist nicht zu unterschätzen. Fazit: Diese schöne Staude ist nicht nur eine Zierde für den Garten und leicht zu pflegen, auch das getrocknete Material lässt sich lohnend verarbeiten.

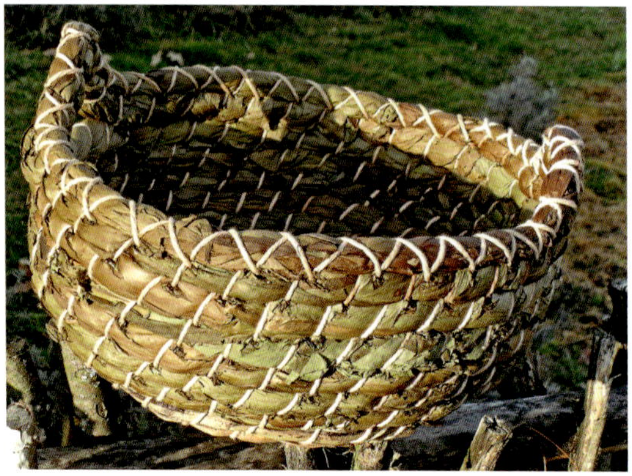

11 Kräuter

Es liegt eigentlich auf der Hand: Pflanzen für die Herstellung von Körben sollten vor allem möglichst lange und dünne Blätter oder Stiele haben! Diese Eigenschaft findet man nicht nur bei Gräsern und grasähnlichen Pflanzen, sondern auch bei sehr vielen Kräutern. Daher möchte ich im Folgenden geeignete Kräuter vorstellen und auch Muster z.B. von Körben aus **Lavendel** (*Lavandula angustifolia*), **Oregano** und anderen Kräutern zeigen, die ich in den letzten Jahren hergestellt habe.

Um eine Pflanze auf ihre Eignung zu testen, mache ich einen Knoten in den getrockneten Stiel. Wenn das möglich ist, ist das Herstellen von Körben kein Problem. Ich werde noch beschreiben, wie dieses kleine Kunststück bei den einzelnen Pflanzen gelingt. Wenn sich aber die Stiele der Pflanze nicht biegen lassen, sondern brechen, gibt es immer noch die Möglichkeit, nur die Wände eines Korbes aus diesem Material zu fertigen. Sehr oft habe ich einzelne Kräuter zunächst nur für die Wände benutzt und erst später, nachdem ich ein Gefühl für das Material gewonnen hatte, auch einen Korbboden damit gewagt.

Lavendel

Lavendel ist wie geschaffen zur Herstellung von Körben, denn er hat lange und dünne blütenbesetzte Stängel. Unter den Kräutern nimmt Lavendel eine Sonderstellung ein, denn nur von ihm verwenden wir die Blüten mit den Stielen. Dadurch erscheinen die Körbe aus Lavendel nicht grün, sondern blau. Als Sonnenpflanze des Südens braucht Lavendel in unseren Breiten etwas mehr Aufmerksamkeit als andere Sträucher. Der Lavendel ist und bleibt ein Zwergstrauch und ist im Gegensatz zu Gräsern oder Taglilien keine Staude. In höheren Lagen sollte der Strauch im Frühjahr oder Herbst nicht zu stark zurückgeschnitten werden, etwas in Form bringen nach der Blüte reicht in unseren Lagen vollkommen aus. Nur in wärmeren Ländern mit intensiverer Sonneneinstrahlung ist ein stärkeres Zurückschneiden sinnvoll, hier holt die Pflanze den Rückschnitt bis zur nächsten Blüte wieder auf. Pflanzen Sie den Lavendel an einen sonnigen Platz ohne Schattenwurf. Auch wenn es

11.01 Lavendelfeld

11.02
Es gibt eine ganze Reihe unterschiedlicher Lavendel-Sorten.

11.03
Lavendel ‚Hidcot Blue'

11.04 Lavendel ‚Siesta'

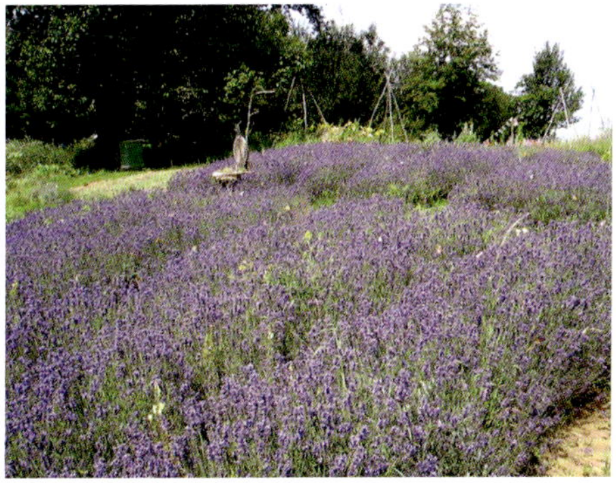

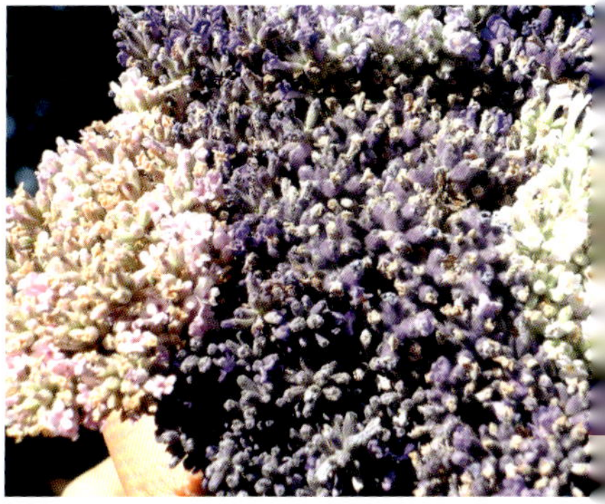

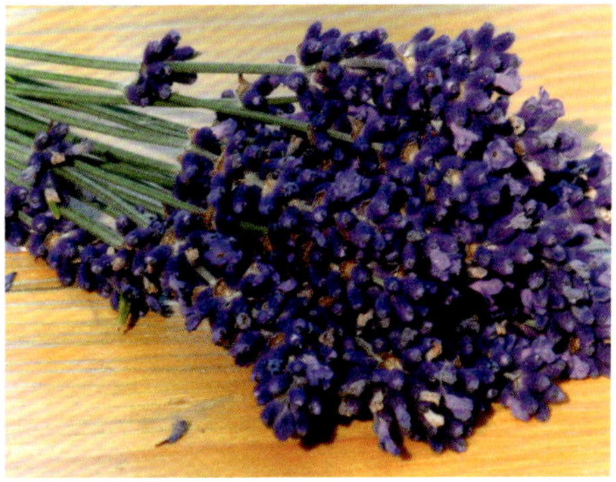

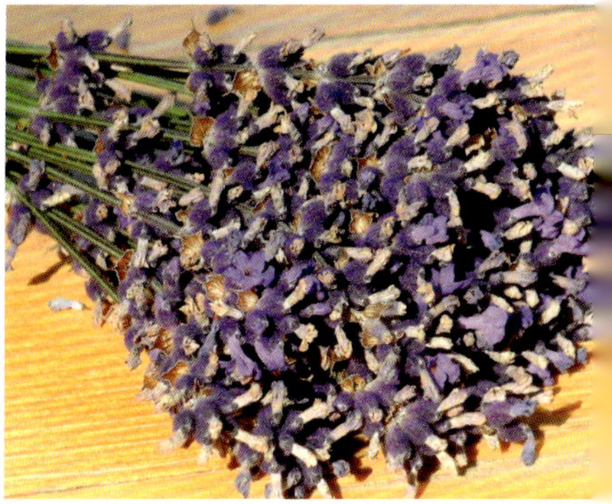

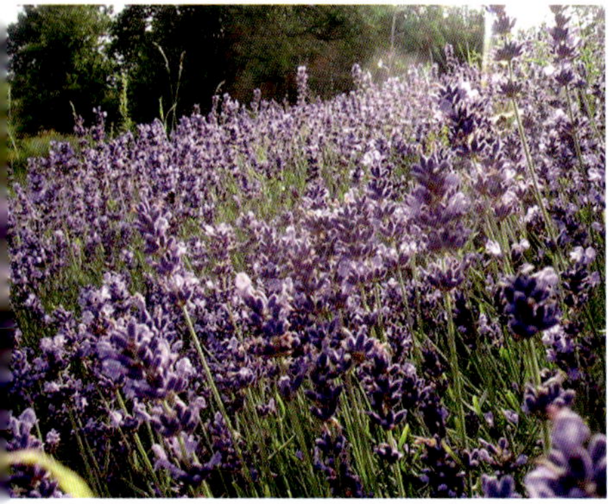

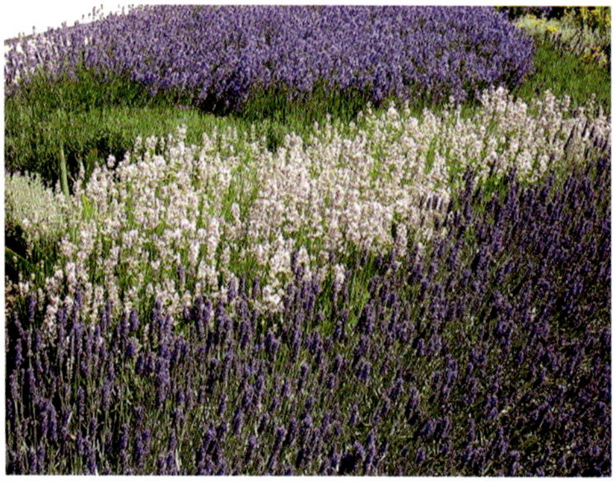

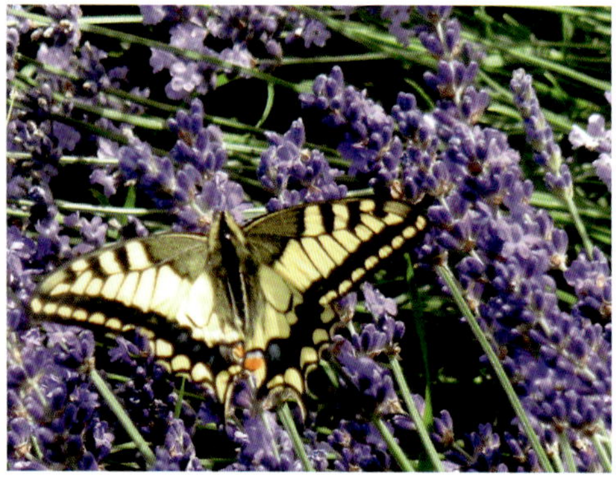

11.05
Lavendel, in jeder Form wunderbar!

11.06
Lavendel Hidcot White und Hidcot Blue

11.07
Besucher im Lavendelfeld

gut gemeint und Mode ist, zwischen Rosen gepflanzt kümmert der Lavendel eher.
Um die Frage nach der besten Sorte zu beantworten, teste ich immer wieder Sorten und möchte hier nur einige besprechen. Am häufigsten werden Sie die Sorte ‚**Hidcot Blue**' (*Lavandula angustifolia*) antreffen. Es ist eine recht niedrige Sorte mit intensiv blauen Blüten und max. 30 cm langen Blütenstielen. Wie der Name verrät, wurde diese Sorte in England gezüchtet, um Gärten zu verschönern. In letzter Zeit ist mir die Sorte ‚**Siesta**' (*Lavandula angustifolia*) besonders aufgefallen, und zwar durch ihre schönen blauen Blütenkelche (Calyx) und die doch recht langen Stiele, die leicht zu verarbeiten sind.
Wer etwas Farbe in den Garten zaubern will, kann es auch mit ‚**Hidcot White**' (*Lavandula angustifolia*) versuchen, quasi als weißes Gegenstück zu ‚Hidcot Blue'. Beide haben recht weiche Stiele, die sich leicht biegen lassen. Farblich können die weißen und die rosa Sorten nicht mit der blauen Sorte mithalten, denn getrocknet wirken beide eher grau.
Etwas umständlich bei der Verarbeitung ist das häufige Nachstecken der Stiele bei den eher kurzen englischen Lavendelsorten. Lavendel aus der Provence, etwa die Sorte ‚**Grosso**' (*Lavandula x intermedia*), ist mit bis zu 40 cm zwar deutlich länger, aber man sieht bei ‚Hidcot Blue' doch viel weniger von den grünen Stielen und viel mehr von der blauen Farbe, die letztlich den Reiz ausmacht. Bei den in der Provence angepflanzten Sorten (*Lavandula x intermedia*) ist das Interesse der Anbauer stärker auf den Geruch und das ätherische Öl gerichtet, weniger auf die Farbe der Blüten. Die Pflanzen zeigen im Unterschied zu ‚Hidcot Blue' meist ein helles Lila und sind mit max. 75 cm auch wesentlich höher.
Lavendel zu vermehren geht leichter als vielfach gedacht! Sie können ab dem Spätsommer Stecklinge (nichtblühende Zweige von ca. 3 cm Länge) in durchlässige Erde stecken und für gleichbleibende (Luft-) Feuchtigkeit sorgen. Bis zum Frühling werden die Zweige Wurzeln gebildet haben. Es wird dann noch bis zu zwei Jahre dauern, bis der Blütenertrag wirklich ergiebig genug für die Korbherstellung ist.
Eine andere Möglichkeit der Vermehrung besteht manchmal in der Aussaat von Samen, die bei der Arbeit anfallen. Wenn Sie die Blüten nach der Ernte trocknen, reifen manche Sorten den Samen in geringer Menge noch aus. Diese Samen, die bei der Arbeit zusammen mit den Blüten abfallen (die kleinen schwar-

zen Körner, die sich am Boden des Laubsacks sammeln), können Sie im Herbst an einer geschützten Stelle im Garten aussäen. Bedecken sie die Samen nicht mit Erde, sondern nur mit einem lichtdurchlässigen Gartenvlies. Als Lichtkeimer würden die Samen in der Erde verkommen. Allerdings bilden sehr viele Lavendelsorten überhaupt keine Samen aus, vor allem die meisten Provence-Lavendel sind steril.
Bei der ‚Hidcot Blue' ist diese Art der Vermehrung durch Samen zwar möglich, aber mit einem kleinen Schönheitsfehler verbunden: Die durch Samen vermehrten Sorten führen den Zusatz „Strain" im Namen, also z.B. ‚Hidcot Blue Strain'. Das besagt, dass die aus dem Samen entstehenden Pflanzen in ihren Eigenschaften nicht einheitlich sind. Sie können in ihren Wuchs kleiner oder größer sein als die Mutterpflanze, auch die Blütenfarbe kann variieren. Den Strain-Sorten wird auch eine geringere Winterhärte im Vergleich zu den stecklingsvermehrten nachgesagt. Ich kann diese Vermutung nicht bestätigen, meine samenvermehrten Pflanzen haben die Winter genauso überstanden wie die anderen Sorten auch.
Wie schon erwähnt, gibt es größere Unterschiede zwischen Garten-Lavendel und Provence-Lavendel. In der Heimat des Lavendel, in der Provence, wächst der **Echte Lavendel** (*Lavandula angustifolia)* hauptsächlich in den höheren Lagen des Berglandes, wo ihn die Schafe von Beikräutern freihalten. In den tieferen Lagen wächst überwiegend der wesentlich größere **Speik-Lavendel** (*Lavandula latifolia)*. Und wo sich die beiden Arten treffen, gab es schon immer eine Kreuzung von beiden (*Lavandula x intermedia).*
Diese Kreuzung wird **Lavandin** genannt, sie ist heute die wichtigste Lavendelpflanze in der Provence.
Ich bin hin und wieder gezwungen, Lavendel zuzukaufen, und den bekomme ich dann aus dem (Lavendel-) Herz der Provence, aus Sault. Dieser Lavandin ist wunderschön blau mit schönen grünen Stielen. Aber so schön er auch ist, er ist sehr steif und dadurch mühsam zu verarbeiten.
Ich habe auch Lavendel aus Kroatien getestet. Seit einigen Jahren erlebt der Lavendelanbau dort einen regen Aufschwung. Die Sorten wurden aus einem natürlichen Vorkommen auf der Insel Hvar gewonnen und werden unter den Sortennamen **‚Budrovka'** gepflanzt. Die Stiele sind wesentlich weicher, fast so lang wie beim Lavandin, aber die blau-graue Farbe der Blüten

11.08
Lavendel ist wie geschaffen für die Herstellung von Körben.

11.09
Kleiner Korb aus Lavendel ‚Hidcot Blue'.

11.10
Und jeder Unterschied findet sich bei den Körben wieder.

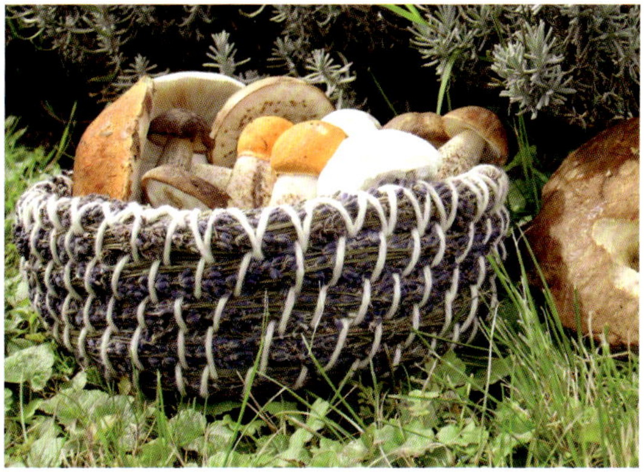

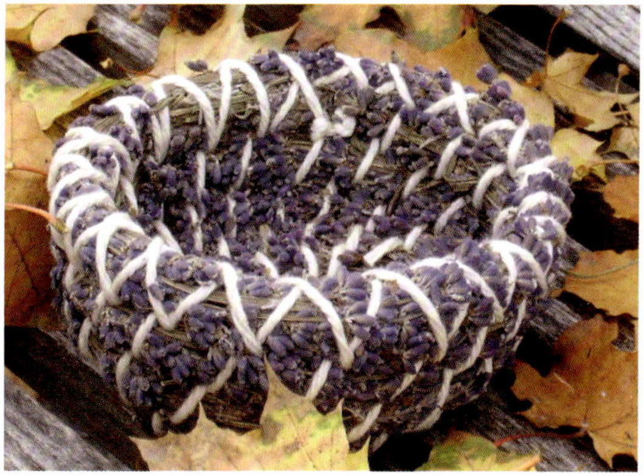

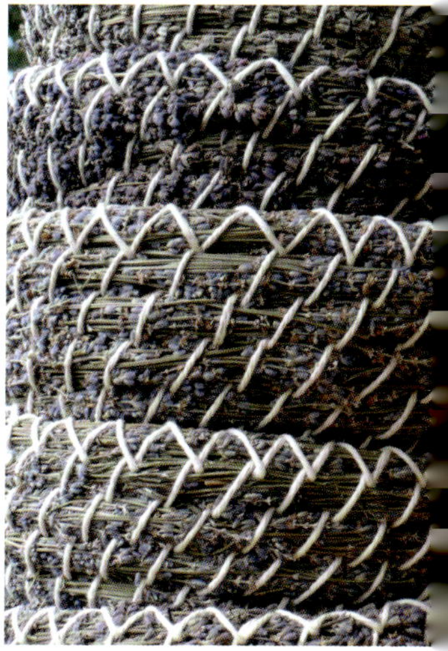

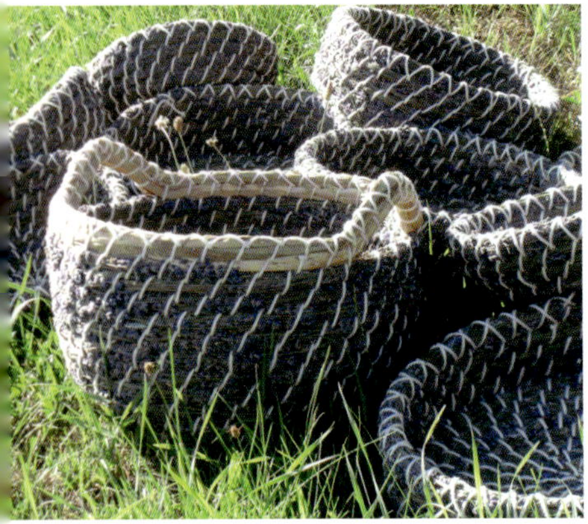

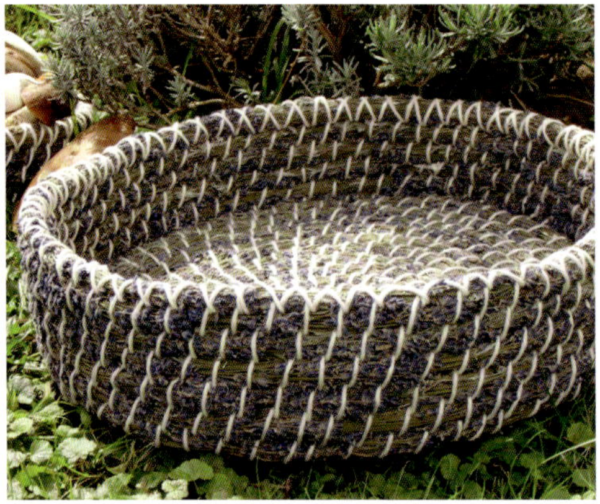

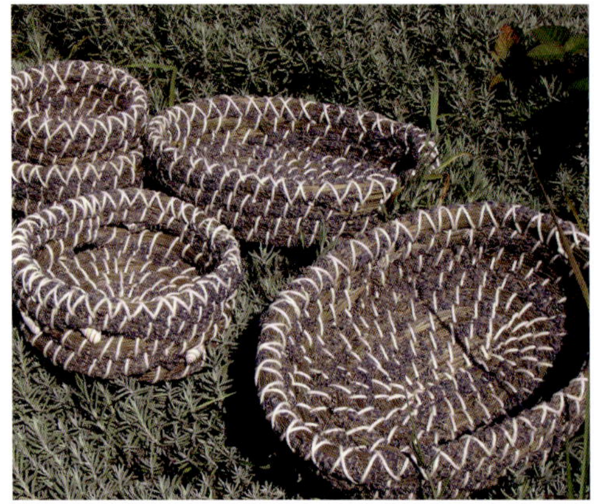

11.11
Großer Korb aus Lavendel Hidcot Blue mit einem Rand aus Rohrkolben.

11.12
Korb aus Lavendel Hidcot Blue.

11.13
Große Körbe mit länglichem Anfang aus Lavendel Hidcot Blue.

11.14
Verschiedene Körbe aus Lavandin.

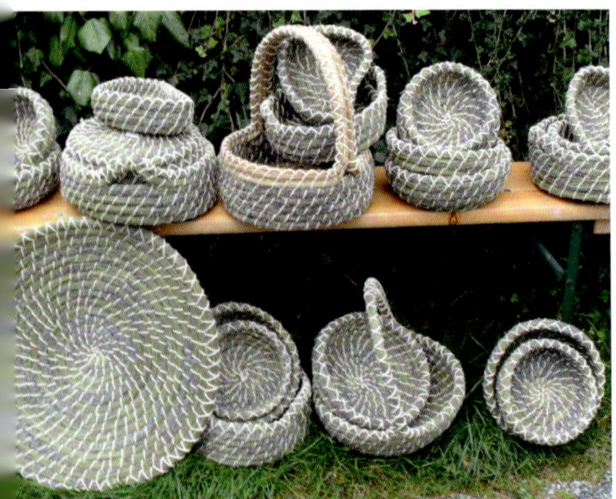

ist eher enttäuschend. Außerordentlich intensiv ist dagegen der Duft der Blüten. Gerade für jemanden, der mit der Korbherstellung aus Lavendel beginnt, wäre dieser Lavendel genau das Richtige.
Nun zu dem kleinen Geheimnis, wie Sie einen Knoten in die getrockneten Lavendelstiele bekommen. Es ist im Grunde ganz einfach: Sie suchen aus Ihrem getrockneten Material die dünnsten Lavendelblüten heraus, besprühen die Stiele mit Wasser und lassen es einige Zeit einwirken. Wenn Sie die Stiele dann mit der Zange zu knicken versuchen, hören Sie bei zu trockenen Stielen ein deutliches Knacken; erst wenn die Stiele ausreichend Wasser aufgenommen haben, hören Sie beim Umbiegen nichts mehr. Jetzt können Sie die Stiele mit der Zange etwa alle 5 mm umknicken und sie dadurch geschmeidig machen. Zu trockene Stiele werden dabei brechen. Sind sie genügend durchfeuchtet und geschmeidig gemacht, können Sie ohne weiteres den gewünschten Knoten herstellen. Sind die Halme zu nass, kann es sein, dass die Schnur schmutzig wird.
Ich werde immer wieder gefragt, wie lange meine Körbe halten, manchmal verbunden mit der Vermutung, dass sie bald „zerbröseln“ oder sich in Staub auflösen. Dazu kann ich Folgendes sagen: Lavendel oder auch andere Kräuter verhalten sich im Hinblick auf die Lebensdauer ähnlich gut oder schlecht wie Stroh, das früher zur Korbherstellung verwendet wurde. Manche dieser Körbe überdauerten Generationen. Ich selbst habe von meinen Großvätern einige mehr als 60 Jahre alte Körbe, die noch nichts an Schönheit eingebüßt haben. Natürlich sollte niemand einen Lavendelkorb etwa zum Holztragen verwenden, wo er starken Belastungen ausgesetzt wäre. Und auch die Luftfeuchtigkeit hat Einfluss auf die Lebensdauer eines Korbes. In geheizten Räumen mit sehr trockener Luft oder unter dem Einfluss starker Sonnenbestrahlung werden abstehende Teile brüchig, so dass Blüten und Blätterteile abfallen. Die Stiele in der Mitte bleiben aber erhalten, und es gibt keinen Grund, warum sie nicht genauso lange halten sollten wie Körbe aus Getreidestroh.

Minze

Wem das Arbeiten mit Lavendel zu aufwendig ist und wer daher nach einer einfacher zu kultivierenden Pflanze sucht, sollte die **Minze** in Erwägung ziehen. In Anbetracht der vielen Sorten mit sehr unterschiedlichen Duftnuancen finde ich, dass dieses Kraut in unseren Gärten viel zu selten zu finden ist. Allerdings macht die Minze mit ihrem Lebenswillen, den einige Sorten an den Tag legen, es vielen Gärtnern nicht ganz leicht. Die Pflanzen neigen zu starkem Wuchern und sind, einmal im Boden, kaum in den Griff zu bekommen.

Wer sich den Kampf mit der Minze ums Staudenbeet nicht aussetzen möchte und dennoch mit ihr arbeiten will, hat zwei Möglichkeiten: Er kann eine der Wildarten wählen oder die Pflanzen in geschlossenen Behältern (bzw. mit Rhizomsperre) kultivieren.

Die größte wilde Art, die es in meiner Heimat (Steiermark) gibt, ist die **Ross-Minze** *(Mentha longifolia)*. Mit ihren langen, unverzweigten Stielen ist sie wie geschaffen zur Herstellung von Körben. Ich habe schon Stiele mit einer Länge von ca. 1,80 m gefunden. Getrocknet kommt das silbrige Laub wunderbar zu Geltung, während der untere Teil der Stiele meist dunkelrot ist. Das sehr steife Holz der Stiele muss man, wie schon beim Lavendel erwähnt, mit der Zange quetschen, um es geschmeidig zu machen, also: „Stiele mit Wasser besprühen, einwirken lassen und beim Knicken mit der Zange darauf achten, dass möglichst kein Bruchgeräusch auftritt". Eine zweite heimische Art und quasi das Gegenstück zur Rossminze ist die **Acker-Minze** *(Mentha arvensis)*: klein, leicht biegsam und nicht so häufig. Gemeinsam ist beiden Sorten eigentlich nur, dass sie an feuchten Stellen wachsen und gut duften.

Wenn Sie an der Minze Gefallen gefunden und von Wanderungen entsprechende Pflanzen heimgebracht haben, können Sie versuchen, die Minze in Töpfe zu kultivieren. Geben Sie ihnen ausreichend Platz für das dichte Wurzelwerk, das sich schnell bilden wird. Es darf schon ein Topf mit 20 – 25 cm Durchmesser sein. Versorgt mit reichlich Wasser werden Sie sich über das Wachstum der Pflanzen wundern. Damit die Stiele nicht zu hart werden, kann man sie u.U. auch mehrmals im Jahr zurückschneiden. Die Setzlinge können Sie dort gewinnen, wo Sie bisher in Wald und Feld Pflanzen geerntet haben, indem Sie einfach einige Triebe mit einem Ruck aus dem Boden ziehen, es werden genügend Wurzeln daran hängen bleiben, damit der Trieb verpflanzt werden und überleben kann.

Jüngere Pflanzen lassen sich auch durch Stecklinge vermehren. Diese Methode empfehle ich auch, wenn Sie Minze-Sorten sammeln wollen. Pflanzen Sie im Herbst von den einzelnen Sorten junge Zweige in kleine Töpfe aus, die den Win-

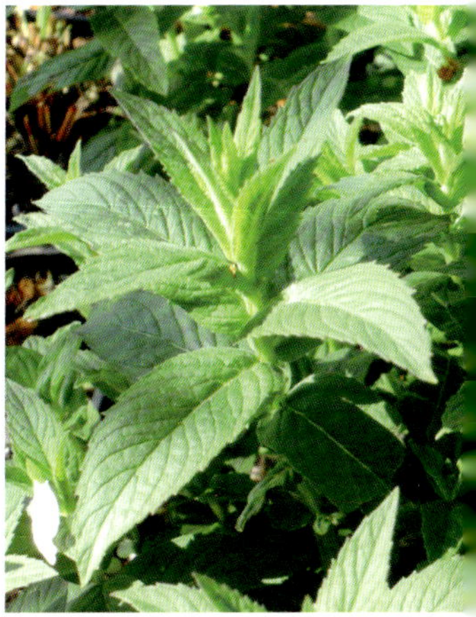

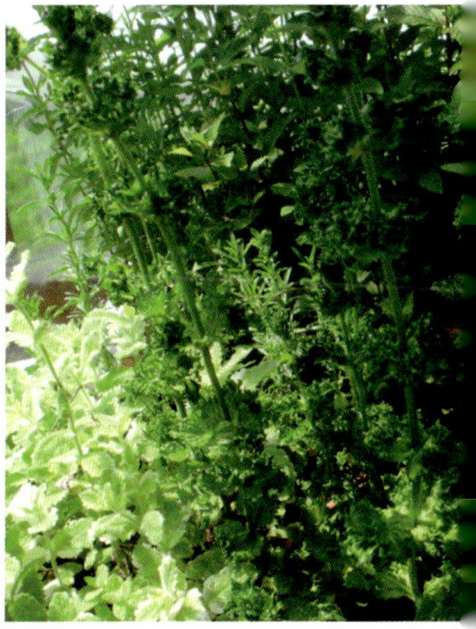

11.15 Rossminze
11.16 Krause Minze
11.17 Wasser-Minze
11.18 Korb aus Ross-Minze

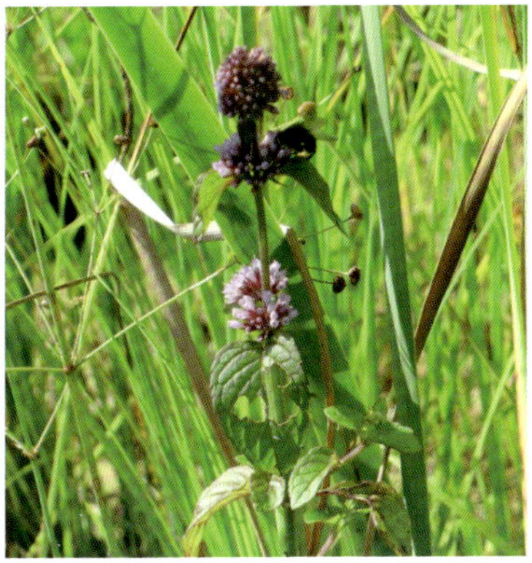

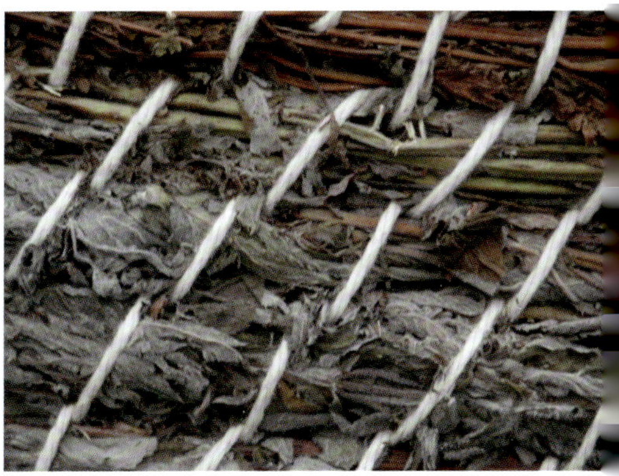

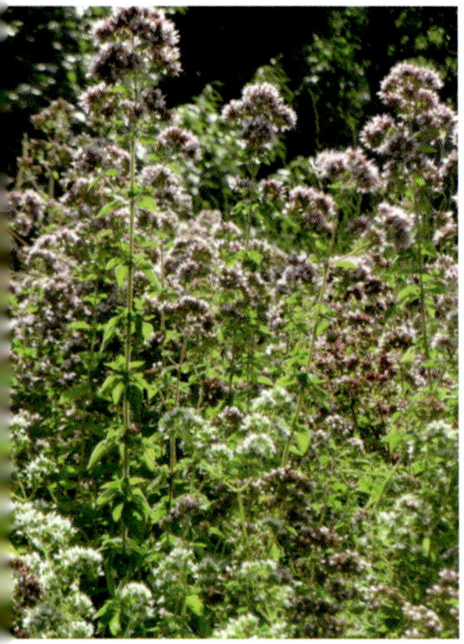

11.19 Dost

11.20
Der Dost hat getrocknet eine dunkelbraune Färbung.

11.21
Korb aus Dost mit Rohrkolben-Rand.

11.22
Deutscher Thymian

ter über geschützt im Haus bleiben. Die dienen dann auch als Versicherung zur Arterhaltung, falls die großen Bestände im Freien den Winter nicht überstehen sollten.
Von den ca. 25 - 30 Arten, die es weltweit gibt, und den unzähligen Kreuzungen, die daraus entstanden sind, sollten Sie wirklich einige verwenden. Einige afrikanische Minze-Arten haben ein besonders schönes und schmales Laub.

Oregano, Dost, Thymian, Katzenminze

Eine Alternative zu den ausläufertreibenden echten Minzen ist der **Oregano** *(Origanum vulgare ssp. hirtum)* und sein einheimisches Gegenstück, der **Dost** (*Origanum vulgare*). Wir kennen ihn alle, vor allem durch die italienischen Gewürzmischungen für Pizza und andere Gerichte.
Beide sind recht anspruchslos in der Pflege und kommen mit einem relativ trockenen Standort gut zurecht. Sie können beide nach der Blüte abernten, die Stiele sind vor und nach der Blüte ziemlich fest, die Farben allerdings nicht so vielfältig wie bei den Minzen. Das dunkle Braun der getrockneten Pflanzen hat mir schon immer gut gefallen. Bei den ersten engen Windungen des Korbes müssen Sie wirklich darauf achten, nur die ganz dünnen Triebe zu verwenden und diese vor der Verarbeitung durch Quetschen geschmeidig zu machen.
Mit dem Dost verwandt, aber viel formenreicher ist **Thymian**. Es gibt einzelne Sorten, die nur ca. 1 cm hoch werden, und andere, die es auf bis zu 30 cm bringen. Wie die Höhe variiert auch der Duft: von Zitrone über Orange bis zu Steinpilz und Rose ist alles vertreten. Ich habe bis jetzt nur mit sehr wenigen Sorten gearbeitet, die kleinen sind allzu arbeitsaufwendig und die hohen Sorten wirken nur durch ihre Stiele. Mein Favorit ist der **Deutsche Thymian** (*Thymus vulgaris*), ein ansprechender kleiner Zwergstrauch, der anders als Oregano und Dost nur durch Aussaat und Stecklinge vermehrt werden kann.
Wenn Sie Ihrer Katze eine Freude machen wollen, pflanzen Sie **Katzenminze** (*Nepeta x faassenii*). Für Menschen ist der Geruch etwas gewöhnungsbedürftig, aber so manche Katze wird begeistert sein. Farblich lässt die getrocknete Katzenminze zu wünschen übrig. Da sie aber sehr leicht zu verarbeiten ist, könnte das zu eigenen Versuchen anspornen. Die Pflanze kann durch Teilung ebenso vermehrt werden wie durch Aussaat.
Den eben erwähnten Pflanzen gemeinsam ist die Familienzugehörigkeit, sie gehören zur Gattung

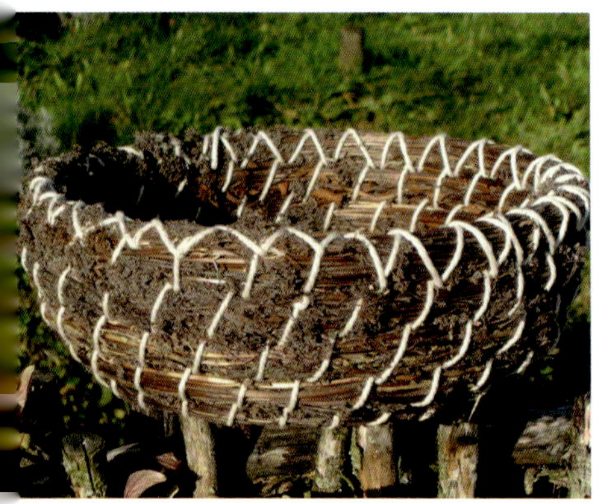

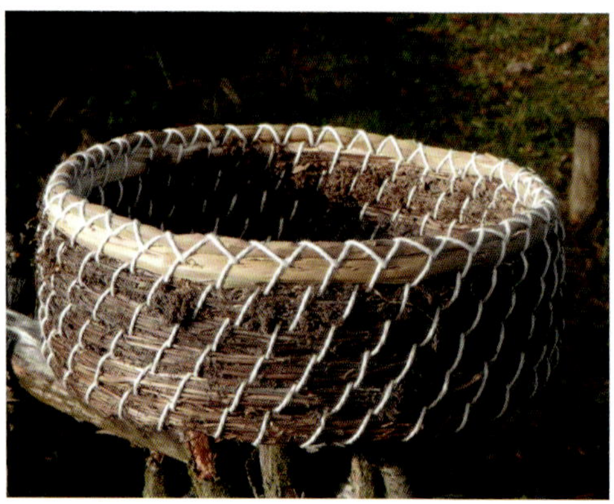

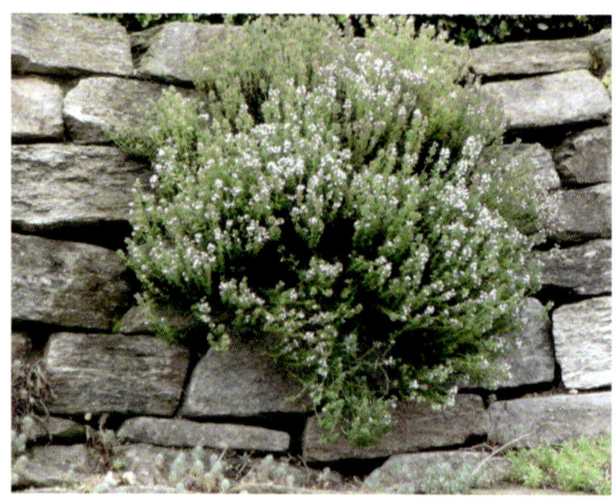

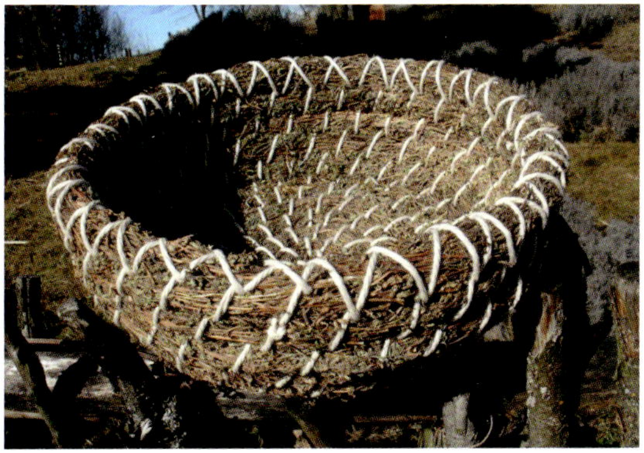

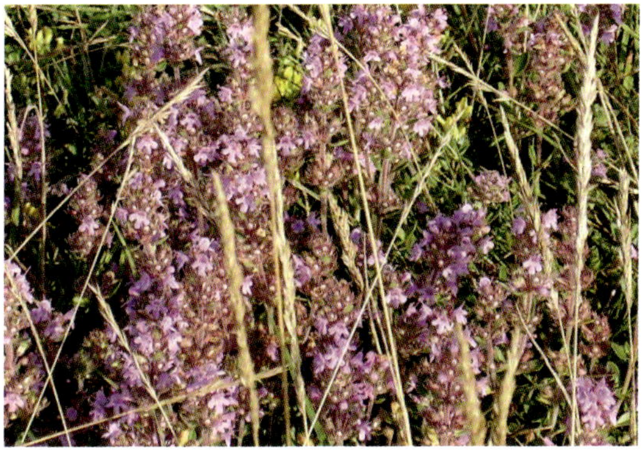

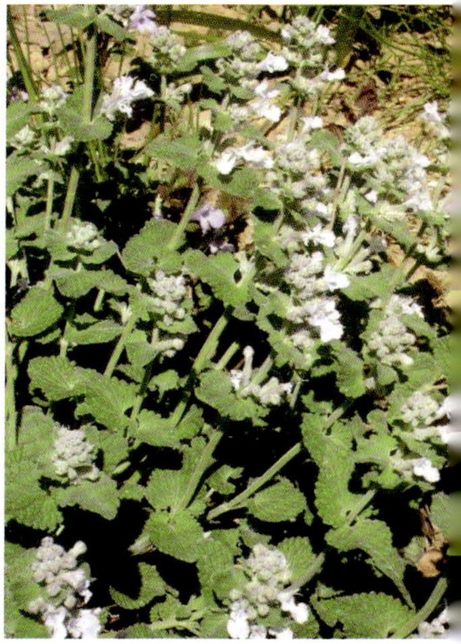

der Lippenblütler (*Labiatae*). Die Pflanzen dieser Familie zeichnen sich oft durch einen besonderen Geruch aus. Es gäbe noch weitere Kräuter zu entdecken, ich denke an Rosmarin, die vielen Salbeiarten und auch Gamander mit seinem etwas herberen Geruch gehört dazu. Viele haben ganz weiche Stiele und besonders weiche Blätter, wie etwa der **Wollziest** (*Stachys byzantina*). Er gehört zwar nicht zu den eigentlichen Kräutern, aber doch zu den Stauden.
Meine ersten Versuche mit dem Wollziest haben zwar nicht die allerstabilsten Körbe hervorgebracht, aber sehr interessante. Insofern hat diese Pflanzenfamilie sicher noch einige Überraschungen zu bieten.

Korbblütler

Eine etwas schwierigere Familie sind die **Korbblütler** (*Asteraceae*). **Astern** (*Aster i.S.*) gehören dazu und wären grundsätzlich hervorragend geeignet, wenn nicht beim Trocknen die Papus der Samenanlage hervorkommen und sie die Farbe verlieren würden. Ähnliches gilt für **Huflattich** (*Tussilago farfara*) und **Löwenzahn** (*Taraxacum officinale*). Eine große Ausnahme sind **Schafgarben** (*Achillea*) und die große Gruppe der **Beifuß- / Eberraute-** und **Wermut-Sorten** (*Artemisia*). Leider haben die meisten dieser Pflanzen „nur“ graue Blätter, selten grüne. Allerdings gibt es von der **gewöhnlichen Schafgarbe** (*Achillea millefolium*) einige Sorten mit roten Blüten, die Farbe

11.23
Korb aus deutschem Thymian

11.24
Ungarischer Thymian

11.25
Weiße Form der Katzenminze

11.26
Fertiger Korb aus Katzenminze

11.27 Wollzist

11.28 Wollzistkorb

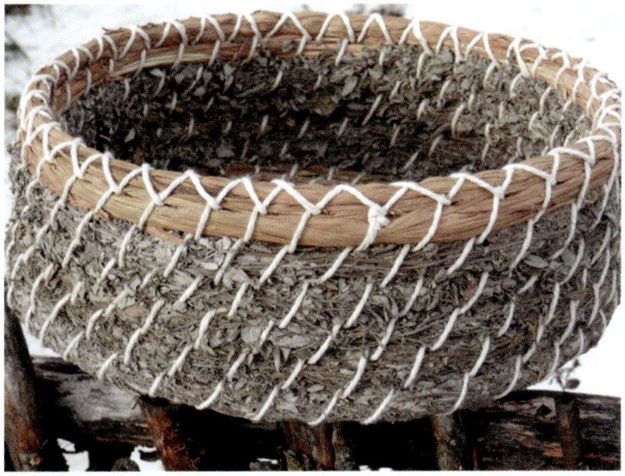

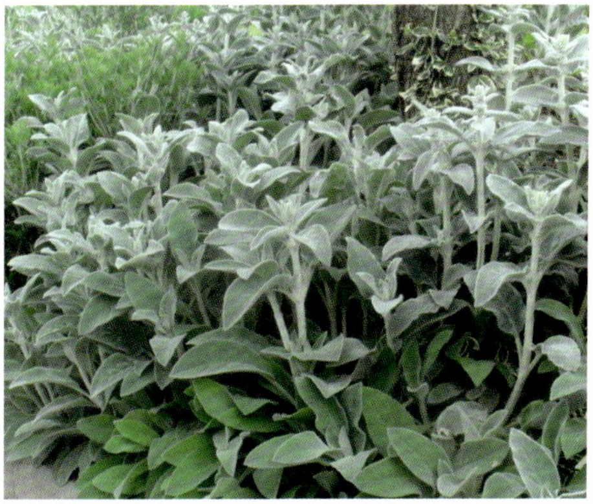

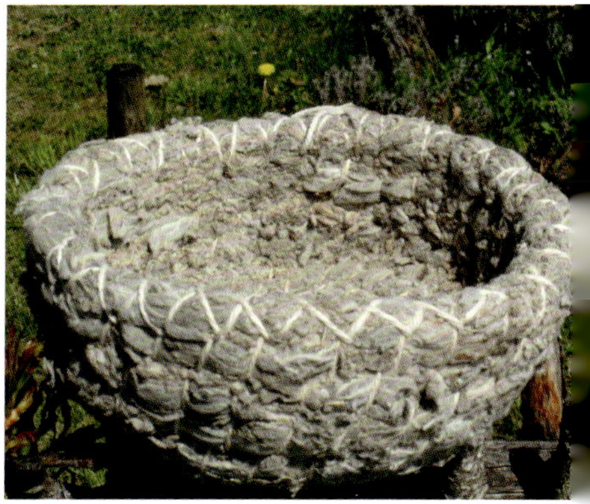

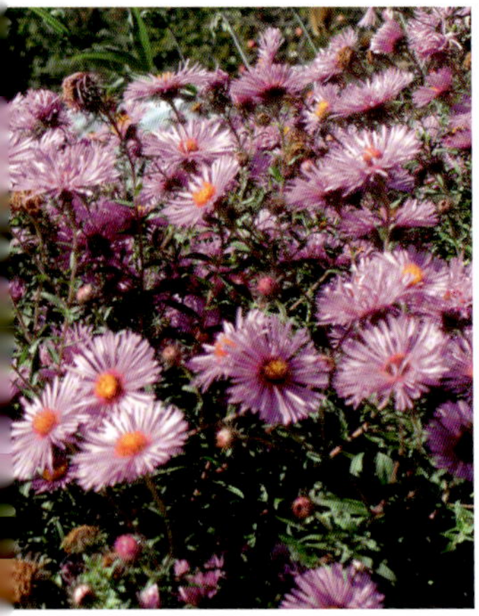

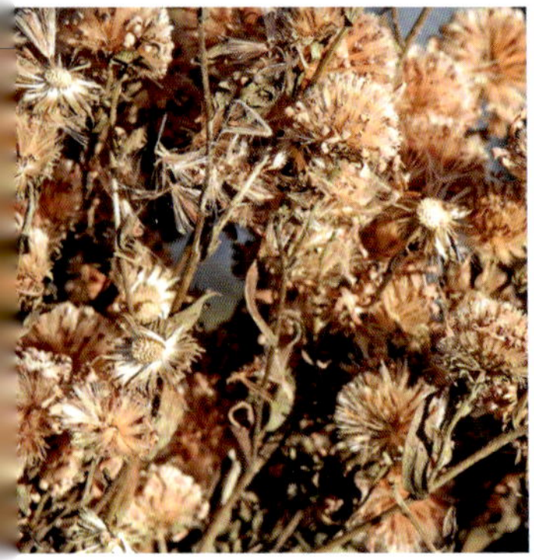

11.29
Auch wenn die Blüten der Astern vielversprechend aussehen, ...

11.30
... sind sie getrocknet doch eine Enttäuschung!

11.31
Der Huflattich sieht getrocknet der Aster sehr ähnlich.

11.32
Eine kupferfarbige Form der Schafgarbe

11.33 Weiße Schafgarbe

in die Körbe bringen können. Bei den meisten finden sich aber gelbe und weiße Blüten, deren Farbe beim Trocknen gut erhalten bleibt. Man findet sie meist auf Wiesen, einzelne Formen mit schönem Laub, die nicht ganz so hoch werden, auch in den Bergen.
Schafgarbe ist in der Kultur und Pflege aufwendiger als andere Stauden. Sie darf nicht allzu lange an einer Stelle belassen werden, spätestens nach dem zweiten Jahr sollte sie ausgegraben und geteilt werden. Pflanzen Sie die geteilten Stauden an neue Standorte im Garten. Stets am gleichen Standort belassen verschwindet die Pflanze aus dem Garten.

Standorttreuer als Schafgarbe sind der **Beifuß** und seine Arten, bei denen die gelbe Blütenfarbe vorherrscht. Auch der **Wermut** (*Artemisia absinthium*) gehört zu dieser Art. Lohnt dann eine Beschäftigung mit diesen Pflanzen überhaupt? Nun, jede Art hat eine etwas andere Farbnuance, von grau über braun bis fast kupferfarben, und es gibt kaum eine Art, die nicht duftet. Nicht umsonst haben Beifuß und Wermut eine lange Tradition als Räucherpflanze und werden zum Würzen von Fleisch verwendet. Wie in der Aromatherapie der Duft der Pflanzen beim Verbrennen Einfluss auf den Menschen hat, so ist durchaus vorstellbar, dass auch der tägliche Gebrauch von Kräuter-Körben eine positive Wirkung auf die Menschen und ihre Umgebung haben kann. Von einer anderen Beifuß-Art, dem **Estafiate** (*Artemisia ludoviciana),* ist bekannt, dass ihn die ersten Siedler in Nordamerika, wo er wild in großen Mengen vorkommt, zur Korbherstellung verwendet haben, nicht aus kultischen Gründen, sondern um ihre Vorräte vor Vorratsschädlingen zu schützen. Vor allem Insekten werden durch den Thujon-Gehalt (Thujon ist ein in Thuja, Wermut, Salbei u.ä. enthaltenes Öl) abgehalten.

Eine ganz andere Art aus dem ungarischen Tiefland ist der **Feld-Beifuß** (*Artemisia campestris*). Durch das kupferfarbene Material wirken die Körbe besonders schön. Die Pflanze gehört zu den Artemisia-Arten, die nicht duften. Vielleicht hat er deswegen noch nicht den Weg in unsere Gärten gefunden, eigentlich wäre es der bis zu ein Meter große Strauch mit silber-grünem Laub wert, häufiger kultiviert zu werden.
Dann bleibt eigentlich nur noch der **Echte Beifuß** (*Artemisia vulgaris*) zu erwähnen. Auch diese langlebige Staude, die bis zu 2 m groß werden kann, findet man heute recht selten in unsere Gärten. Etwas verbreiteter ist eine chinesische Unterart mit weiß panaschiertem Laub (*Artemisia*

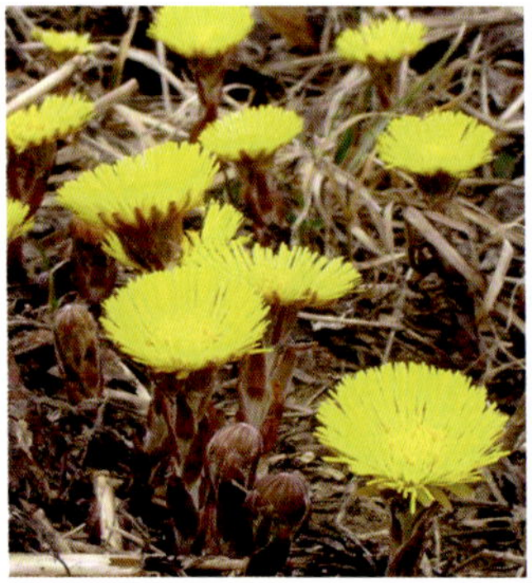

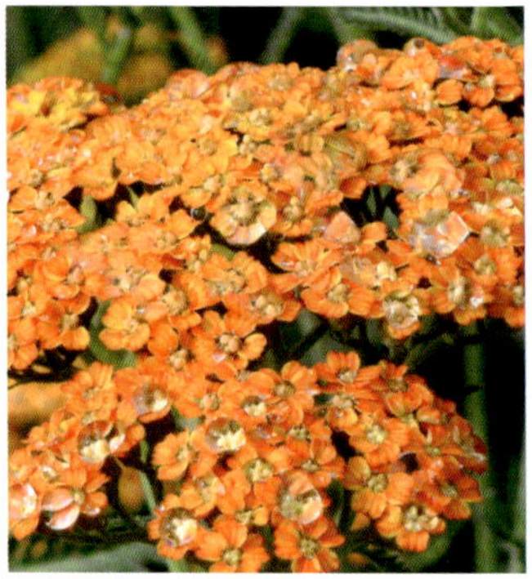

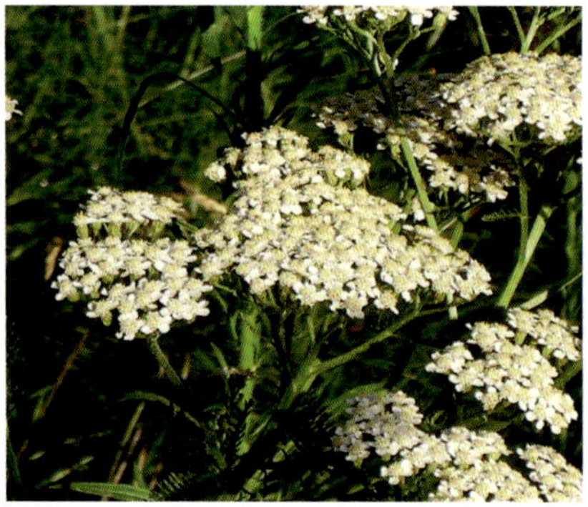

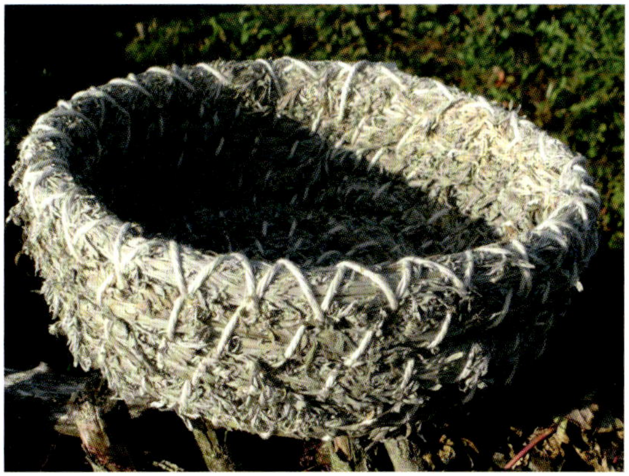

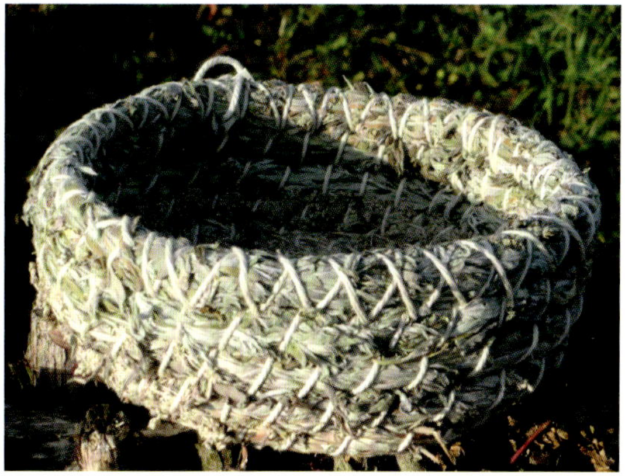

11.34 Korb aus Wermut

11.35
Die Estafiate wurde von nordamerikanischen Siedlern zur Korbherstellung verwendet.

vulgaris „Oriental Limelight") oder auch der **Ligurische Beifuß** (*Artemisia spezies),* der stark nach Chrysanthemen riecht. Beide Arten haben recht feste Stiele, lassen sich aber trotzdem leicht verarbeiten und liefern auch ausgiebig Material. Sie bilden Wurzelausläufer, ohne richtig lästig zu werden. Allerdings kann sich der einheimische Beifuß durch Selbstaussaat unangenehm vermehren! So gehört der Beifuß bei mir zu den Pflanzen, die sich mir aufgedrängt haben: Nachdem ich einige Zweige von einer Wanderung mitgebracht hatte, wuchs die Pflanzen im Jahr darauf rund ums Haus. Es hat dann noch längere Zeit gedauert, bis ich sie zum ersten Mal zu Körben verarbeitet habe.

Das **Katzenpfötchen** (*Antennaria dioica; Rubra*) ist mir zum ersten Mal in meiner Kindheit begegnet, als ich eine kleine Pflanze (vielleicht 10 cm hoch) aufhob und die rosa und weißen Blüten getrocknet und lange aufbewahrt habe. Die weiß und rot blühenden Auslesen lohnen sich im Garten anzupflanzen, auch wenn die Herstellung von Körben daraus mühsam und die Ernte wenig ergiebig ist. Da die Farbe wunderbar erhalten bleibt und auch die Verarbeitung zum Korb übersteht, gehört sie zu den wenigen Pflanzen, bei der wie beim Lavendel die Blüten verarbeitet werden können und die damit wirklich leuchtende Farben in unsere Körbe bringen.

11.36 Estafiate

11.37
Der Feldbeifuß ist eine Wildart aus Ungarn.

11.38
Die Körbe aus dem kupferfarbenen Material sind besonders schön.

11.39
Der echte Beifuß ist sehr formenreich.

11.40
Ligurischer Beifuß

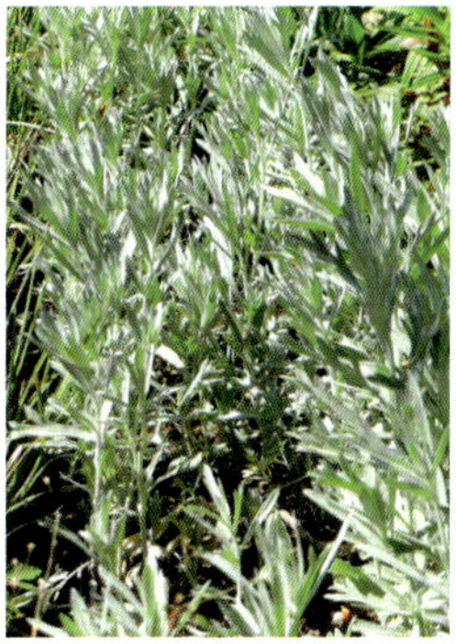

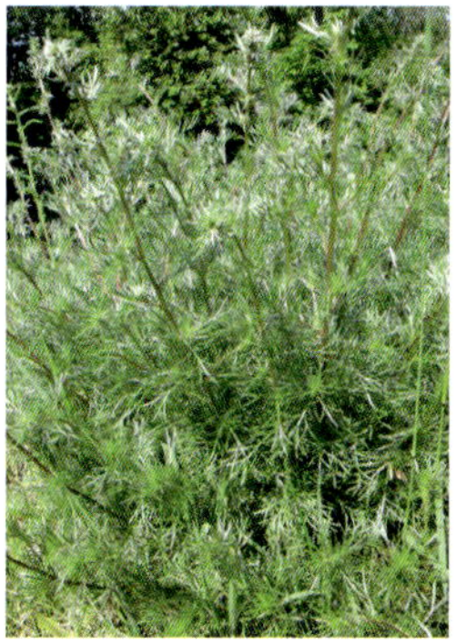

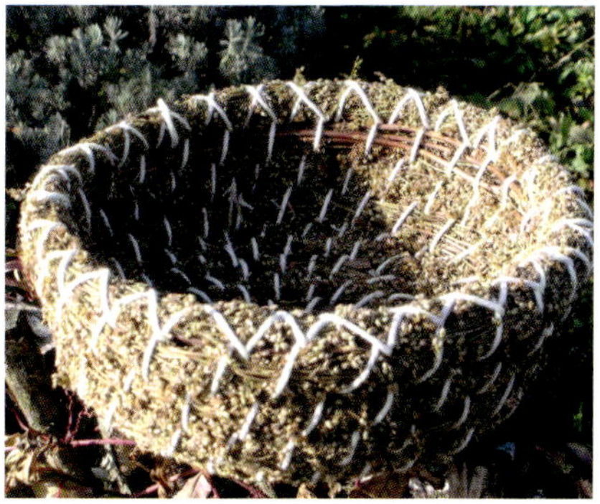

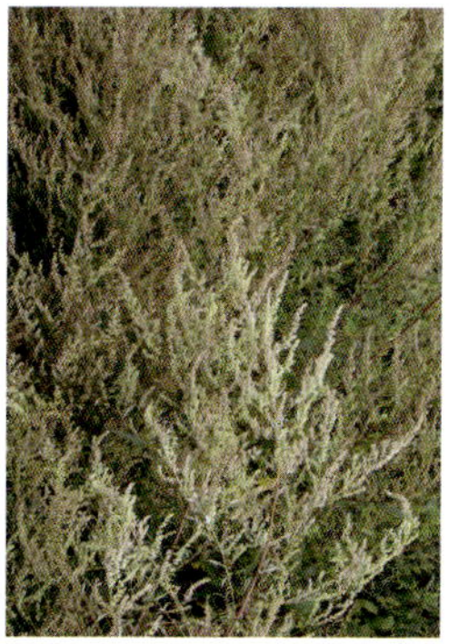

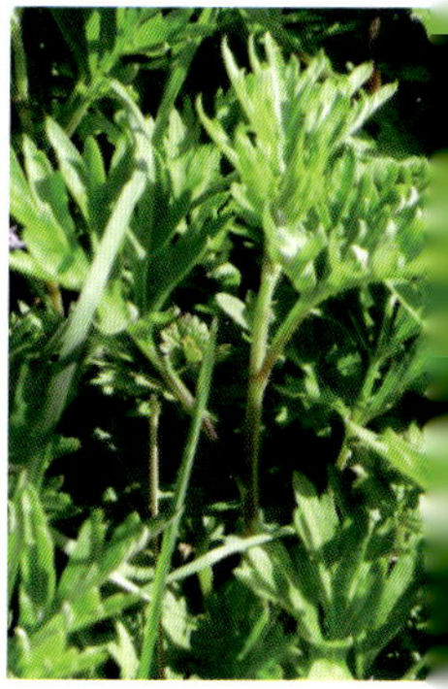

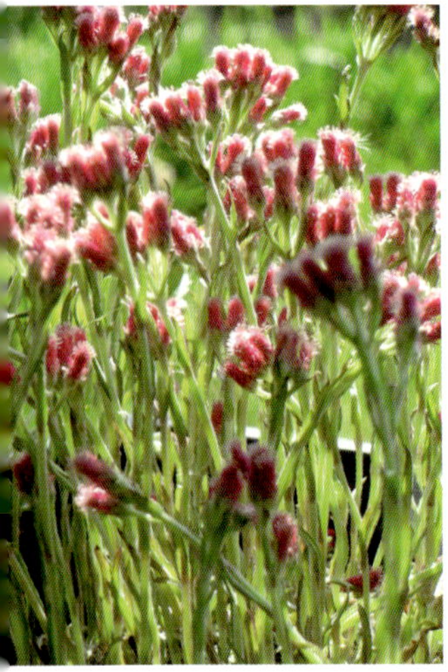

11.41
Katzenpfötchen noch in blühendem Zustand.

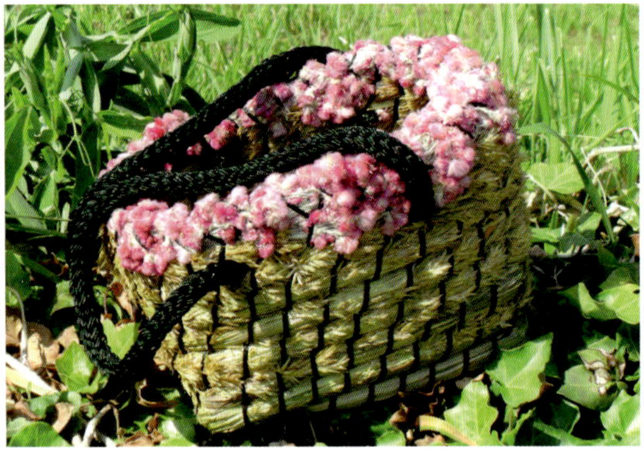

11.42 Trachtenkorb gearbeitet aus Ruchgras und roten Katzenpfötchen mit dunkelgrüner Schnur.

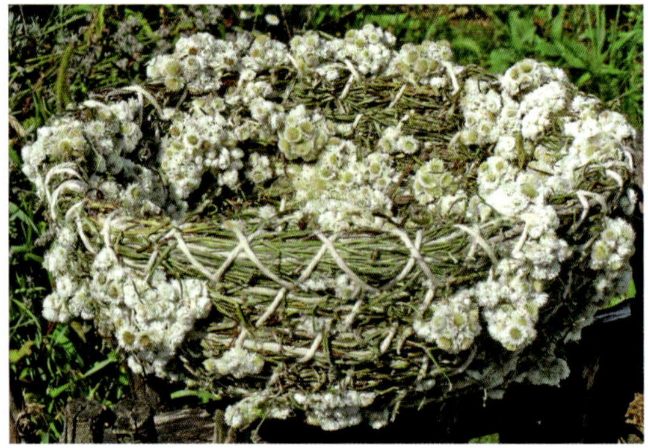

11.43 Ein fertiger Korb aus Silber-Immortelle.

In Nordamerika gibt es eine Pflanze, die dem Katzenpfötchen sehr ähnlich, aber um vieles größer ist, die **Silber-Immortelle** *(Anaphalis margaritacea)*. Leider blüht sie nur in weiß. Es handelt sich um eine dankbare Gartenpflanze mit vielen kleinen Blüten, deren Geruch allerdings zu wünschen übrig lässt. Die festen Stiele machen das Biegen am Anfang eines Korbes nicht ganz einfach. Werden sie mit der Zange etwas gequetscht, geht es leichter. Oder Sie verwenden die Immortelle ähnlich wie den **Rainfarn** (*Tanacetum vulgare*, siehe unten) nur für die Wände eines Korbes. Hier kann er seine Farbe zeigen und auch seinen feinen Geruch entfalten. Das getrocknete Laub des Rainfarns wurde u.a. dazu benutzt, um Motten zu vertreiben.
Eine zweite Pflanze, die auch zur Mottenabwehr verwendet wurde, ist das **Heiligenkraut** (*Santolina chamaecyparissus*). Leider ist es in unseren Breiten nicht sehr langlebig und die Blühwilligkeit lässt zu wünschen übrig. Schon die großen Alchemisten haben sich mit dem **Frauenmantel**

11.44
Die Silber-Immortelle lässt sich sehr leicht verarbeiten.

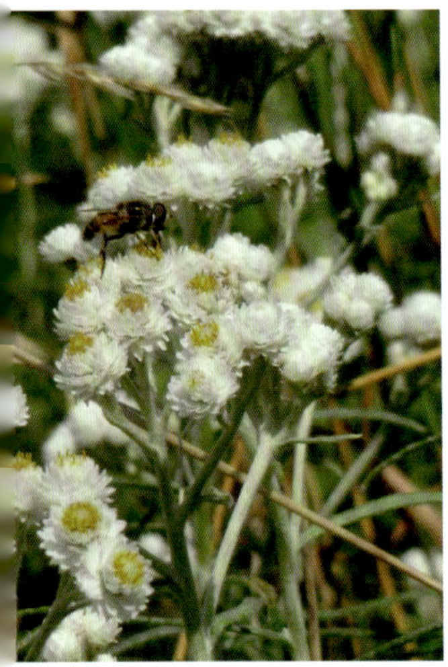

11.45 Rainfarn

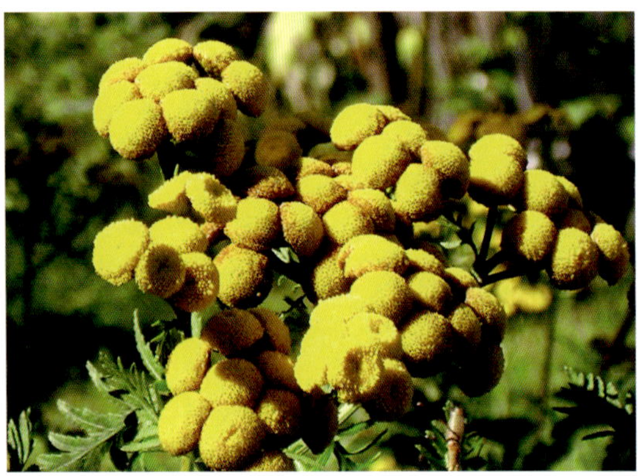

11.46 ... am Korb kombiniert mit Rohrkolben.

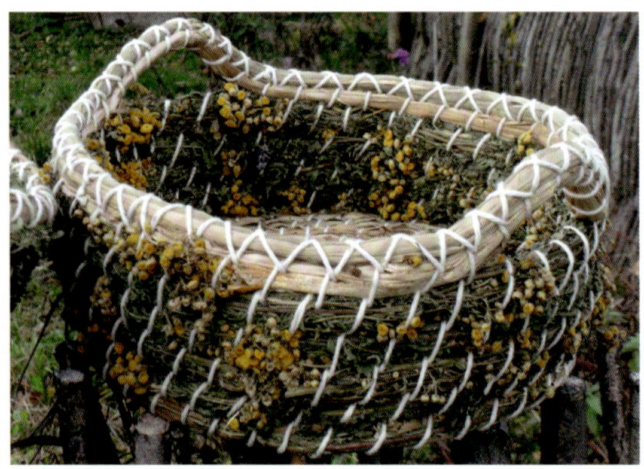

beschäftigt. Ihnen ging es weniger um das Laub dieser Heilpflanze, sondern mehr um die Tautropfen, denen sie eine besondere Wirkung zuschrieben. In unsere Gärten haben nur wenige Arten Eingang gefunden.
Am bekanntesten ist der große **Frauenmantel** (*Alchemilla mollis*) aus der Mittelmeerregion. Dabei wachsen vor unserer Haustür genügend kleinere Arten. Auch wenn sie nicht so schön buschig sind wie eben *Alchemilla mollis,* so bestechen sie doch durch ihre grüne Farbe. Oft wird mir gesagt, dass es den Gartenbesitzer leid tut, den schönen Frauenmantel gerade dann abzuschneiden, wenn er am schönsten ist (gilt übrigens auch für den Lavendel).
Wir selbst schneiden ihn, wenn er gerade noch schön ist, nämlich wenn die ersten Blüten sich zu verfärben beginnen. Dann kann der Frauenmantel (und alle seine Blätter) ca. 2 cm über den Boden abgeschnitten werden.
Im Frühjahr treibt er richtig stark wieder aus und im Sommer und Herbst stören keine braunen Blätter oder Blüten im Garten. Die langen Blütenstiele können wir zu wunderschönen Körben verarbeiten. Meist bringt er nach dem Schnitt noch vereinzelt ein paar Blütentriebe, die ansonsten ausbleiben würden. Bleibt ein kräftiger Schnitt dagegen aus, wird er unansehnlich und durch Selbstaussaat lästig. Die geschnittenen Triebe werden wie alle Kräuter zu handdicken Bunden zusammengefasst und mit den Blüten nach unten auf dem Dachboden oder in einem anderen wirklich dunklen Raum aufgehängt. Ist der Trockenplatz zu hell, bleicht der Frauenmantel leicht aus.
Wenn Sie ihn verarbeiten wollen, befeuchten Sie die Stiele durch Besprühen mit Wasser, lassen es kurz einwirken und quetschen die Stiele mit der Zange, um sie geschmeidig zu machen. Dann lässt sich ohne weiteres ein Knoten herstellen. Bei der Verarbeitung bröselt der Frauenmantel doch recht stark, aber keine Sorge, es bleiben

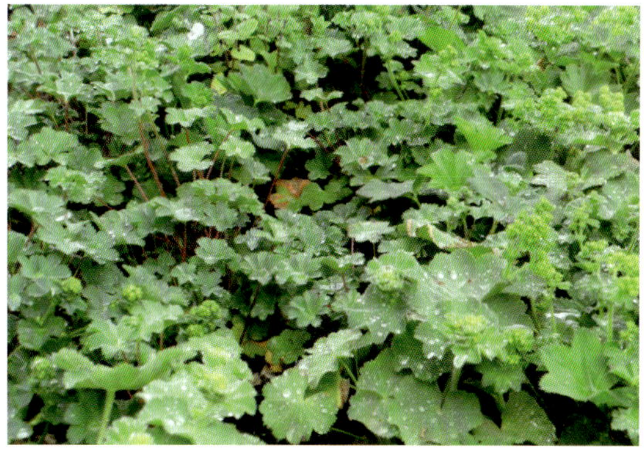

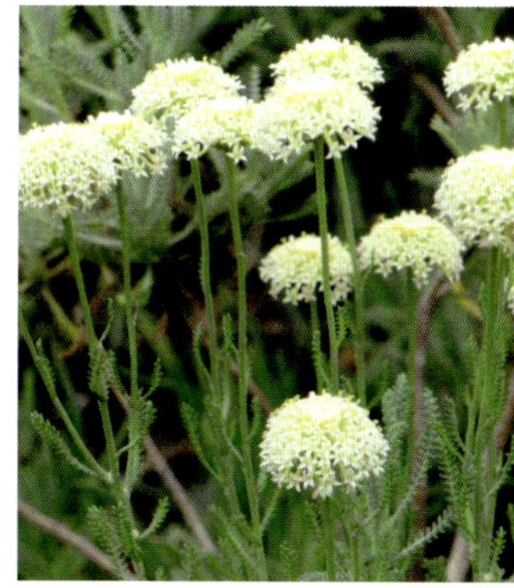

11.47 Verschiedene Sorten des Frauenmantels.

11.48 Heiligenkraut *(Santolina chamaecyparissus)*

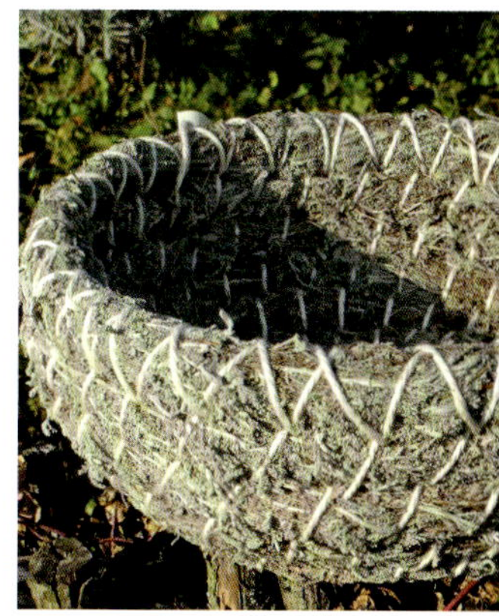

11.49
Korb aus Heiligenkraut

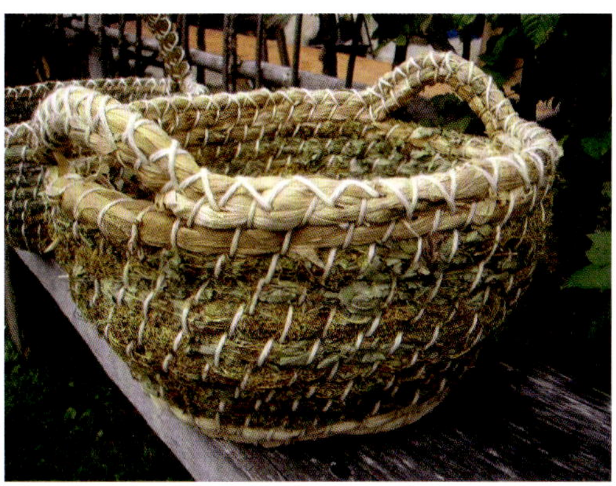

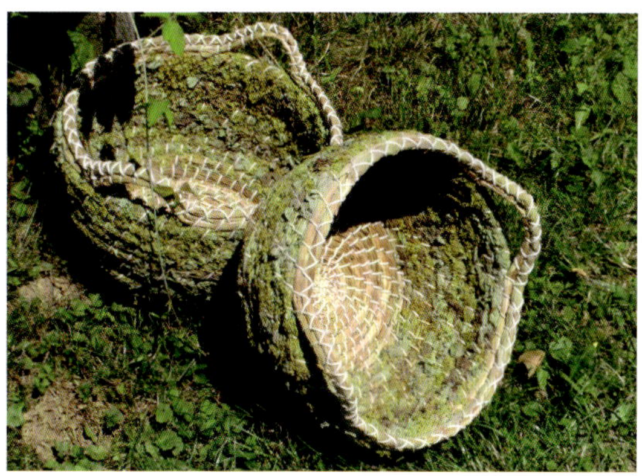

11.50
Ein Frauenmantel-Korb, kombiniert mit Maisstroh.

11.51
...und hier mit Rohrkolben, der sehr viel erlaubt.

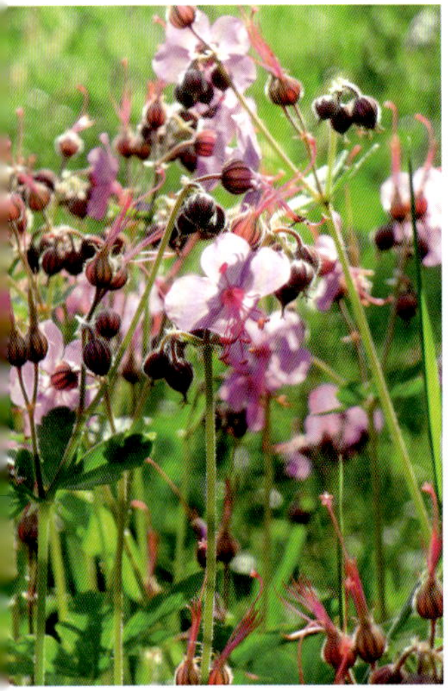

11.52 Storchschnabel

11.53
Im letzten Sommer habe ich einen Korb aus Pracht-Storchschnabel *(Geranium x magnificum)* versucht.

11.54
Johanniskraut mit gelber Blüte

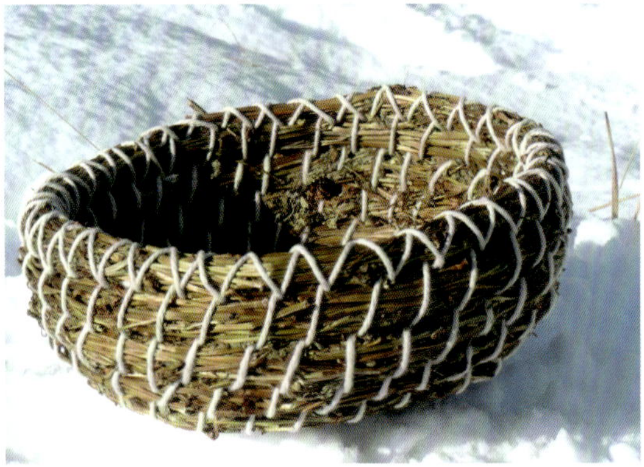

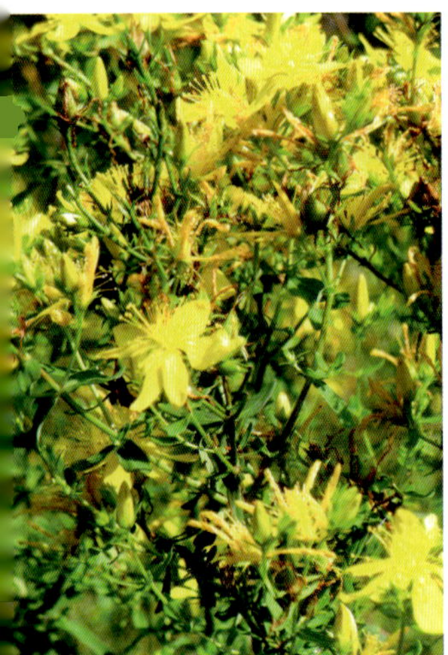

trotzdem genügend Blätter und Blüten übrig, die den Körben ihren besonderen Reiz geben. Wenn Sie nun richtig Lust auf Körbe aus Frauenmantel haben und es in Ihren Garten noch zu wenige Pflanzen gibt, können Sie ihn ohne weiteres durch Teilen der Wurzel vermehren, ein kleiner Teil wird sich auch selbst aussäen.

In unseren Garten wachsen einige wunderschöne Exemplare des **Pracht-Storchschnabels** (*Geranium x magnificum*), die ich im letzten Sommer zu verarbeiten versucht habe. Leider verliert diese Pflanze beim Trocknen die Blüten und das Laub verfärbt sich bronzefarben. Ein Rückschnitt nach der Blüte bekommt dem Storchschnabel genauso gut wie dem Frauenmantel. Altes Laub vom Frühjahr wird entfernt, die Pflanze kann neu austreiben und erstrahlt den restlichen Sommer im neuen Glanz.

Es gibt eine Pflanze, die mich schon mein ganzes Gärtnerleben begleitet, als Sinnbild des Sommers, der Sonne und als altbewährte Heilpflanze, das **Johanniskraut**. Die Blüten fallen von der getrockneten Pflanze zwar genauso ab wie beim Storchschnabel, aber das Besondere an Johanniskraut ist die rostrote Farbe des getrockneten Laubes, die dem Farbton eines Johanniskraut-Ölauszuges ähnelt. Die Aura und Ausstrahlung, die das Kraut umgibt, lebt damit in unseren Körben weiter. Die Stiele sind zwar recht steif, aber trotzdem zur Verarbeitung geeignet. Durch Anfeuchten und Quetschen kann man sie schon geschmeidig machen und biegen. Die rostrote Farbe wird durch die Lagerung stärker und entwickelt sich zu einem schönen Braunton.

11.55 Das Rot des getrockneten Krautes ähnelt der Farbe des Johanniskraut-Ölauszuges, bei dem die Blüten in Öl der Sonne ausgesetzt werden.

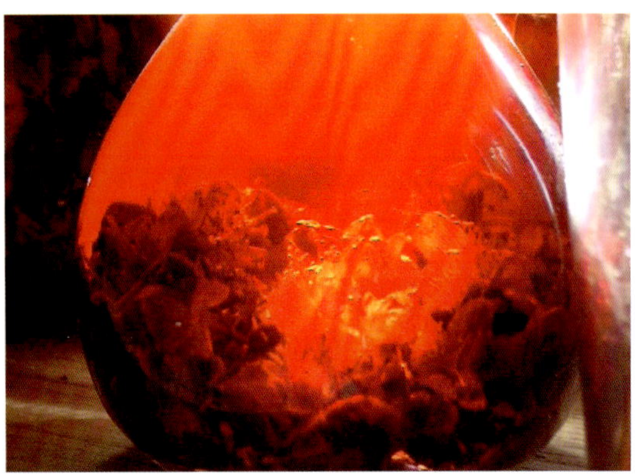

11.56
Am Korb wird die rötliche Färbung des getrockneten Johanniskrauts durch den Gebrauch noch intensiver.

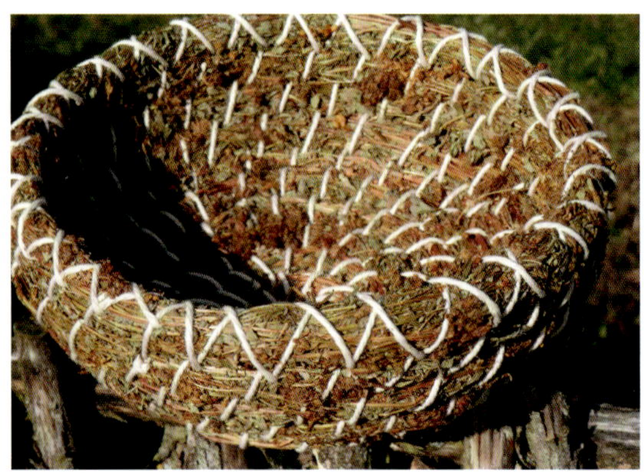

12 Farne

Das Laub der Farne wirkt zwar sehr zerbrechlich, durch die recht feste Mittelrippe der Blätter haben Körbe aus diesem Material aber durchaus Stabilität. Es gibt kaum ein Material, das wie der Farn im getrockneten Zustand seine dunkelgrüne Farbe behält, und sein herber Geruch lässt uns von Wäldern träumen.

Als ich das erste Mal mit Farn gearbeitet habe, war ich erstaunt, wie weich und relativ leicht diese Pflanze zu verarbeiten ist. Fertig sieht ein Korb aus Farn aus wie ein „grüner Pelz". Die grüne Farbe hält sich sehr lange, höchstens in Fensternähe bekommen solche Körbe auf Dauer einen braunen Schimmer. Riecht man am Korb, fällt sofort der herb-würzige Geruch auf, der an Waldboden erinnert. Dekoriert mit Zapfen und Hölzern lassen sich wunderbare Herbstkörbe zaubern, die aussehen, als hätten Feen sie hergestellt.

Meistens verwende ich den häufigen **Wurmfarn** *(Dryopteris filix-mas)* (wird über 1 m hoch) oder auch den etwas kleineren **Frauenfarn** *(Athyrium filix-femina)* (ca. 60 cm hoch). Beide sind nur von Experten wirklich zu unterscheiden (am si-

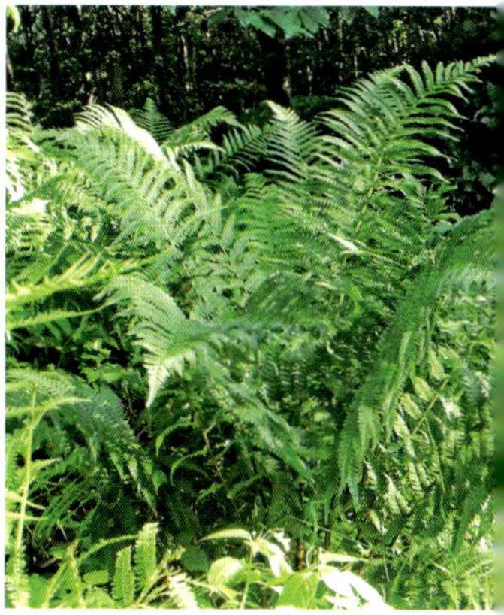

12.01
Meist verwende ich den häufigen Wurmfarn.

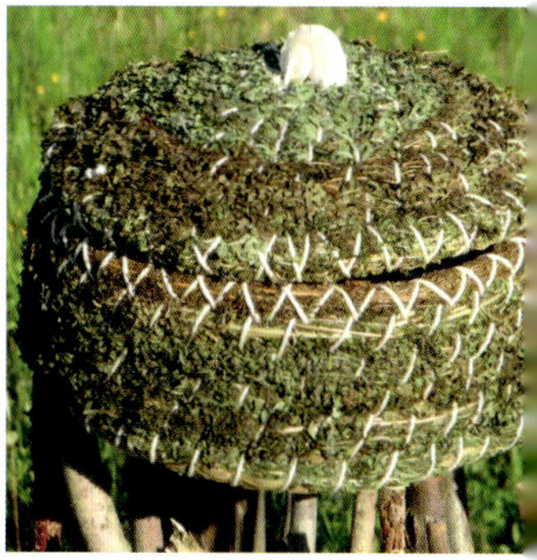

12.02
Die dunkelgrüne Farbe und der herbe Geruch des Wurmfarn-Korbes lassen uns von Wäldern träumen.

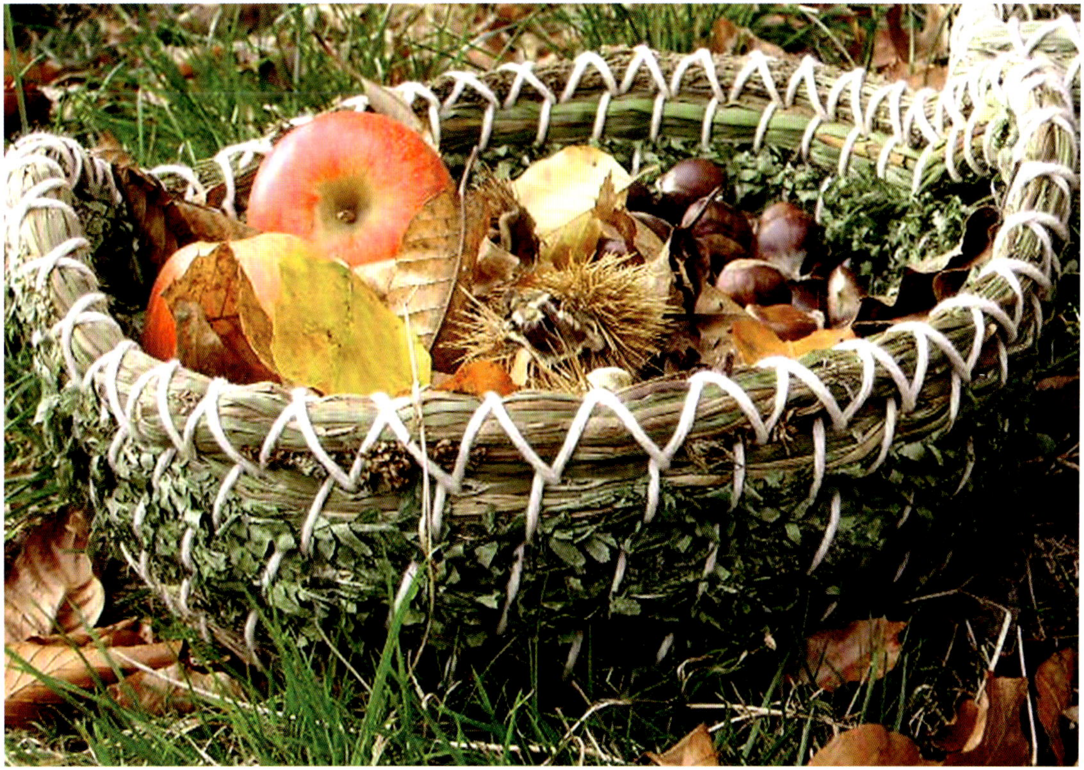

12.03
Ein herbstlicher Korb in Kombination mit Flatterbinse

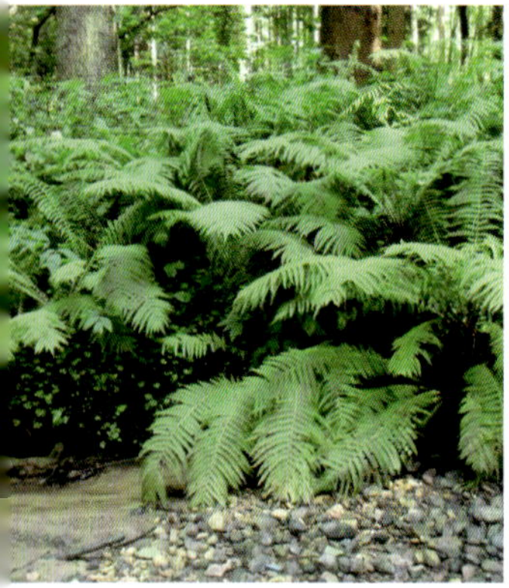

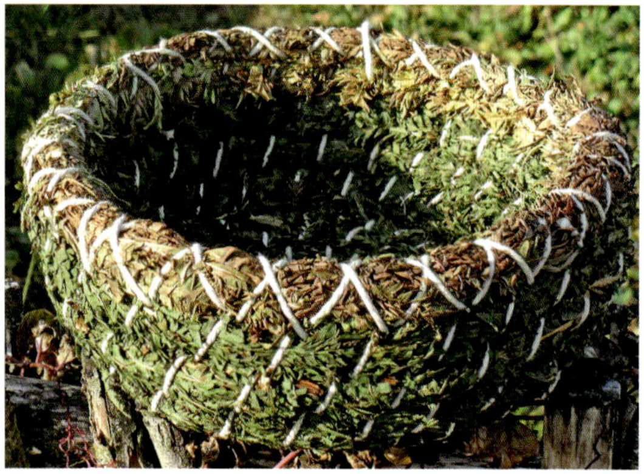

12.04
Der Straußenfarn *(Matteuccia struthiopteris)* ist für mich eine der beeindruckensten Pflanzen.

12.05
Aus Straußenfarn lassen sich besonders schöne Körbe herstellen.

12.06
Fruchtwedel des Straußenfarns

12.07
Straußenfarn liefert eines der schönsten Materialien.

chersten an der Form der Sporenbehälter an der Unterseite der Blätter) und beide lassen sich gleich gut verarbeiten. Wenn Sie ihn im Garten pflanzen wollen, benötigen Sie einen ähnlichen Standort wie der Wald ihn bietet, also unter Bäumen oder an einem anderen schattigen Platz. Mulchen Sie ruhig mit Rasenschnitt oder Laub zwischen den Pflanzen. Die langen Wedel sind in Rosetten angeordnet, das Blatt ist zweifach gefiedert, oval geformt und läuft spitz zu, die Fiederblätter sind am Rand sehr fein gesägt. Die Sporenbehälter finden sich zweireihig auf der Unterseite der sporentragende Wedel. Diese stauben bei der Arbeit etwas. Wen das stört, kann es mit dem **Straußenfarn** (*Matteuccia struthiopteris*) versuchen. Seine Ansprüche im Garten sind höher, er benötigt z.B. feuchteren Boden. Da es sich um eine streng geschützte Art handelt, ist das Sammeln in der Wildnis untersagt. Sollten Sie aber Pflanzen erwerben können, empfehle ich die Chance zu nutzen. Da die sporentragenden Wedel erst im Herbst wachsen und nur ca. 30 cm hoch werden (die grünen dagegen bis zu 150 cm), bleibt Ihnen der Sporenstaub bei der Arbeit erspart.
Aus Straußenfarn lassen sich besonders eindrucksvolle Körbe herstellen, man benötigt dazu aber einen größeren Bestand an Pflanzen, da jede einzelne Staude nur max. 10 - 15 Wedel hervorbringt. Sie sind besonders leicht und sehr biegsam, wenn sie auch nicht so aussehen. Kurz nach dem Austrieb Ende Mai kann begonnen werden, Wedel abzuschneiden und sie zu trocknen. Frisch ausgetriebene Wedel haben auch im getrockneten Zustand eine moosgrüne Farbe. Die Weiterverarbeitung ist gleich wie beim Wurmfarn, die Farbe jedoch intensiver.

Ich möchte an dieser Stelle noch eine Gruppe von Pflanzen vorstellen, die botanisch den Farnen zwar nahestehen, aber ganz anders aussehen: die meisten **Schachtelhalme** geben zwar keine besonders haltbaren Körbe ab, wirken aber recht ansprechend. An feuchten Stellen auf Wiesen kommt hin und wieder der Riesenschachtelhalm vor. Im Frühjahr, wenn der letzte Schnee schmilzt, kann das überwinterte Kraut bereits gesammelt werden. Es ist relativ brüchig, hat eine extravagante Oberfläche und eine sehr schöne graue Farbe.
Die im Sommer grünen Triebe lassen sich genauso gut oder schlecht verarbeiten, die dünnen Seitentriebe brechen bei der Arbeit sehr leicht ab. Das schadet zwar dem Korb nicht, stört aber

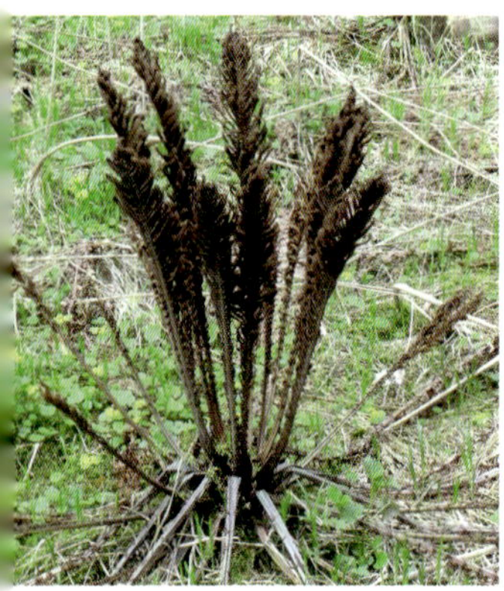

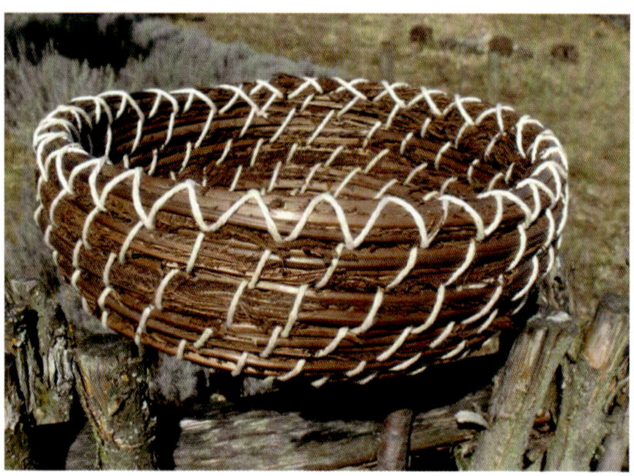

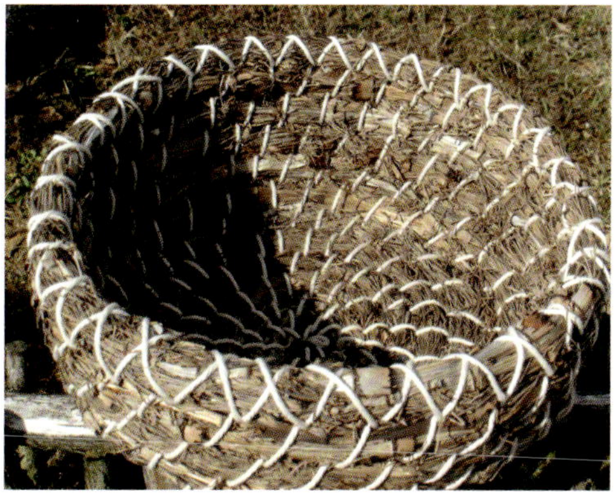

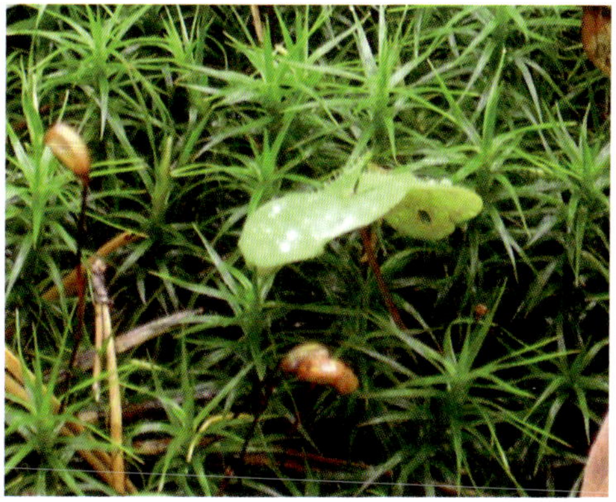

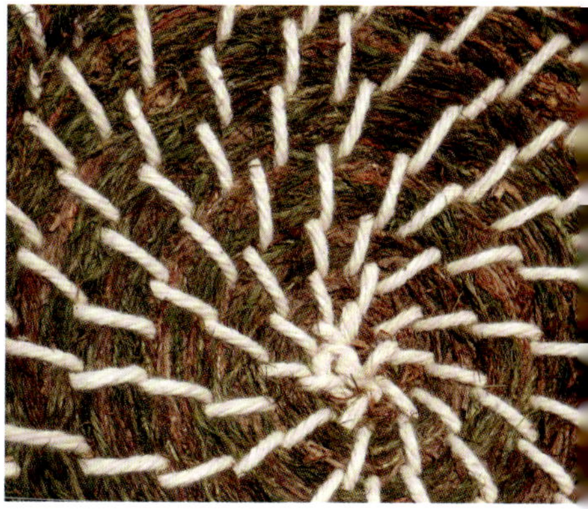

bei der Arbeit. Den in unseren Gärten lästigen **Ackerschachtelhalm** (*Equisetum arvense*) können wir ebenso verarbeiten, er ist einfach nur die kleinere Variante zum Riesenschachtelhalm. Allerdings ist es mühsamer, ausreichend Material für einen Korb zusammen zu bekommen, auch wenn er im Garten in Massen wachsen sollte. Umgekehrt ist die Verarbeitung aller Pflanzen zu Körben aber auch kein praktikabler Weg, um ihn aus dem Garten zu entfernen.
Vereinzelt wird der **japanische Winterschachtelhalm** (*Equisetum camtschatcensis*) am Gartenteich gepflanzt. Die bis zu 1,5 m hohe, sehr imposante Staude hat recht dicke, schwer zu biegende Halme. Viel leichter ist der einheimische **Winterschachtelhalm** (*Equisetum hyemale*) zu verarbeiten, der vorzugsweise in Auwäldern wächst. An Stellen, an denen das Grundwasser zu Tage tritt, bildet er meist große Bestände. Er ist zwar um ein Drittel kleiner mit seinen viel dünneren Halmen, aber auch wesentlich leichter zu verarbeiten. Da alle Schachtelhalm-Arten Kieselsäure in ihrem Kraut ablagern, sind sie ein sehr haltbares und dankbares Ausgangsmaterial. Die grüne Farbe bleicht beim Winterschachtelhalm leider leicht aus und weicht einem hellen Ocker. Da die Internodien nicht ausbleichen, bildet deren dunkle, fast schwarze Farbe einen schönen Kontrast zum Rest des Halmes. Den Namen hat er bekommen, da durch die eingelagerte Kieselsäure das Laub nicht verrottet. Es gibt uns die Möglichkeit auch im schneearmen Winter noch an Korbmaterial zu kommen. Wenn Sie ihn im Garten anpflanzen, sollten Sie die Blätter trotzdem im Herbst abschneiden, da auch die Wintersonne die Farbe der Halme zersetzt und ausbleichen lässt. Ein freies Auspflanzen ist nicht zu empfehlen, da er sich rasch ausbreiten kann; besser ist es, ihn in einen großen Kübel oder mit Rhizomsperre in das Sumpfbeet zu pflanzen, da der Wasserbedarf der Pflanzen recht hoch ist.

12.08
Korb aus dem Winterstroh des Riesenschachtelhalm

12.09 Sternmoostau

12.10 Besonders mühevoll ist es, daraus Körbe herzustellen, die durch ihre dunkelgrüne Farbe unverwechselbar sind.

12.11 Die frische Ernte des Winterschachtelhalm lässt besondere Körbe erwarten.

12.12 Ein fertiger Korb

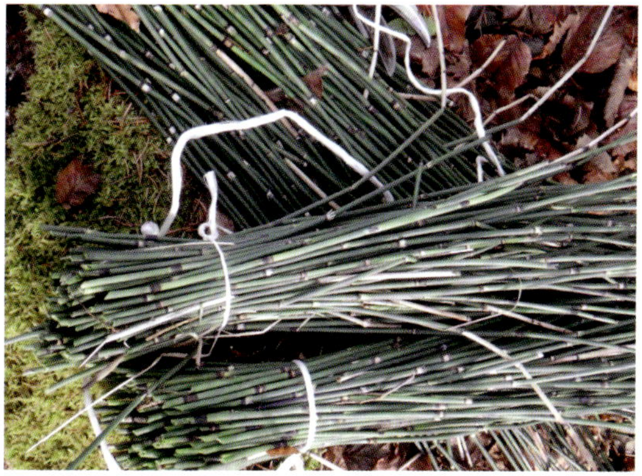

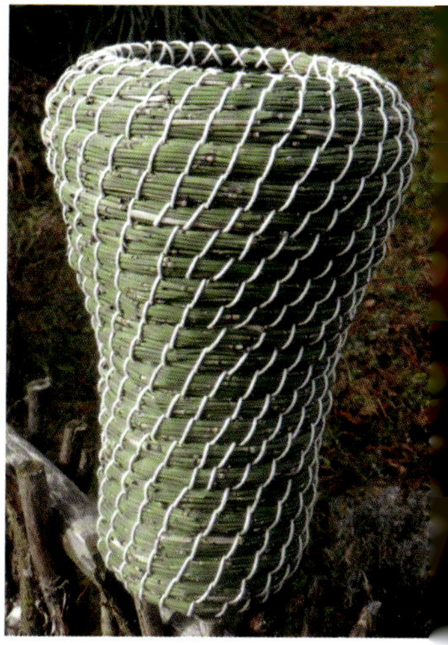

13 Gemischtes Korbmaterial

13.01
Drei besondere Einkaufskörbe, der linke wurde aus Silberdistelblüten hergestellt.

13.02
Hervorstechend an diesem Korb sind die Materialien Färberkamille, Schokoladenblume und Dost.

13.03
Was soll ich sagen: Dost! Auch braune Schafgarbe kann sehr reizvoll sein.

Von vielen Pflanzen, mit denen ich gerne arbeiten würde, bekomme ich meist nur ein oder zwei Pflanzen, so dass nach dem Trocknen im Herbst zu wenig Material vorhanden ist, um einen ganzen Korb daraus herzustellen. Zu Beginn sammelte ich das Pflanzenstroh teilweise über Jahre, bis ich ausreichend Material beisammen hatte. Als mein Lagerplatz irgendwann erschöpft war, entstand die Idee, auch gemischte Körbe herzustellen.

Dabei gibt es die Möglichkeit, alle in kleinen Mengen vorhandenen Materialien zusammenzunehmen und zu vermischen oder gezielt 2 - 3 Materialen für einen Korb auszuwählen. Im letzteren Fall bietet es sich an, für den Anfang ebenso wie für Boden und Henkel ein sehr biegsames Material (Rohrkolben, Flatterbinse…) zu wählen und brüchigere Materialien (Minze, Rainfarn…) für die Wände zu nutzen. Das Prinzip der Korbnäherei bleibt trotzdem stets das Gleiche.

Wenn ich in Gärtnereien interessante Pflanzen finde, trockne ich diese, um festzustellen, ob sie die Farbe behalten, wie die Blüten nach dem Trocknen aussehen und wie haltbar sie sind. Um das herauszufinden, brauche ich keine großen Mengen. Ist das Ergebnis nicht befriedigend, war der Aufwand nicht allzu groß, ich kann sie dann noch immer zu einem gemischten Korb verarbeiten, nur in ganz schlimmen Fällen wird Futter für die Schafe daraus. Bin ich mit dem Ergebnis zufrieden, muss ich die Pflanzen nur noch vermehren, um eine größere Menge zu bekommen. Bei vielen Wildpflanzen ist es dagegen meist einfacher, das Material in ausreichenden Mengen zu sammeln.

Trotz jahrelanger Erfahrung kann ich erst, wenn ich das Material verarbeite, es in die Hand nehme, biege und festnähe, sagen, ob etwas Gescheites daraus wird. Ich versuche stets, die Kontraste zu betonen. Pflanzen, die getrocknet sehr ähnlich aussehen, gebe ich am Korb nicht nebeneinander. Habe ich Stroh zur Verfügung, das sich schlecht biegen lässt, verwende ich es nur für die Wände. Schafgarbe oder Lavendel sind beispielsweise solche Materialien. Man kann aber auch gezielt mit Kontrasten arbeiten,

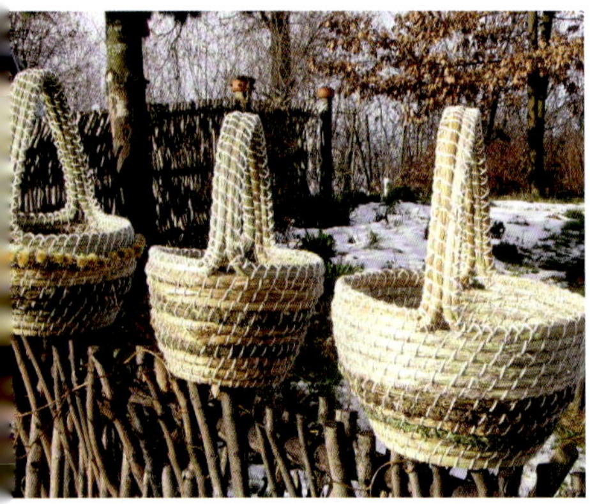

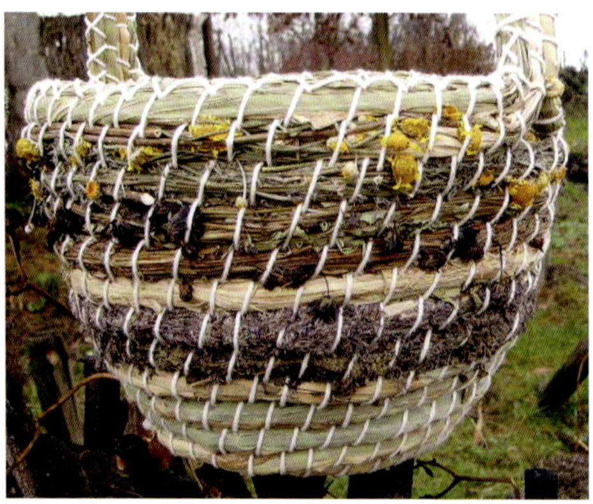

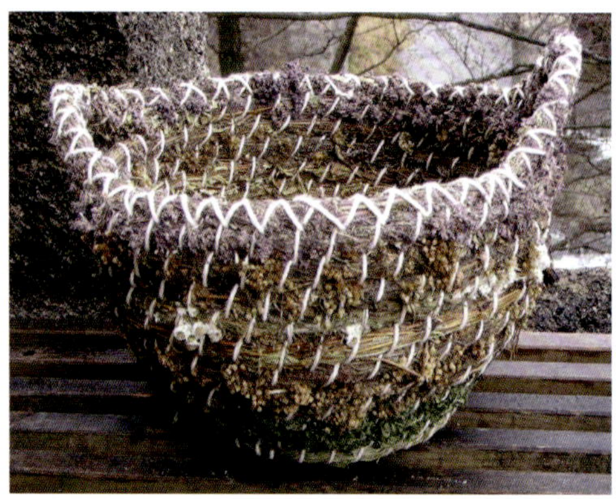

wie die Körbe aus Frauenmantel und Kräutern zeigen (beide Materialien lassen sich sehr leicht biegen, doch braucht es etwas Übung, um kleine Körbe komplett daraus zu fertigen).
Auch Kombinationen mit Rohrkolben finde ich sehr reizvoll, zumal der Rohrkolben leicht zu ziehen ist und bei der Ernte vergleichsweise große Mengen an Blättern anfallen. Für Binse und Sumpfsegge gilt dasselbe. Materialien, mit denen ich die Gräser kombiniere, sind Melisse, Rosmarin, Farn und auch Lavendel. Natürlich ist auch die Menge, die mir zur Verfügung steht, ausschlaggebend für die Verarbeitung. Katzenpfötchen z.B. kann ich grundsätzlich nur in kleinen Mengen mit verarbeiten, da ich für ganze Körbe zu wenig Material habe.

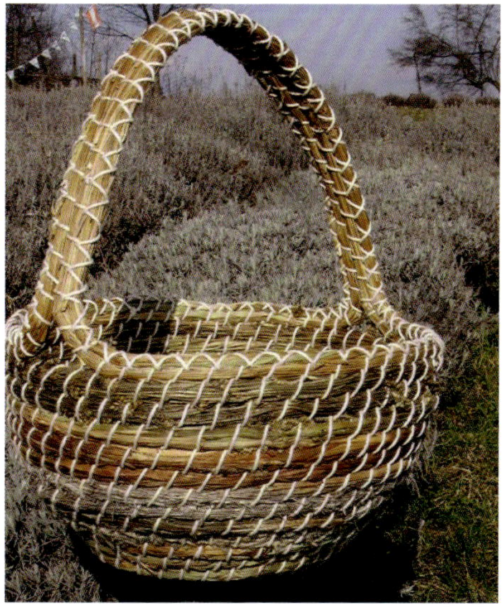

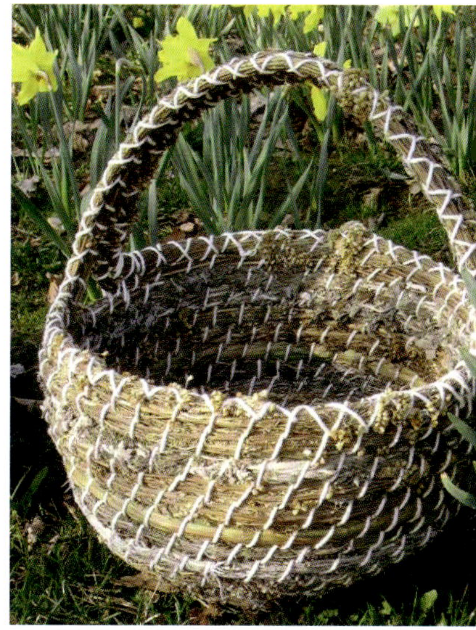

Rainfarn (*Tanacetum vulgare*) kann ich eigentlich auch in großen, für einen ganzen Korb ausreichenden Mengen ernten; wichtig ist bei dieser Pflanze nur, dass sie wirklich vor der Blüte geerntet wird, sonst wird das Erntegut braun. Die Stiele sind mit 4 – 5 mm Durchmesser aber zu steif, um kleine Körbe oder einen „Anfang“ zu machen. Ähnlich ist es bei einigen Minzen und Kräutern. Hier bietet die Ergänzung durch biegsameres Material für den Boden einen Ausweg.

Die zweite Möglichkeit besteht darin, wie schon erwähnt, alles vorhandene Material zu verarbeiten und dabei auf die Farbe und Struktur der Pflanzen zu achten. Das mache ich auch, um Restbestände aufzuarbeiten. Andererseits kann das Material aber auch gezielt gemischt oder eine bestimmte Sammlung zu einem Erinnerungsstück an einen Ausflug oder eine Wanderung verarbeitet werden. Ich habe schon häufiger Blumen-Dekorationen von Hochzeiten und

13.04
Auch ohne Blüten im Material sehen die Körbe ansprechend aus: Segge, Iris, Currykraut.

13.05
Korb aus Schafgarbe und Currykraut.

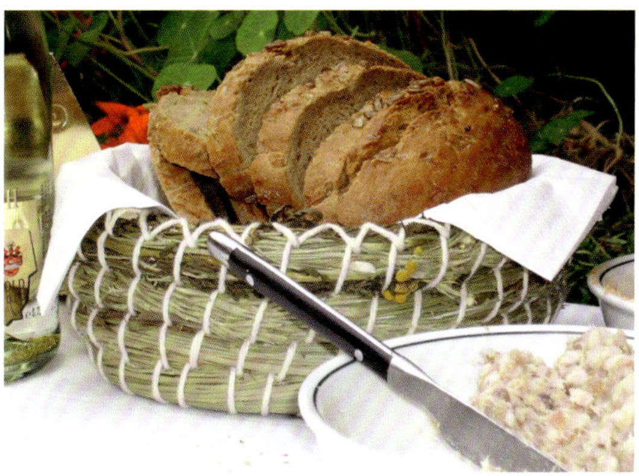

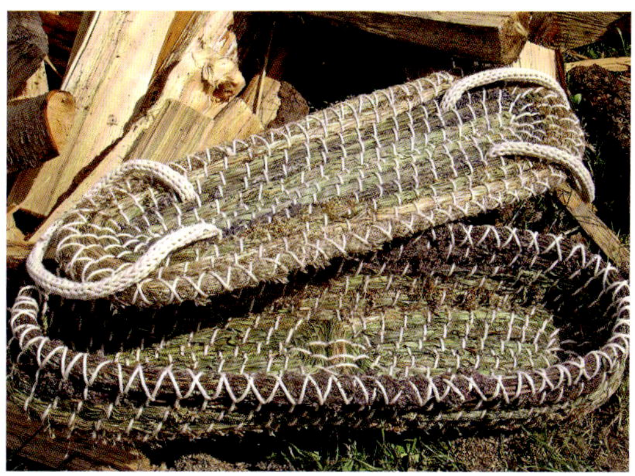

13.06
Die kleinen Blüten des Rainfarn sind ein schöner Hingucker.

13.07
Ein ganz besonderer Korb, lang und schmal (ca. 40 x 15 cm), aus Dost und weißer Hainsimse *(Luzula luzuloides)*.

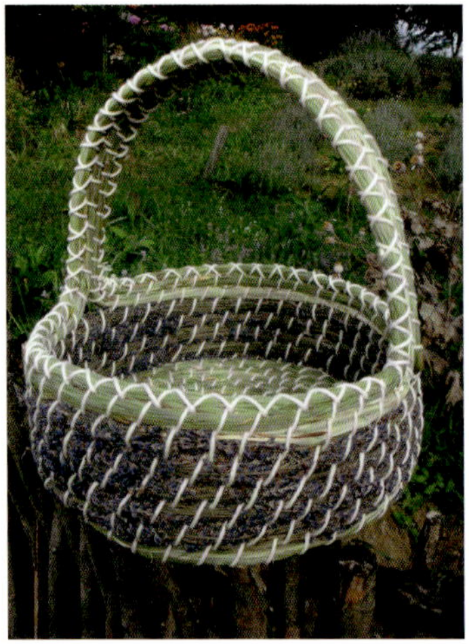

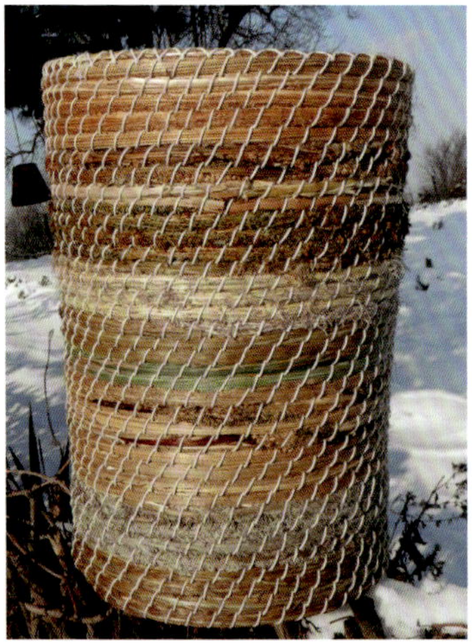

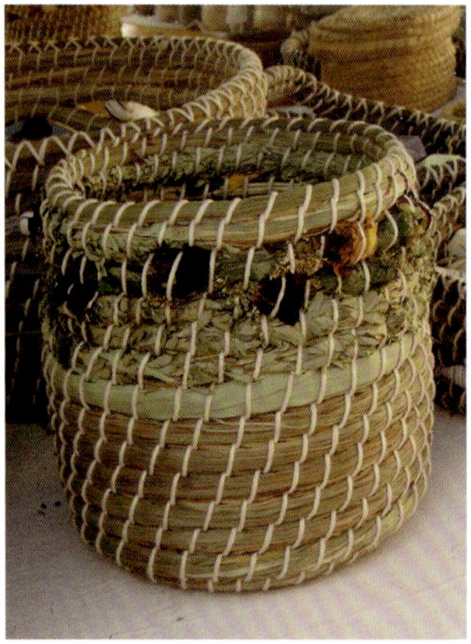

13.08
Hier wurden nur zwei Materialien kombiniert: Segge und Lavendel.

13.09
Bei diesem großen Korb wurde großflächiger gearbeitet: Verarbeitet sind Currykraut, Rohrkolben, Seggen, Bartgras, Johanniskraut und Flatterbinse.

13.10
Auch eine Möglichkeit, den Geburtstagsstrauß aufzubewahren und zu verewigen.

13.11
Drei gemischte Körbe aus Minze, Farn und Rainfarn.

13.12
Die Tischdekoration einer Hochzeit, zum Korb „recycelt“...

13.13
...und die Dekoration einer Tauffeier.

Taufen erhalten, um daraus Körbe zu fertigen. Es kann natürlich auch ein Geburtstagsstrauß sein, der nicht auf dem Kompost landen, sondern ein besonderes Erinnerungsstück für die Wohnung werden soll.

Die meisten Schnittblumen sind gut geeignet. Rosen und Schleierkraut beispielsweise, um nur zwei zu nennen, lassen sich sehr leicht zu einem Korb verarbeiten. Eine Ausnahme sind z.B. **Gerbera** (*Gerbera nivea*), bei denen wie bei Astern die Blütenblätter abfallen und der Pappus zum Vorschein kommt. Lilien werden unter Umständen braun, Hortensien hingegen behalten ihre Farbe und Form wunderbar, auch Ginkgo-Blätter lassen sich, wenn auch recht mühsam, verarbeiten. Beim gemischten Korb stehen fast alle Möglichkeiten offen, egal wie viel oder wenig Material von einer Pflanze zur Verfügung steht.

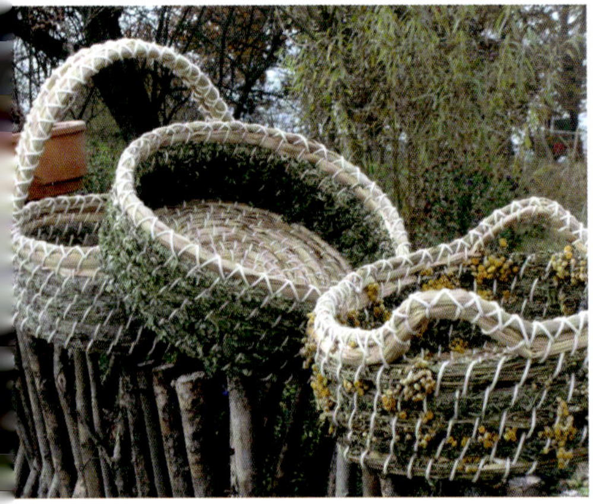

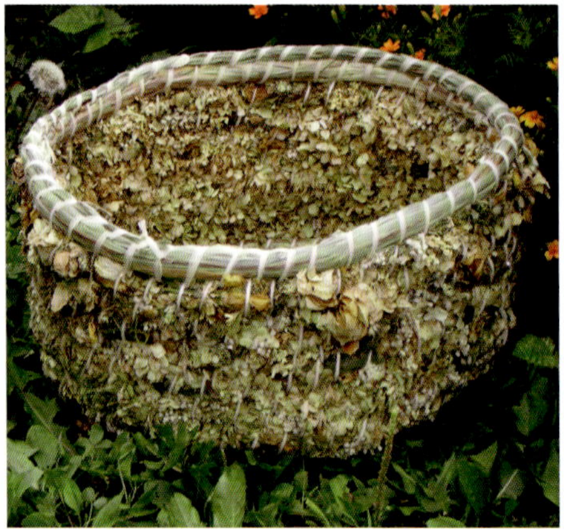

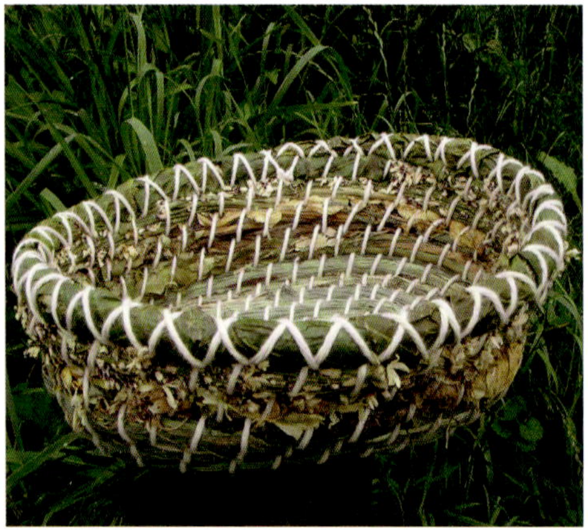

14 Dekorationen

Abgesehen von den verschiedenen Pflanzen haben wir noch viel mehr Möglichkeiten, Dinge aus der Natur in unsere Körbe einzubauen. So können wir z.B. dünne Zweige für einen Henkel einflechten, Weide eignet sich u.a. hervorragend dafür. Ich verwende sie im Winter grün und lasse sie am fertigen Korb trocknen. Auch dicke Äste sind für Henkel oder zur Dekoration bestens geeignet, egal ob nur entrindet oder weiter veredelt. Wenn ich die Gelegenheit habe, sammle ich auch gern Treibholz, z.B. an größeren Flüssen.

Interessant sind beispielsweise Stücke, welche die Biber zerkleinert und entrindet haben, da man an diesen Holzstücken noch die Bissspuren erkennen kann. Derart „wertvolles“ Holz muss ich nicht durchbohren, um es für einen Griff zu verwenden, sondern kann es unbearbeitet in den Korb einnähen.

Um bei größeren Körben schöne Traggriffe anzubringen, verwende ich oft Holunderholz. Das Mark lässt sich leicht herausschieben und durch das hohle Innere dann eine Schnur einziehen. Um stärkere Schnüre herzustellen, benutze ich eine selbstgebaute Strickliesl als Hilfsmittel (vgl. Kap. 6). Die moderne Ausführung mit Kurbel, Gewichten und mancherlei anderen Finessen, die ich einmal geschenkt bekam, fand ich für meine Arbeit weniger geeignet als die selbst gebaute. Mit der üblichen Baumwollschnur, die ich für alle Arbeiten verwende, lassen sich auf dieser Strickliesl leicht ca. 1 cm dicke Kordeln herstellen, dick und fest genug, um auch optisch zu größeren Körben zu passen.

Für manche Böden verwende ich aber auch Holz. Insbesondere bei quadratischen oder sehr langen Körben gerät ein genähter Boden nicht immer richtig flach wie beim runden Korb, sondern gewellt. Wenn das nicht erwünscht ist, verwende ich für den Boden ein Stück Pappelsperrholz, wie es z.B. für Laubsägearbeiten gebraucht wird, bohre am Rand ringsum im Abstand von 1,5 cm Löcher mit 2 mm Durchmesser und baue darauf auf.

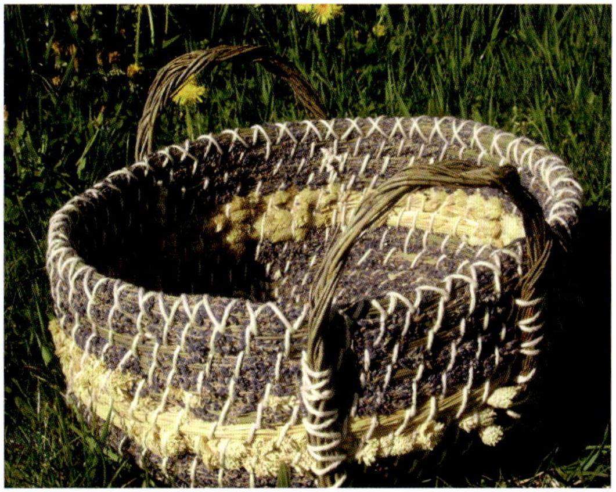

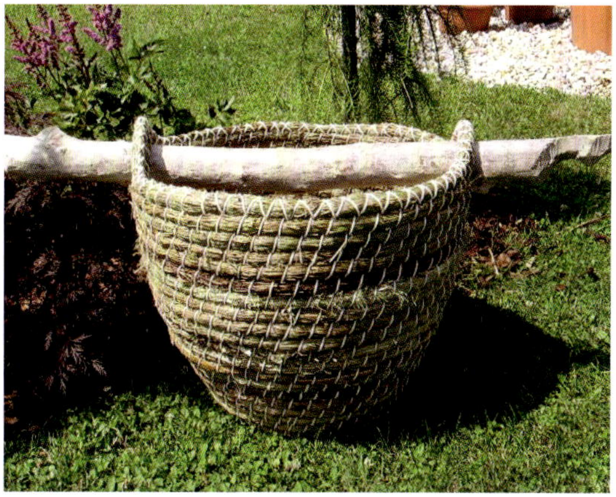

14.01
Eine frühe Arbeit aus Lavendel, Glanzhirse und geflochtenen Weidengriffen.

14.02
An diesem Holz hat ein ganz spezieller Handwerker seine Spuren hinterlassen.

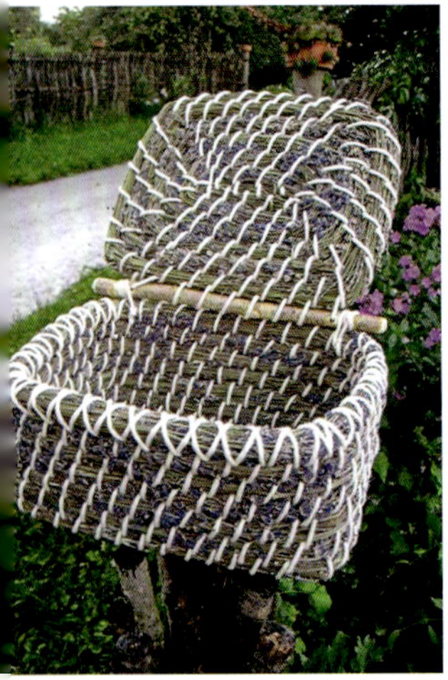

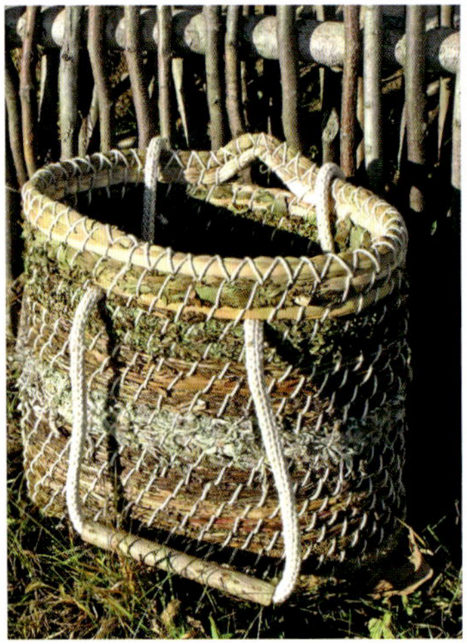

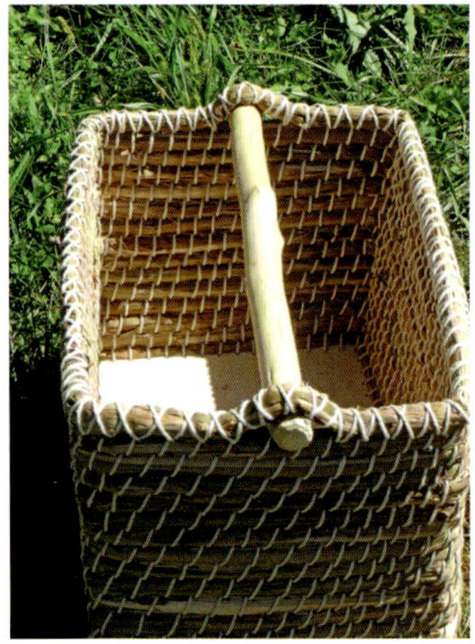

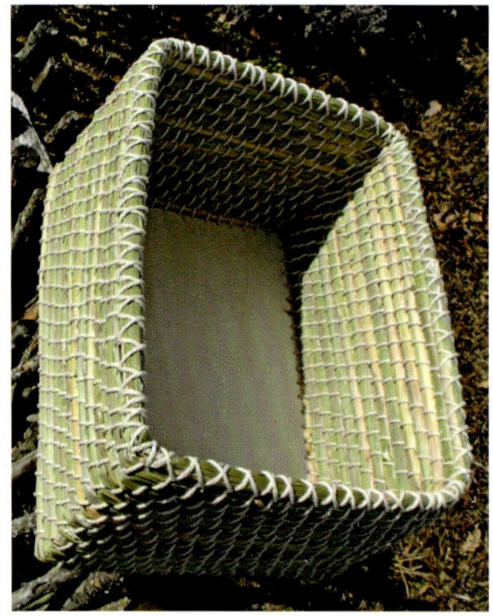

14.03
Hier dient das Holz als Gelenk für den Deckel.

14.04
Henkel aus Holunder

14.05
Holzboden mit Holzgriff

14.06
Der hier verwendete Pappelholzboden ist schön zu erkennen.

Um mehr Farbe in unsere Körbe zu bringen, können wir sie auch mit Schneckengehäusen dekorieren, wobei es egal ist, ob Sie Gehäuse von Weinbergschnecken sammeln oder von Meeresschnecken. Schnecken passen eigentlich immer gut zu den Körben. Um sie am Korb zu befestigen, bohre ich von oben ein Loch in das Gehäuse und stecke Schaschlik-Stäbchen hindurch. Mit dem Stäbchen kann das Schneckengehäuse im Pflanzenstrang aufgespießt und vernäht werden.

Wenn Sie besonders schöne Schneckengehäuse gefunden haben, können Sie diese auch als Griff für Deckel verwenden. Bohren Sie dazu an der Unterseite neben der großen Öffnung ein zweites Loch, fädeln eine Schnur durch die beiden Öffnungen und anschließend durch den Deckel, verknoten Sie die Schnur und ziehen sie die Enden wieder mit der Nadel durch. Zum Schluss schneiden Sie die Schnur bündig zur Oberseite ab.

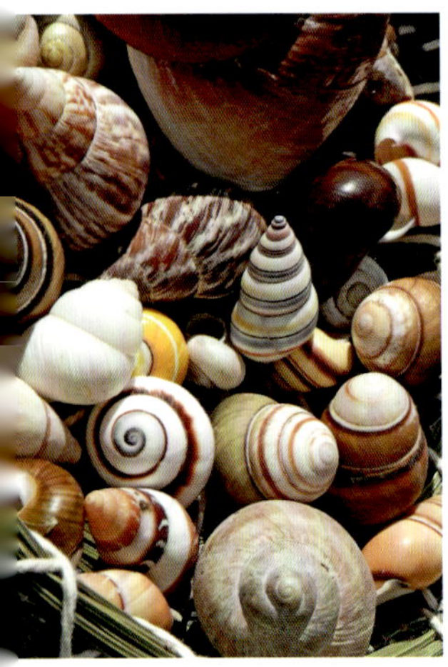

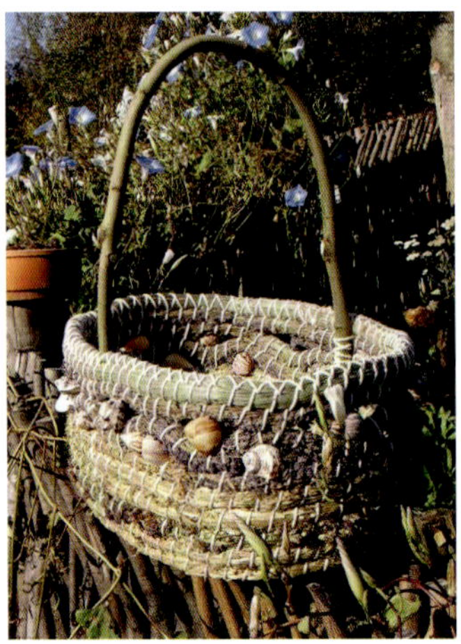

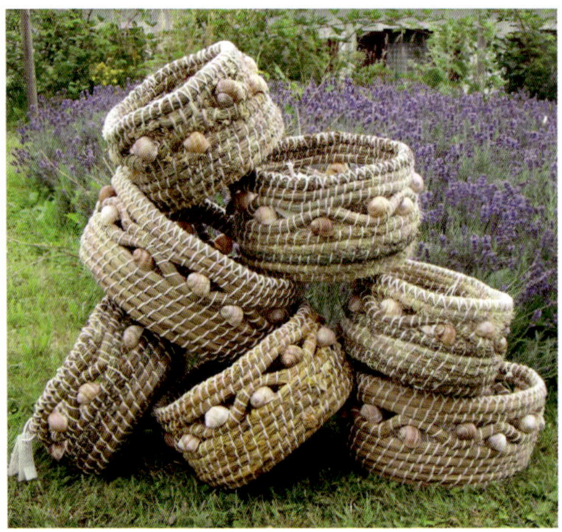

14.07
Muscheln und Schnecken bieten eine schier unendliche Vielfalt an Farben und Formen, die wir verwenden können.

14.08
Schneckenkorb mit einem Henkel aus Holz

14.09
Flatterbinsenkörbe, dekoriert mit Weinbergschnecken-Gehäusen.

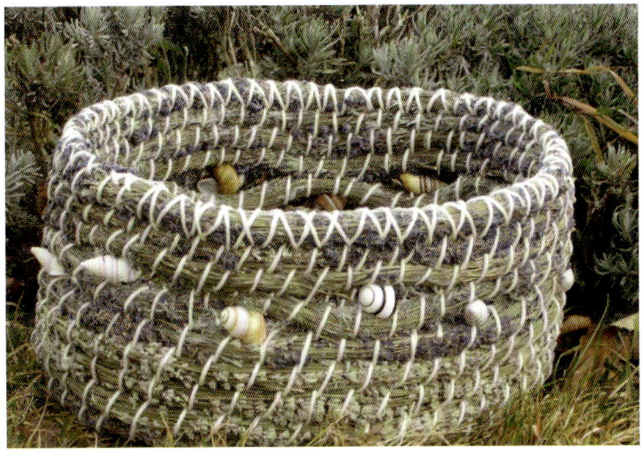

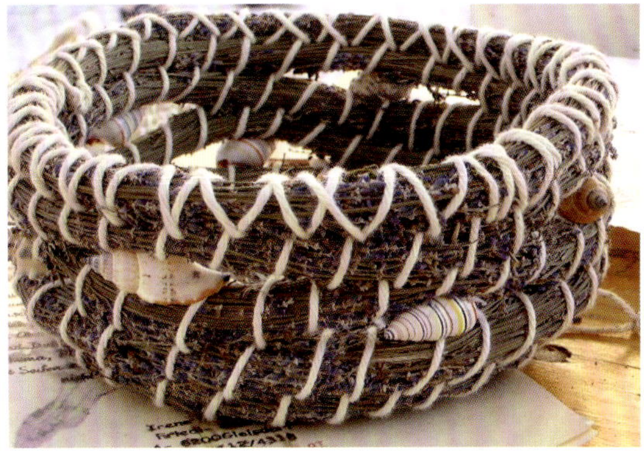

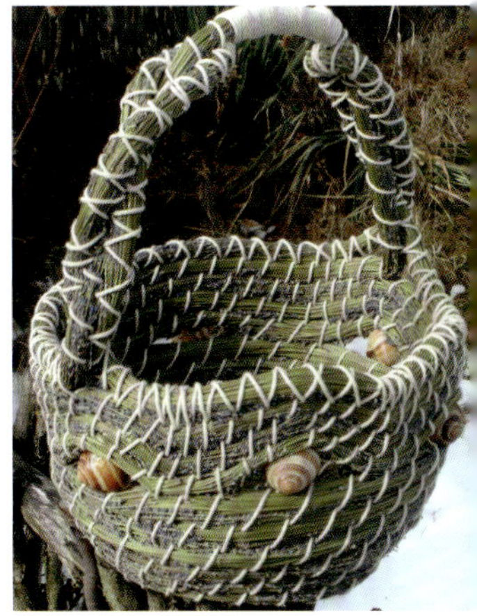

Sehr gerne verwende ich auch Jakobsmuscheln, um sie bei kleinen Körben im Deckel zu verarbeiten. Ansonsten ist das Verarbeiten von Muscheln recht schwierig, da sie meist flach und scheibenförmig sind.
Manche Körbe habe ich mit Federn dekoriert. Es überrascht, wie lange diese Federn halten. Nach jahrelangem Gebrauch meines Arbeitskorbes sehen die Bussard-Federn, die ich damals daran befestigt habe, noch aus wie am ersten Tag. Obwohl ich den Korb gerne mit auf Gartenausstellungen nehme, hat das häufige Aus- und Einpacken den Federn nicht geschadet. Federn von geschlachteten Tieren meide ich, sondern suche lieber auf Sammeltouren im Wald gemauserte Federn, z.B. von Bussard und Eule. Auch die Graugänsefedern habe ich von freilebenden Gänsen gesammelt. Vielleicht kennen Sie ja einen Züchter einer schönen Vogel- oder Geflügelrasse, der Ihnen hin und wieder Federn überlässt.
Eine besonderer, relativ seltener Schmuck sind Geweihe! Ich habe schon früh Rehgeweihe verwendet, die wir im Wald gefunden haben. Nach

14.10
Korb aus verschiedenen Lavendelsorten mit Deco-Schneckenhäusern (oder Landschneckenhäusern)

14.11
Kleiner Korb aus Lavendel ‚Hidcot Blue' und Deco-Schneckenhäusern (oder Landschneckenhäusern)

14.12
Lavandin Korb mit Weinbergschnecken-Gehäuse.

14.13
Weinbergschnecken im Henkelansatz befestigt. (Lavendel ‚Hidcot Blue')

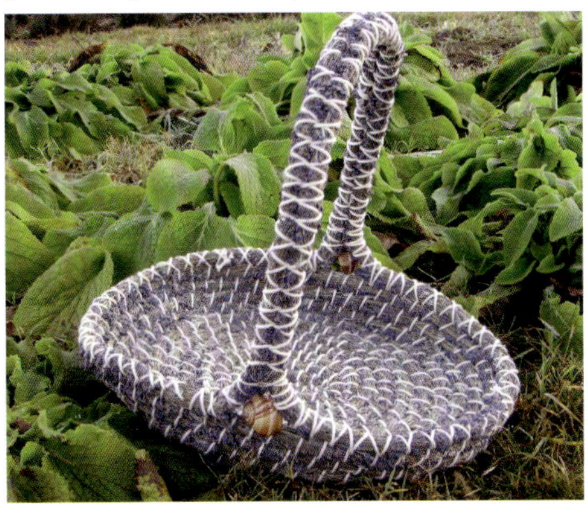

14.14
Hier wurde das Gehäuse einer Achatschnecke als „Knopfgriff" verwendet.

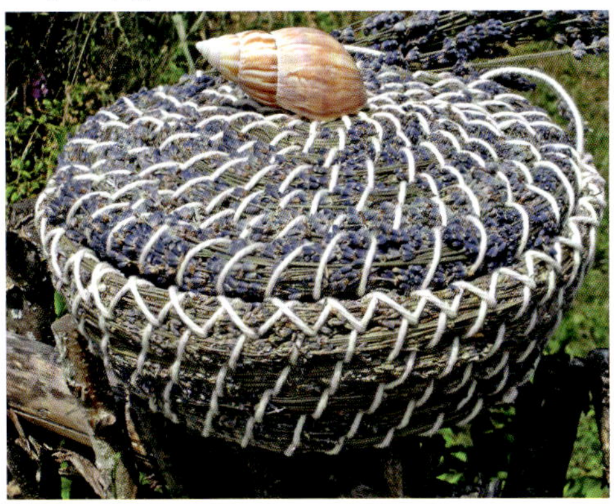

14.15
Verschiedene Meeresschnecken als „Knopfgriff".

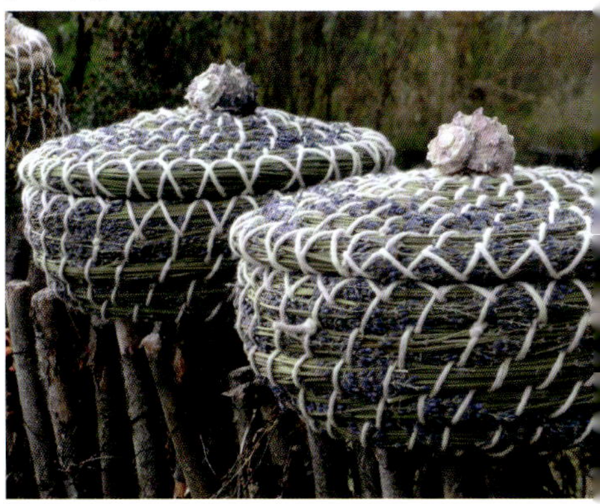

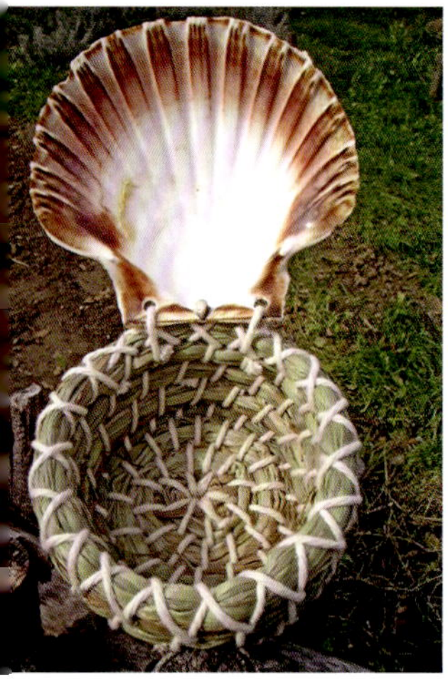

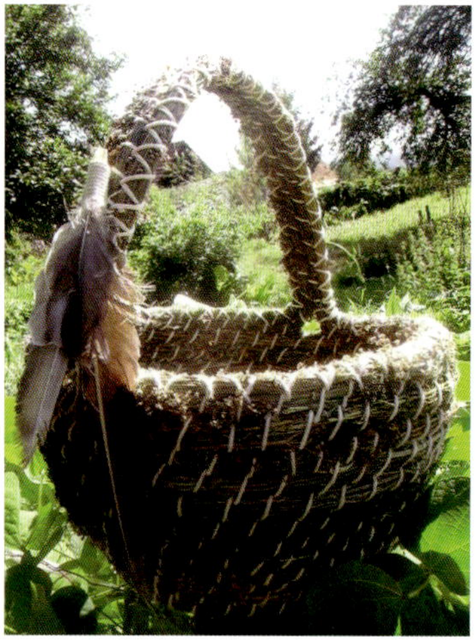

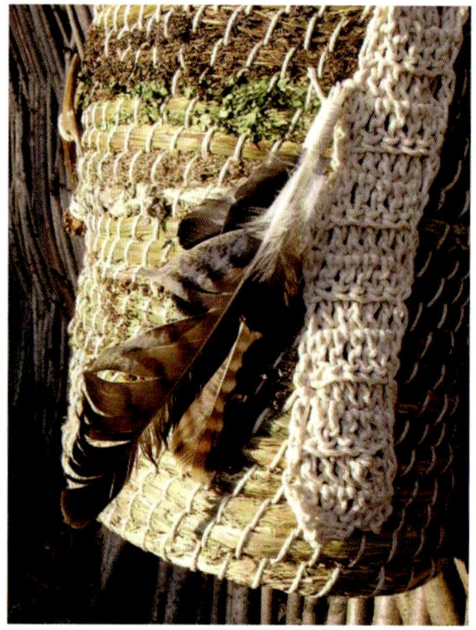

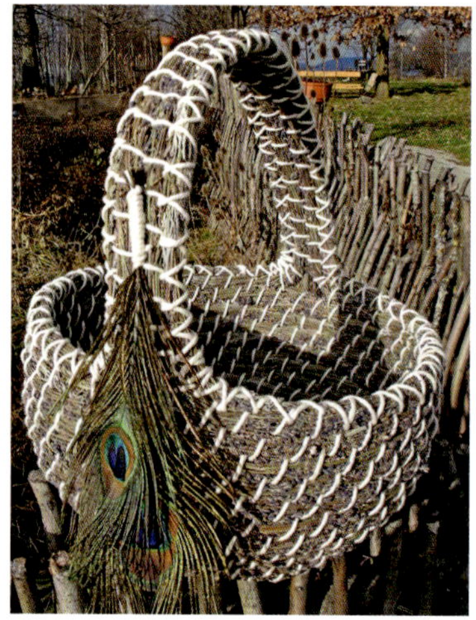

14.16
Kleiner Korb mit Jakobsmuschel-Deckel

14.17
Feder von Graugänsen für einen besonderen Korb

14.18
Bussard-Federn am Arbeitskorb

14.19
Pfauenfedern unterstreichen das Blau des Lavendels.

österreichischem Gesetz darf man im Wald gefundene Rehgeweihe behalten, im Gegensatz zu Rothirschgeweihen, die beim Förster abzuliefern sind. Viele Förster und Jäger haben aber Geweihe gesammelt, die sie gerne verkaufen. Auch gibt es Züchter von Rot- und Damhirschen, bei denen jedes Jahr Geweihe anfallen; diese Züchter sind meist gerne bereit, solche zu verkaufen. Suchen Sie aber nicht die größten aus, sondern begnügen Sie sich bei Hirschgeweihen eher mit kleineren, die bei runden Körben für Griffe Verwendung finden können. Mit der Verwendung von Hörnern ist es etwas schwieriger, da sie am Tier bleiben, bis die Hornträger sterben. Obendrein lassen sich Hörner nicht so leicht einfügen wie Geweihe.

Wem das alles zu viel Aufwand ist, der kann auch gefilzte Wolltiere oder Filzblüten einarbeiten. Bunte Filzteile sehen eigentlich immer gut aus und können in der gewünschten Größe, Form und Farbe jederzeit hergestellt werden, z.B. Blumen für den Henkel, oder Wollfiguren,

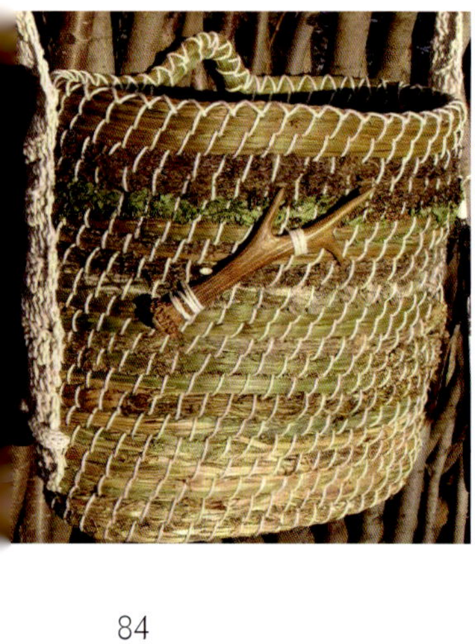

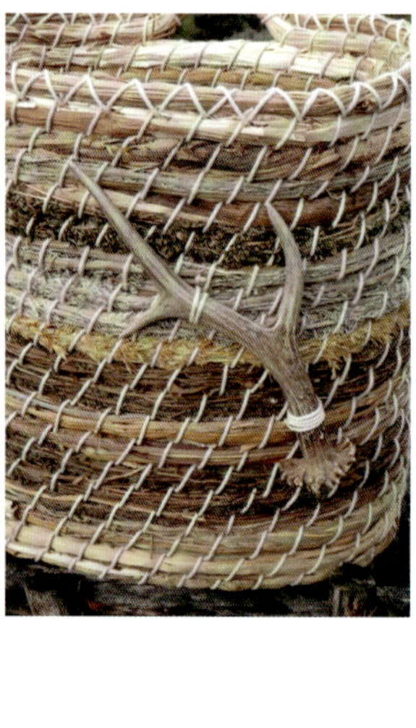

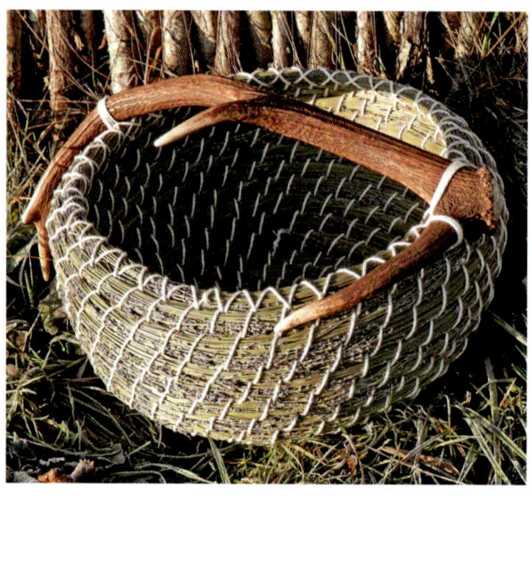

14.20
Arbeitskorb mit Rehgeweih zur Dekoration

14.21
Die Position am Korb hängt davon ab, wie geschwungen das Geweih ist.

14.22
Lavendelkorb mit Rothirschgeweih.

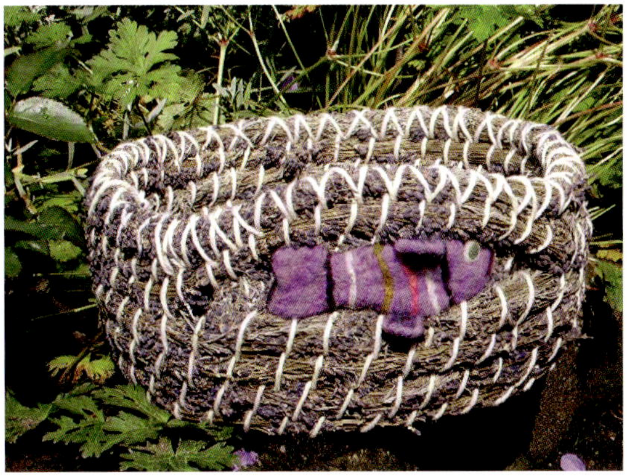

14.23 Lila Fisch am Lavendelkorb

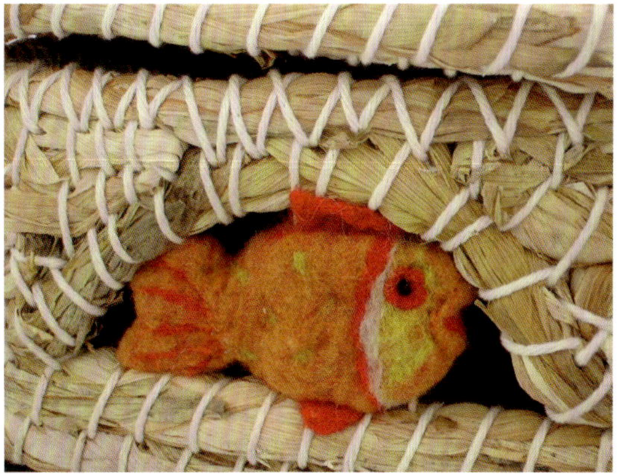

14.24 Korb mit Fisch hamoniert gut.

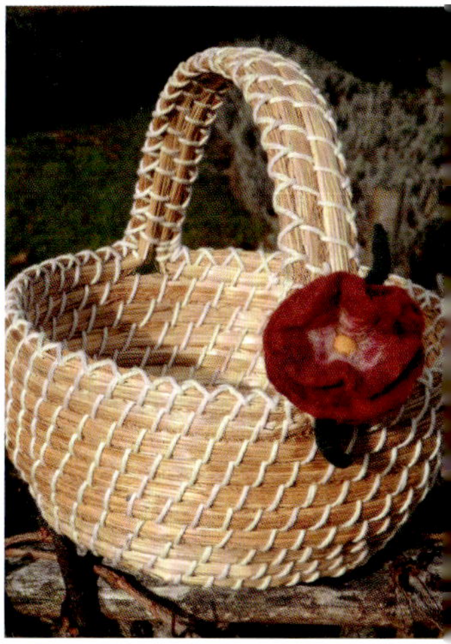

14.25
Eine Filzblume kann einem einfachen Pfeifengraskorb das gewisse Etwas verleihen.

die ähnlich wie die zuvor beschriebenen Schneckenhäuser eingenäht werden.
Denkbar wäre auch, Felle bzw. Fellstücke mit einzuarbeiten, z.B. um den Rand eines Korbes zu verschönern oder um einen besonders weichen Griff anzufertigen. Ebenso gut eignet sich Leder dafür. Es gibt wunderschöne afrikanische Arbeiten mit Leder, von denen ich leider keine Fotos zeigen kann.

14.26 Verschiedene Körbe mit Schneckengehäuse-Deco.

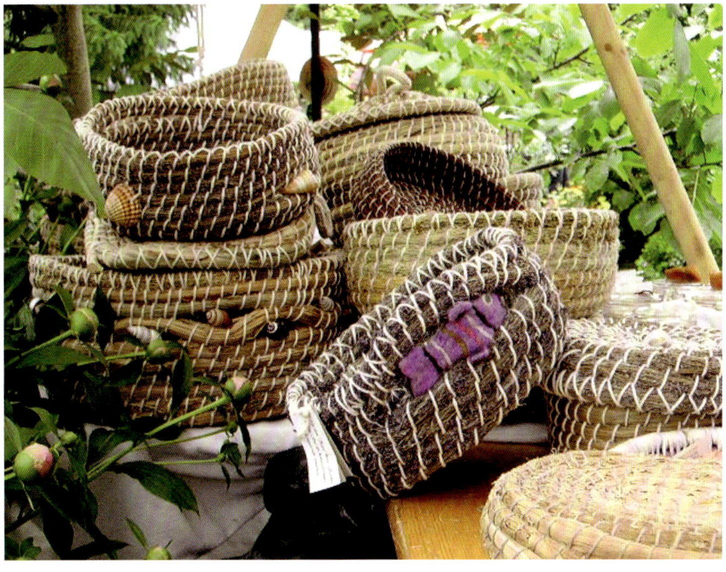

14.27 Körbe aus Minze, Lavendel und Pfeifengras

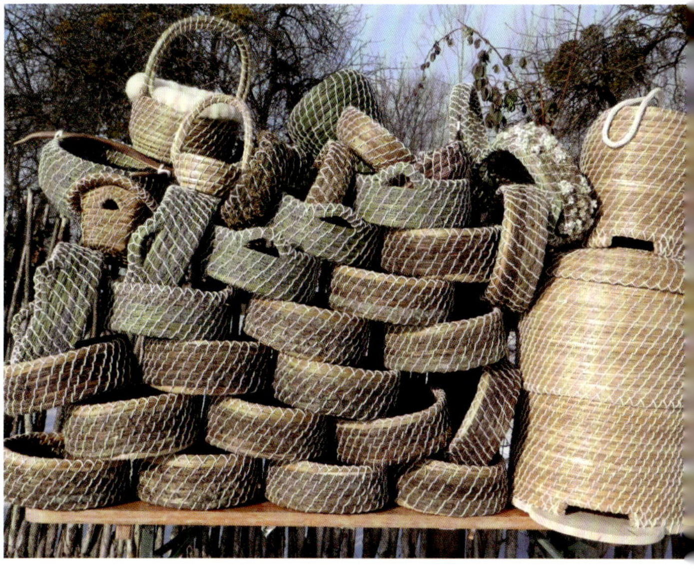

15 Ungeeignetes Pflanzenmaterial

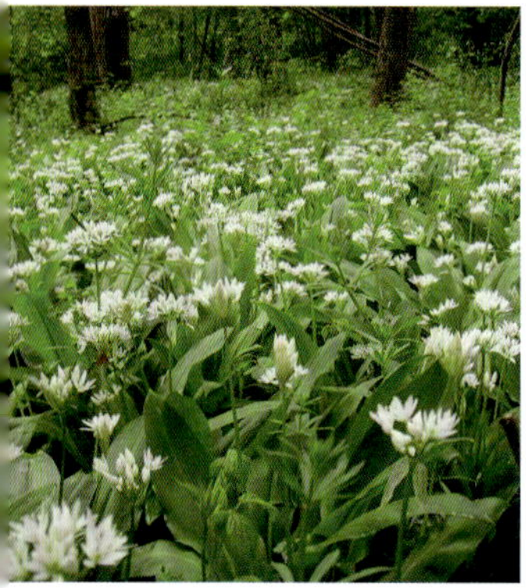

15.01
So verlockend die große Menge auch ist, beim Trocknen wird Bärlauch zu brüchig.

15.02
Der Schwalbenwurz-Enzian mit seinen langen Trieben und blauen Blüten sieht perfekt aus, ist getrocknet aber nichtssagend.

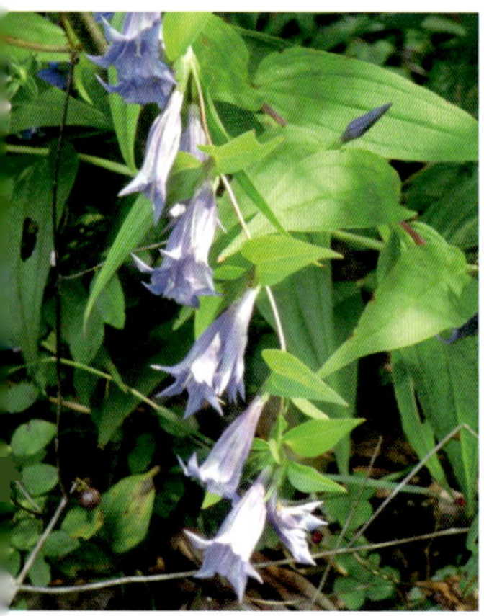

Bei der großen Vielfalt an Pflanzen, die uns zur Verfügung steht, gibt es auch Pflanzen, deren Verarbeitung Sie sich sparen können, etwa solche, die einen sehr hohen Wassergehalt haben. So werden die Blätter von **Bärlauch** (*Allium ursinum*) oder auch von **Lungenkraut** (*Pulmonaria officinalis*) beim Trocknen dünn und brüchig. Wenn sie nicht schon während der Verarbeitung brechen, am fertigen Korb mit Sicherheit. Ich habe es noch nicht geschafft, einen haltbaren Korb aus Pflanzen dieser Familie herzustellen, und beschränke mich daher auf das Sammeln von Bärlauch für die Küche. Das soll nicht heißen, dass nicht die eine oder andere Lauchart geeignet sein kann. Porree etwa hat eine ganz andere Blattstärke. Ich kann aber nicht sagen, wie er die Farbe behält, ob er grün bleibt oder wie andere Pflanzen verblasst. Die Farbe ist sehr oft ein Problem, mit dem wir es zu tun haben und das bestimmte Pflanzen fürs Korbbinden weniger geeignet erscheinen lässt.
Es lohnt oftmals die Mühe nicht, manche Stauden anzupflanzen oder zu sammeln, wenn der fertige Korb nicht in irgendeiner Form etwas Einzigartiges ausstrahlt. In den Wäldern meiner Heimat wächst der **Schwalbenwurz-Enzian** (*Gentiana asclepiadea*). Eines Spätsommers habe ich mir die Mühe gemacht und einige Bunde zum Trocknen gesammelt. Ich freute mich schon auf grüne Körbe mit schönen blauen Farbtupfern, wie es die Pflanze erwarten lässt. Doch weit gefehlt! Die zunächst leuchtend blauen Blüten verloren ihre Farbe und erschienen nach kurzer Zeit verwaschen weiß bis grau! Für dieses Ergebnis lohnt es sich wirklich nicht, den wunderschönen Enzian zu pflücken, er ist besser in unseren Gärten oder im Wald aufgehoben. Verschiedene Seggen sind da leichter zu sammeln und zu kultivieren und haben ein haltbareres Grün. Später lernte ich, dass die Enzian-Gewächse generell beim Trocknen ihre Blütenfarbe verlieren. Also, bitte stehen lassen!
Ein anderer Aspekt, den es bei der Pflanzenauswahl zu berücksichtigen gilt, ist der Verwendungszweck der Körbe. Da unter Umständen Lebensmittel darin aufbewahrt werden oder solche mit den Körben in Berührung kommen, sollten wir keine Pflanzen verwenden, die Giftstoffe enthalten! Sicherlich möchte niemand herausfinden, was passiert, wenn wir Brot oder andere Nahrungsmittel in einem Korb aus Maiglöckchen (*Convallaria majalis*) oder aus Herbstzeitlose (*Colchicum autumnale*) aufbewahren. Es könnte schnell zu einer Vergiftung oder bei häufigerem Kontakt sogar zu Gesundheitsschäden kommen. Neben Kriterien wie Biegsamkeit, Färbung in getrocknetem Zustand, Standortvorlieben und Ansprüche an den Boden ist daher auch der Gehalt an Giftstoffen ein Merkmal, das wir bei der Auswahl potentieller Korb-Pflanzen in Betracht ziehen müssen.
Da die meisten Pflanzen einer Familie ähnliche Eigenschaften aufweisen, hilft die Kenntnis der Familieneigenschaften meist schon weiter. Viele Pflanzen haben ihre Inhaltsstoffe und Gifte zur Abwehr gegen Fressfeinden entwickelt oder zum Anlocken von Tieren (Insekten), welche die Blüten bestäuben und damit die Fortpflanzung sichern. Bei den Gräsern sind mir beispielsweise keine Sorten bekannt, die (gefährliche)

Giftstoffe enthalten. Daher sind Gräser uneingeschränkt geeignet, um daraus Brotkörbe, Nistkästen, Aufbewahrungskörbe usw. herzustellen. Ähnliches gilt für die Familie der Lippenblütler wie Lavendel, Rosmarin, Thymian und andere. Diese Familie besticht durch angenehme Düfte und bietet damit ein großes Betätigungsfeld. Viele Pflanzen dieser Familie sind als Würzpflanzen bekannt und geschätzt, und keine zeigt meines Wissens negative Wirkungen.
Uneinheitlicher ist die Situation in der Familie der Korbblütler. Unter den Pflanzen, die von der Struktur her geeignet sind, ist Schafgarbe eine bewähre Heilpflanze, Beifuß wird zum Würzen verwendet, nur Rainfarn sollte sparsam gebraucht werden. Taglilien und Iris, beides Mitglieder der Lilienfamilie, bergen keine Gefahren, im Gegenteil: Die Taglilie wurde früher sogar als Gemüse genutzt!

Sicherlich ist diese Aufzählung einiger gefährlicher Pflanzen alles andere als vollständig. Ich möchte sie aber nicht weiter vertiefen. Auf jeden Fall bleibt eine große Vielfalt an brauchbaren und ungefährlichen Pflanzen, die wir nutzen können und die gestalterisch viele Anregungen bieten. Ich habe bis jetzt einige Tausend Körbe mit dieser Technik hergestellt und dafür über hundert verschiedene Gräser und Kräuter verwendet, ohne dass es mir an Ideen für neue Kreationen mangelt.
So bin ich vor kurzen erst auf die Familie der Malvengewächse aufmerksam geworden, von der ich immer dachte, ich könne mir die Arbeit mit diesem Material sparen. Auch wenn die meisten Pflanzen aus dieser Familie keine dünnen, biegsamen Stiele haben und sie nicht durch angenehmen Geruch auffallen, haben sie doch sehr lange Fasern in ihren Stengeln, die zu Schnüren und Seilen ebenso verarbeitet werden können wie zu Körben.
In meinem Garten hatten sich einige Pflanzen der **Samtpappel** (*Abutilon theophrasti*) mit schönen gelben Blüten angesiedelt. Als sie die stattliche Höhe von fast 2 m erreicht hatten, sah ich mich gezwungen, dem Treiben ein Ende zu setzen, und schnitt den größten Teil der Pflanzen ab, um sie an die Schafe zu verfüttern. Die fraßen begierig die Blätter und ließen die Stiele achtlos liegen. Wochen später entdeckte ich die Reste dieser Stiele, deren Mark zwischenzeitlich durch Sonne und Regen verwittert war und deren Fasern freigelegt waren. Da wurde mir klar, warum Malven in der Faserindustrie eine Rolle spielen. Die langen Fasern sind sehr beständig und zur Herstellung von Schnüren und Faserbündeln wirklich hervorragend geeignet.
Mit dieser Malvenart ist nun wieder eine neue Pflanze in meine Nähe gekommen, die auf eine weitere Verwendung wartet. Auch wenn die Samtpappel (auch „japanische Jude“ genannt) nur einjährig ist, gibt es doch winterharte Vertreter dieser Familie, aus denen sich Fasern gewinnen und Körbe herstellen lassen, beispielsweise **Stockrosen** (*Althea rosea*)**, Eibisch** (*Althaea officinalis*) und auch **Malven** (*Malva sylvestris*). Eingehende Versuche mit diesen Faserpflanzen und ihren Fasern stehen noch aus. Sollten Sie bereits Erfahrungen damit haben, würde ich mich über Ihren Bericht dazu sehr freuen.

Ich hoffe, ich konnte Ihnen mit diesem sicherlich speziellen Rundgang durch die große Welt der Pflanzen einige näher bringen und Interesse an den Schätzen der Natur wecken. Ich wünsche Ihnen viel Spaß beim Fertigen der Körbe!

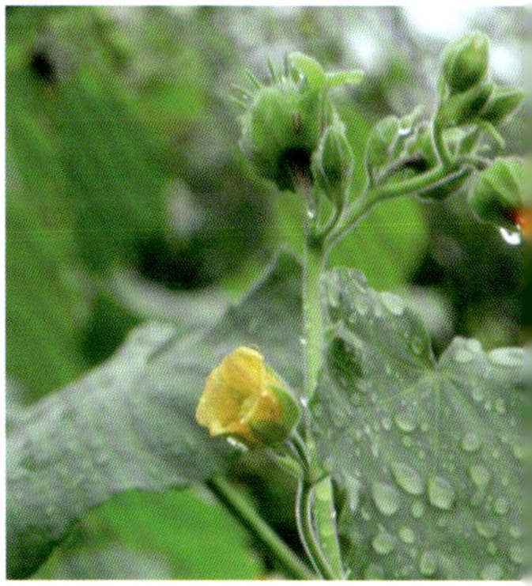

15.03
Samtpappel
(*Abutilon theophrasti*)

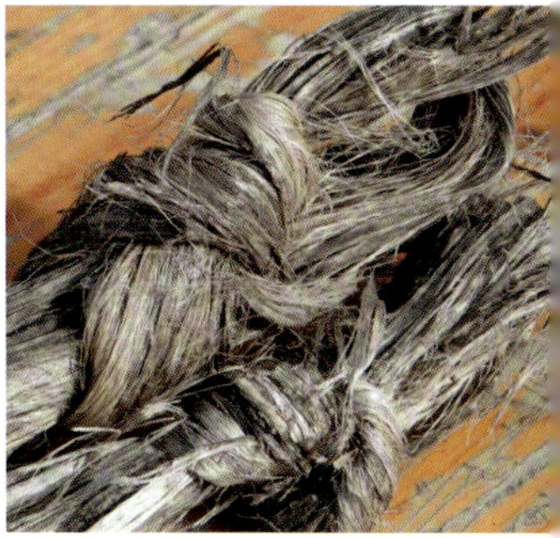

15.04
Fasern der Samtpappel

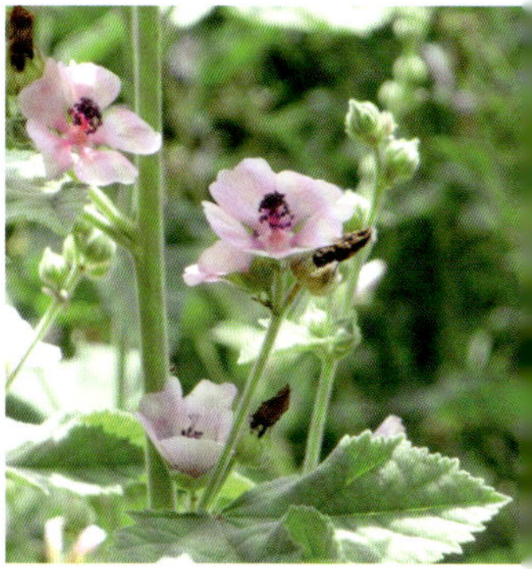

15.05
Eibisch (*Althaea officinalis*)

Sammelkalender der Pflanzen , die sich für das Wickeln von Körben eignen (Reihenfolge gemäß Erwähnung im Text).

Name	**Jan**	**Feb**	**März**	**April**	**Mai**	**Juni**	**Juli**	**Aug**	**Sep**	**Okt**	**Nov**	**Dez**
Rasenschmiele *(Deschampsia cespitosa)*						X	X					
Taube Trespe *(Bromus sterilis)*					X	X	X					
Drahtschmiele *(Deschampsia flexuosa)*						X	X					
Pfeifengras *(Molinia arundinacea)*									X	X		
Glatthafer *(Arrhenatherum elatius)*						X	X					
Bartgras *(Bothriochloa ischaemum)*								X	X			
Mariengras *(Hierochloe odorata)*					X	X	X	X				
Ruchgras *(Anthoxanthum odoratum)*					X	X						
Wasser-Schwaden *(Glyceria maxima)*					X	X	X	X	X	X		
Chinaschilf *(Miscanthus sinensis)*										X		
Pfriemengras *(Stipa capillata)*						X						
Schilf *(Phragmites australis)*							X	X				
Fuchsrote Segge *(Carex buchananii)*						X	X	X				
Steife Segge *(Carex elata)*					X	X	X	X	X	X	X	
Sumpfsegge *(Carex acutiformis)*					X	X	X	X	X	X		
Hasenpfoten-Segge *(Carex leporina)*					X	X						
Haar-Segge *(Carex hirta)*							X	X	X	X	X	
Zittergras Segge *(Carex brizoides)*					X	X	X	X				
Waldsegge *(Carex sylvatica)*							X	X	X	X	X	X
Große Segge *(Carex pendula)*							X	X	X	X	X	X
Waldsimse *(Scirpus sylvaticus)*						X	X	X	X	X		
Binse *(Schoenoplectus lacustris)*						X	X	X	X	X		
Teichbinse *(Schoenoplectus tabernaemontani)*						X	X	X	X	X		
Flatterbinse *(Juncus effusus)*			X	X	X	X	X	X	X	X	X	X
Blau-Binse *(Juncus inflexus)*			X	X	X	X	X	X	X	X	X	X
Busch-Hainsimse *(Luzula luzuloides)*					X	X	X	X				
Schneenarbel *(Luzula nivea)*					X	X	X					
Großer Rohrkolben *(Typha latifolia)*							X	X	X	X		
Shuttleworth-Rohrkolben *(Typha shuttleworthii)*							X	X	X	X		
Laxmann-Rohrkolben *(Thypha laxmannii)*							X	X	X	X		
Südlicher Rohrkolben *(Thypha domingensis)*							X	X	X	X		
Kleiner Rohrkolben *(Typha minima)*							X	X	X	X		
Schmalblättriger Rohrkolben *(T. angustifolia)*							X	X	X	X		
Gelbrote Taglilie *(Hemerocallis fulva)*								X	X	X		
Funkie *(Hosta)*						X	X	X	X			
Dichternarzisse *(Narcissus poeticus ssp. radiiflorus)*			X									
Sumpf-Schwertlilie *(Iris pseudacorus)*								X	X	X		
Sibirische Iris *(Iris sibirica)*								X	X	X		

Name	Jan	Feb	März	April	Mai	Juni	Juli	Aug	Sep	Okt	Nov	Dez
Bleiche Iris *(Iris pallida)*							X	X	X	X		
Fackellilie *(Kniphofia uvaria)*										X		
Fackellilie *(Kniphofia caulescens)*			X									
Kalmus *(Acorus calamus)*						X	X	X	X	X		
Lakritz-Kalmus *(Acorus gramineus)*						X	X	X	X	X		
Japanische Faserbanane *(Musa basjoo)*										X		
Lavendel *(Lavandula angustifolia)*						X	X					
Lavandin *(Lavandula x intermedia)*							X	X				
Ross-Minze *(Mentha longifolia)*							X	X	X	X		
Acker-Minze *(Mentha arvensis)*						X	X	X	X	X		
Oregano *(Origanum vulgare ssp. hirtum)*							X	X	X	X		
Dost *(Origanum vulgare)*							X	X	X	X		
Deutscher Thymian *(Thymus vulgaris)*							X					
Katzenminze *(Nepeta x faassenii)*						X	X	X	X	X		
Wollziest *(Stachys byzantina)*							X	X				
Gewöhnliche Schafgarbe *(Achillea millefolium)*						X	X	X	X	X		
Wermut *(Artemisia absinthium)*						X	X	X	X	X		
Estafiate *(Artemisia ludoviciana)*							X	X	X	X		
Feld-Beifuß *(Artemisia campestris)*									X	X		
Echter Beifuß *(Artemisia vulgaris)*						X	X	X	X	X		
Ligurischer Beifuß *(Artemisia spezies)*							X	X	X	X		
Katzenpfötchen *(Antennaria dioica "Rubra")*						X						
Silber-Immortelle *(Anaphalis margaritacea)*							X	X				
Rainfarn *(Tanacetum vulgare)*						X	X					
Heiligenkraut *(Santolina chamaecyparissus)*										X		
Mutterkraut *(Tanacetum parthenium)*						X	X	X	X	X		
Frauenmantel *(Alchemilla mollis)*						X		X				
Pracht-Storchschnabel *(Geranium x magnificum)*						X		X				
Johanniskraut *(Hypericum perforatum)*						X	X					
Wurmfarn *(Dryopteris filix-mas)*					X	X	X	X	X	X		
Frauenfarn *(Athyrium filix-femina)*					X	X	X	X	X	X		
Straußenfarn *(Matteuccia struthiopteris)* Blätter					X	X	X	X				
Straußenfarn *(Matteuccia struthiopteris)* Fruchtwedel	X	X	X							X	X	X
Riesenschachtelhalm *(Equisetum telmateia)*		X	X				X	X	X	X	X	X
Ackerschachtelhalm *(Equisetum arvense)*					X	X	X	X	X	X		
Japanische Winterschachtelhalm *(E. camtschatcensis)*										X		
Winterschachtelhalm *(Equisetum hyemale)*	X	X	X							X	X	X
Widertonmoos *(Polytrichum commune)*	X	X	X	X	X	X	X	X	X	X	X	X

16 Adressen

Sollte Ihnen der Weg in den Wald zu beschwerlich sein und möchten Sie Ihren Garten aufpeppen, hier einige Adressen, die weiterhelfen.

Österreich:
Wunderbare Stauden- und Gräser-Sortimente:
Serastro Stauden,
Christian H. Kreß
Ort 131, A-4974 Ort/Innkreis
www.sarastro-stauden.com

Dipl.-Ing. Reinhard Oberleitner
Staudengärtnerei Ornding,
Hauptstr.19
A-3380 Pöchlarn
www.gaerten-oberleitner.at

Eine ganz besondere Kräutergärtnerei:
Wagner Gartenbau,
Gutendorf 36
8353 Kapfenstein
www.galabau-wagner.de

Walter Friedl, Kaltenbrunn 45
8200 Gleisdorf
www.seifenkraut.at

Ich beschäftige mich seit Jahren mit Kräutern und Gräsern und produziere auf meinem Bauernhof nicht nur Körbe, sondern auch Pflanzen und Flechtmaterial für den Verkauf.

Niederlande:
Niederländische Lavendelgärtnerei, die durch ein überragendes Lavendelsortiment besticht:

Bastin Kwekerij
Nieuwenhuysstraat 29
NL- 6336XV Aalbeek / Hulsberg
www.bastin.nl

Deutschland:
Einige Gärtnereien, in der man auf der Suche nach Kräutern (teilweise auch Stauden und Gräser) zur Korbherstellung mit Sicherheit fündig wird.

Staudengärtnerei Bornhöved oHG
Plöner Straße 10, 24619 Bornhöved
www.staudengaerten.de

Staudengärtnerei Wichmann GmbH
Wallweg 1 I, 26215 Wiefelstede
www.stauden-wichmann.de

Staudenkulturen am Söhnholz
Annemarie Eskuche
29664 Ostenholz
www.stauden-eskuche.de

Staudenkultur Stade
Beckenstrang 24
46325 Borken
www.stauden-stade.de

Bekannt für sein großes Farnsortiment:
Stauden Junge,
Inh. Matthias Großmann
Seangerweg 1
31787 Hameln
www.bluetenblatt.de

Grasland, Gisela Ferger / Frank Scholten
Im Rosengarten 19
51381 Leverkusen
www.gras-land.de

Staudengärtnerei Gräfin von Zeppelin
Aglaja von Rumohr, Weinstraße 2
79295 Sulzburg-Laufen / Baden
www.graefin-von-zeppelin.de

Gaissmayer Stauden
Jungviehweide 3
89257 Illertissen
www.staudengaissmayer.de

Eine Wasserpflanzengärtnerei von der ich schon so manche ausgefallene Sumpfpflanze und Iris beziehen konnte.

Nymphaion, Werner Wallner
Wasserpflanzengärtnerei,
Mindelzeller Str. 9,
87757 Kirchheim in Schwaben
www.nymphaion.de

Weitere Bücher im ökobuch Verlag

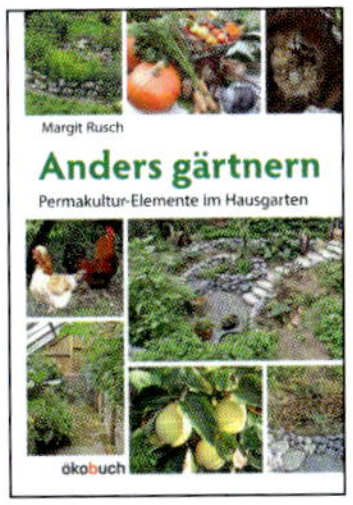

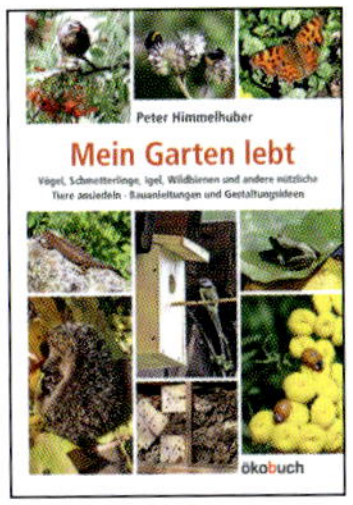

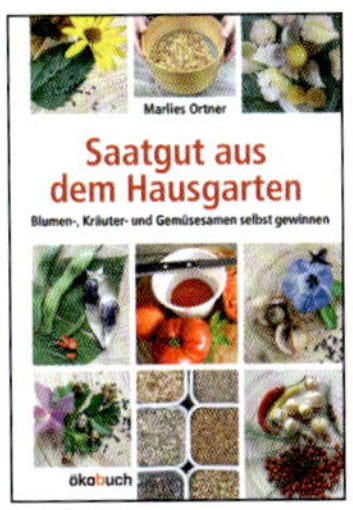

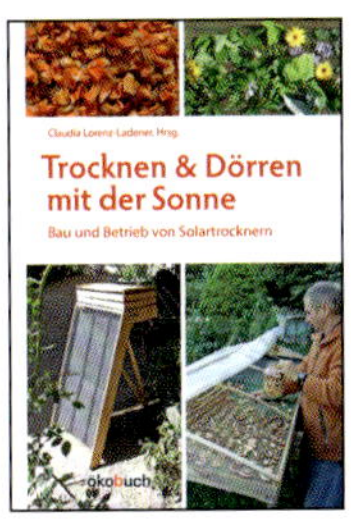

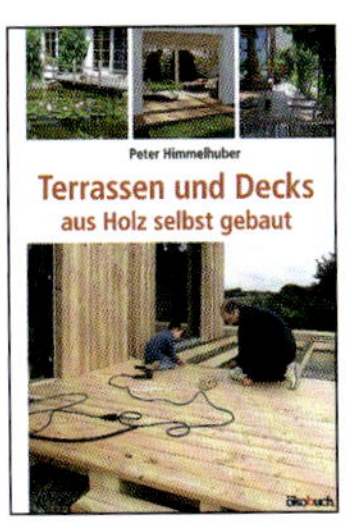

Anders gärtnern

Permakultur-Elemente im Hausgarten. Ob Kräuterspirale, Krater- bzw. Hochbeet, Kartoffelturm, Wurmfarm oder Erdgewächshaus mit Hühnerstall, bei allem dient die Natur als Vorbild. Mit vielen Anleitungen für einen Hausgarten, in dem die Bereiche harmonisch zusammenwirken und sich gegenseitig fördern. Von Margit Rusch. 96 Seiten, mit vielen farbigen Abbildungen, 16,95 €

Mein kleiner Permakultur-Garten

300 kg Ernte auf 150 m^2 Fläche mitten in der Stadt. Der Autor Josef Chauffrey beschreibt die Kultivierung eines Reihenhausgartens nach Permakultur-Prinzipien und zeigt, wie sich beachtliche Ernteerfolge an Obst u. Gemüse erzielen lassen. 110 Seiten, mit vielen farbigen Abbildungen, 16,95 €

Biogarten-Praxisbuch

Anleitung zum naturgemäßen Gärtnern in Bildern. Hier wird das notwendige Wissen vermittelt, um erfolgreich den Boden zu bestellen und reichhaltig gesundes Obst und Gemüse zu ernten. Von Susanne Bruns. 224 Seiten, viele Abbildungen, 18,95 €

Dächer begrünen

Grüne Dächer sind nicht nur schön anzusehen: Sie bilden wertvolle Biotope in der Stadt, verbessern die Luft und haben erhebliche bautechnische wie auch bauphysikalische Vorzüge. Von Gernot Minke. 96 Seiten, mit vielen Abbildungen, 16,95 €

Auf 300 qm Gemüseland

… den Bedarf eines Haushalts ziehen. Wie man auf kleinstem Raum einen Nutzgarten anlegt und erfolgreich bewirtschaftet, können wir von unseren Vorfahren lernen. Mit schnellen, praktischen, alphabetisch geordneten Infos über die wesentlichen Pflanzen, über Anbau- und Arbeitsmethoden. Von Arthur Janson. Neugestalteter Nachdruck der Erstausgabe von 1926. 170 Seiten, 16,95 €

Saatgut aus dem Hausgarten

Nach einer Einführung in die Saatgutgewinnung und in die Praxis der Vermehrung werden die nötigen Hilfsmittel, Ernte, Reinigung und Lagerung der Samen sowie Aussaat und Aufzucht beschrieben. Mit kurzen Pflanzenporträts aller im Hausgarten üblichen Kräuter, Gemüse und Blumen. Von Marlies Ortner. 138 Seiten, mit vielen farbigen Abbildungen, 19,90 €

Trocknen und Dörren mit der Sonne

Bau & Betrieb von Solartrocknern. Ein Buch für alle, die einen funktionstüchtigen Solartrockner kostengünstig selbst bauen möchten, um Obst, Gemüse und Kräuter natürlich und hochwertig haltbar zu machen. Außerdem: Praxis des Trocknens mit vielen Tipps aus langjähriger Erfahrung. Herausgegeben von Claudia Lorenz-Ladener. 96 Seiten, mit vielen farbigen Abbildungen, 16,95 €

Terrassen und Decks aus Holz selbst gebaut

Planungsüberlegungen, sinnvolle Konstruktionen, Materialempfehlungen. Viele Beispiele und Schritt-für-Schritt-Bilder vermitteln das Wissen zum Bau schöner Holzdecks. Von Peter Himmelhuber. 102 Seiten, mit vielen farbigen Abbildungen, 16,95 €

Mein Garten lebt

Vögel, Schmetterlinge, Igel, Wildbienen und andere nützliche Tiere ansiedeln. Mit Bauanleitungen und Gestaltungsideen, um durch Nisthilfen, Schlafquartiere u.ä, Gärten tierfreundlich zu gestalten. Von Peter Himmelhuber. 96 Seiten, mit vielen farbigen Abbildungen, 16,95 €

Natürlich konservieren

Die 250 besten Rezepte, um Gemüse und Obst möglichst naturbelassen haltbar zu machen und ein maximum an Vitaminen, Nährstoffen und Geschmack zu erhalten. Herausgegeben von Terre Vivante. 160 Seiten, mit vielen Abbildungen, 16,95 €

Trockenmauern für den Garten

Bauanleitung & Gestaltungsideen. Ob Sitzplätze oder Hochbeete einzufassen, eine Hangfläche zu terrassieren oder das Grundstück einzugrenzen: Mit einfachen Werkzeugen kann jeder kostengünstig eine schöne und dauerhafte Trockenmauer selbst bauen. Von Jana Spitzer und Reiner Dittrich. 96 Seiten, mit vielen farbigen Abbildungen, 16,95 €

Hütten von Kindern selbst gebaut

Das Buch zeigt schön illustriert, wie Kinder ohne großen Aufwand ihr eigenes kleines Reich erschaffen können, mit Baumaterialien, die fast alle draußen zu finden sind: Spielhäuschen, Kuppelbau, Schlupfwinkel, Beobachtungsversteck. Ab 8 Jahre. Von Louis Espinassous. 58 Seiten, mit vielen Abbildungen, 16,95 €

Kleine Baumhäuser und Hütten

… kinderleicht gebaut. Hier wird gezeigt, wie Baum- und Stelzenhäuser gebaut werden können.
Mit Anleitungen für verschiedene Konstruktionen und Bildern von realisierten Beispielen. Von David Stiles. 96 Seiten, mit vielen farbigen Abbildungen, 16,95 €

Holzbacköfen im Garten

Detaillierte Bauanleitungen vom einfachen Lehmofen bis zum gemauerten Brotbackhäuschen.
Mit vielen Erfahrungen und Ratschlägen sowie pfiffigen Tipps und Rezepten. Herausgegeben von Claudia Lorenz-Ladener. 138 Seiten, mit vielen Abbildungen, 17,95 €

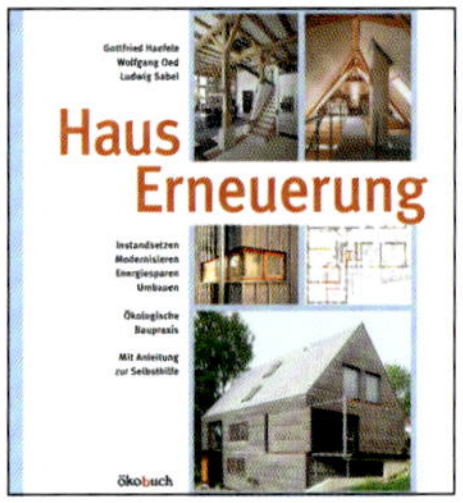

Gestalten mit Stein im Garten

Pflastern von Wegen, Terrassen und Zufahrten, Anlegen von Treppen und das Errichten von Mauern und Hangbefestigungen, mit Hinweisen zur Materialwahl, zu Aufwand und Kosten, und mit Anregungen für eigenes Schaffen. Von Peter Himmelhuber. 126 Seiten, mit vielen farbigen Abbildungen, 16,95 €

Hauserneuerung

Instandsetzen - Modernisieren - Energiesparen - Umbauen: mit Anleitung zur Selbsthilfe. Das Buch beschreibt ausführlich den behutsamen, handwerklich sachgerechten und umweltverträglichen Umgang mit alter Bausubstanz. Von G. Haefele, W. Oed und L. Sabel. 256 Seiten, mit vielen Abbildungen, 28,90 €

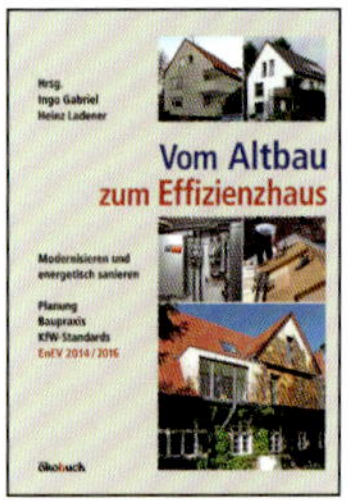

Vom Altbau zum Effizienzhaus

Energietechnische Gebäudesanierung in der Praxis: Nachträgliche Wärmedämmung der Gebäudehülle, Fenstererneuerung, sowie Sanierung der Haustechnik einschließlich Lüftung, Heizung, Sanitär und Elektro. Hrsg. von Ingo Gabriel und Heinz Ladener. 200 Seiten, mit vielen farbigen Abbildungen, 28,90 €

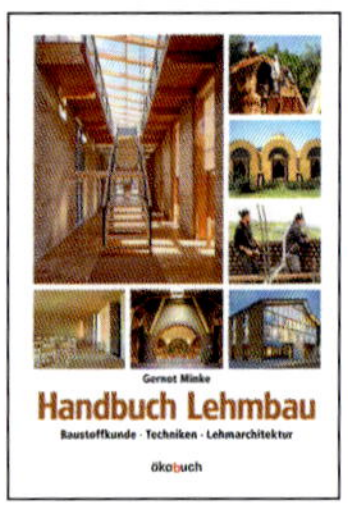

Handbuch Lehmbau

Umfassendes Lehrbuch und Nachschlagewerk: Es zeigt Einsatzmöglichkeiten, Eigenschaften und Verarbeitungstechniken des Baustoffes Lehm. Mit Forschungsergebnissen und Beschreibungen ausgeführter Lehmhäuser. Von Gernot Minke. 222 Seiten, mit vielen Abbildungen, 38,- €

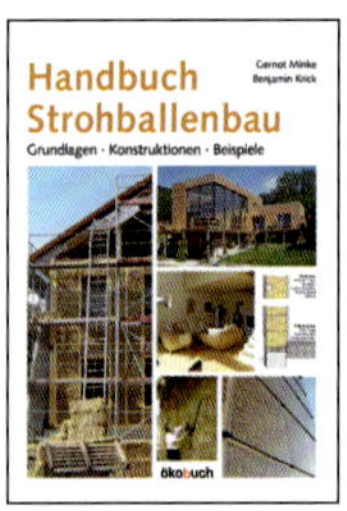

Handbuch Strohballenbau

Ein Konstruktions-Handbuch, das Konzeption, Bautechnik und alle Details beschreibt, um aus Strohballen gut gedämmte, dauerhafte Häuser zu bauen. Mit vielen Konstruktionsdetails und Beispielen. Von Gernot Minke und Benjamin Krick. 152 Seiten, mit vielen farbigen Abbildungen, 29,90 €

Naturkeller

Grundlagen der Kühllagerung und Anleitungen für Planung und Bau naturgekühlter Lagerräume im Haus und Freiland. Von Claudia Lorenz-Ladener. 140 Seiten, mit vielen Abbildungen, 19,90 €

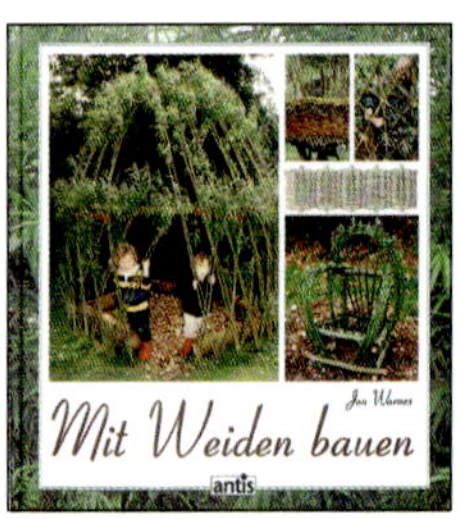

Gestalten mit Holz im Garten

Bodenbeläge, Holzdecks, Zäune, Rankgerüste, Lauben. Bauanleitungen und Gestaltungsideen für Nützliches und Dekoratives aus Schnittholz und aus grünem Holz. Von Heidi Howcroft. 136 Seiten, mit vielen Abbildungen, 18,95 €

Mit Weiden bauen

Anleitungen für Zäune, Laubengänge, Wigwams, Sitzplätze und grüne Kuppeln. Arbeiten mit lebendem Material, aus dem sich viele schöne, nützliche Dinge herstellen lassen. Von Jon Warnes. 60 Seiten, mit vielen farbigen Abbildungen, 16,95 €

Kleine grüne Archen

Passivsolare Gewächshäuser als Alternative zum transparenten Standard-Gewächshaus. Das Buch zeigt, wie Solargewächshäuser freistehend, angelehnt oder teilweise in der Erde versenkt auch selbst gebaut werden können. Von Claudia Lorenz-Ladener. 128 Seiten, mit vielen farbigen Abbildungen, 22,90 €

Einfache Lauben und Hütten selbst gebaut

Einfache Paradiese zum Selbstbauen. Bauanleitungen für schnell zu errichtende Behausungen (Tipi, Baumhaus, Kuppelbau, Hogan etc.), sowie für schöne Lauben für den Garten oder die freie Natur. Von Claudia Lorenz-Ladener. 160 Seiten, mit vielen farbigen Abbildungen, 16,95 €

Praxis: Holzfassaden

Material, Planung, Ausführung. Das Buch zeigt nicht nur die gestalterischen Möglichkeiten moderner Holzfassaden, sondern stellt zahlreiche vorbildliche Beispiele und Detaillösungen mit Ecken, Sockel, Dach- und Fensteranschlüssen vor. Von Ingo Gabriel. 112 Seiten, mit vielen farbigen Abbildungen, 28,- €

Neues Bauen mit Stroh in Europa

Bauen mit großformatigen Quadern aus gepresstem Stroh: gebaute Beispiele, erprobte Bauformen und Konstruktionen, Besonderheiten, neue Projekte und Forschungen.
Von H. u. A. Gruber u. H. Santler. 112 Seiten, mit vielen Abbildungen, 16,95 €

Das neue Heizen

Umweltfreundlich und wirtschaftlich heizen mit Gas, Holz, Strom und Sonnenenergie. Eine vergleichende Übersicht über moderne Heizungstechniken und deren Einsatz in gut gedämmten Gebäuden. Von M. Schulz u. H. Westkämper. 230 Seiten, mit vielen farbigen Abbildungen, 36,00 €

Regenwasser für Garten und Haus

Ein kompetenter Ratgeber für Planung und Bau von Regenwassersammelanlagen nach dem Stand der Technik: Bemessung, Genehmigung, Speichertanks, Pumpen, Rohrleitungen, Zubehör. Von Karlheinz Böse. 96 Seiten, mit vielen Abbildungen, 16,95 €

Autonome Stromversorgung

Auslegung, Aufbau und Praxis autonomer Stromversorgungsanlagen mit Batteriespeicher für Beleuchtung und für netzferne Handwerks- u. Landwirtschaftsbetriebe. Von Philipp Brückmann und Georg Bopp. 126 Seiten, mit vielen Abbildungen, 22,90 €

Unsere Bücher erhalten Sie in allen Buchhandlungen.
www.oekobuch.de · E-Mail: verlag@oekobuch.de

ökobuch
Zukunft leben